초한지 인생 공부

초한지
인생 공부

오만과 냉정 사이, 천하를 가른 심리전

사마천 원저

인문학자 김태현 지음

PASCAL

어린 시절, 동네 어귀 평상이나 골목길 나무 그늘에는 늘 사람들의 낮은 훈수 소리가 들리곤 했습니다. 구경꾼들 사이로 슬쩍 들여다본 장기판 위에는 붉은색 '한(漢)'과 초록색 '초(楚)'라는 글자가 새겨진 말들이 서로의 '궁(宮)'을 겨누며 팽팽하게 맞서고 있었습니다. 우리에게 《초한지(楚漢志)》는 그 장기판의 말들처럼 아주 오래전부터 삶 가까운 곳에 머물러 온 익숙한 이야기입니다.

그러나 골목길의 그 작은 나무판은 단순한 놀이 도구가 아니었습니다. 그것은 2,200년 전, 거대한 대륙의 주인을 가리기 위해 자신의 모든 것을 걸었던 영웅들의 치열한 전쟁터이자, 인간 내면의 심리가 충돌하는 거대한 서사시의 축소판이었습니다. "차(車) 떼고 포(包) 뗀다"라는 장기판의 격언 속에는 권력을 위해 소중한 것을 포기해야 했던 이들의 비정이 담겨 있고, 외통수에 몰린 궁의 모습에는 오강(烏江) 절벽 끝에 선 항우의 고독한 그림자가 드리워져 있었습니다.

이제 동네 골목길의 장기판을 넘어, 말들이 살아 움직였던 역사의 현장으로 들어가 보려 합니다. 《초한지》는 누가 이기고 졌느냐를 따지는 승패의 기록이 아닙니다. 장기판 위에서 한 수 앞을 내다보려 애쓰던 우리네 이웃들처럼, 인생이라는 거대한 판 위에서 생존과 존엄, 권력과 사랑 사이를 치열하게 고민했던 인간들의 내면 심리에 관한 보고서입니다.

《초한지》는 결국, 오랜 세월 동안 축적된 역사와 설화가 융합되어 만들어진 집체적 역사서입니다. 《초한지》 원형은 한(漢)대의 사학자 사마천(司馬遷, 기원전 145~기원전 86)이 집필한 《사기(史記)》에 있습니다. 이후 명(明)나라 중기, 약 16세기 전후에 이 역사적 기록은 《서한연의(西漢演義)》라는 형태로 재구성되었습니다. 전통적으로 견위(甄偉)가 편찬했다고 알려져 있으나, 실제로는 여러 설화가들이 구전으로 전해오던 초나라, 한나라 이야기를 모아 정리한 결과물로 보는 것이 타당합니다. 《서한연의》는 100여 회로 구성된 장편소설로, 사마천이 집필한 역사에 인물의 감정과 인간적 면모를 덧입혔습니다. 그 대서사시는 항우와 유방의 대결은 물론, 우희의 사랑, 한신의 비극 등 인간적 갈등과 심리 묘사가 강화되면서 대중적인 문학으로 자리 잡았습니다.

청(淸)대 이후에는 《항우전》, 《한신전》, 《소하전》 등 인물별 단편 이야기로 확산되었고, 경극(京劇)과 평화(評話), 이야기 낭독 예술로도 발전했습니다. 특히 《패왕별희(覇王別姬)》와 같은 연극, 영화는 항우의 인간적 비극을 예술로 승화시킨 작품입니다. 즉 사마천의 《사기》가 '역사적 사실의 초한지'라면, 명대의 《서한연의》는 '감정적 소설의 초한지'라고 할 수 있습니다.

이 책은 사마천의 《사기》 중 〈진시황본기(秦始皇本紀)〉, 〈항우본기(項羽本紀)〉, 〈고조본기(高祖本紀)〉, 〈여태후본기(呂太后本紀)〉, 〈효문본기(孝文本紀)〉, 〈여불위열전(呂不韋列傳)〉, 〈위표 · 팽월열전(魏豹彭越列傳)〉, 〈경포열전(黥布列傳)〉, 〈회음후열전(淮陰侯列傳)〉, 〈한신 · 노관열전(韓信盧綰列傳)〉, 〈장승상열전(張丞相列傳)〉, 〈진섭세가(陳涉世家)〉, 〈소상국세가(蕭相國世家)〉, 〈조상국세가(曹相國世家)〉, 〈유후세가(留侯世家)〉, 〈진승상세가(陳丞相世家)〉, 〈강후주발세가(絳侯周勃世家)〉 등을 근거로, 기원전 209년 진시황 말기부터 기원전 179년 여태후의 몰락 이후까지 약 30년에 걸친 격동의 역사를 인간 심리학적 시선으로 다시 그린 기록입니다.

본문의 주요 역사적 사건과 대사는 《사기》 속 역사적 사실에 기반하고 있으며, 문학적 장면 묘사에는 소설 《서한연의》의 일부 표현을 인용했습니다.

이 책은 초한의 역사의 흔적을 따라가며, 인물들의 결단이 어떤 심리에서 비롯되었는지, 그리고 그 선택이 어떻게 제국의 운명을 바꾸었는지를 분석합니다.

항우의 오만과 유방의 인내, 한신의 자존과 여태후의 갈망까지. 초한의 무대는 거대한 전장이기에 앞서, 인간의 본성이 적나라하게 충돌하는 '심리의 실험실'이었습니다. 우리는 그들이 남긴 궤적을 통해 위기의 순간마다 흔들리는 우리 내면의 민낯을 마주하게 됩니다.

인생은 유한하기에 모든 운명을 직접 살아낼 수는 없습니다. 그러나 역사는 우리에게 '타인의 삶'이라는 두 번째 기회를 허락합니다. 타오르는 욕망에 스스로를 태운 자와, 끝없는 심연 속에서도 타인을 품어 판을 바꾼 자들의 기록은, 아직 우리가 가보지 않은 삶의 갈림길에서 정교한 지도가 되어줄 것입니다.

《초한지》는 박제된 전쟁의 기록만이 아닙니다. 그것은 나를 읽고 타인을 이해하는 '인간학의 문법'이며, 거친 세상이라는 장기판 위에서 나만의 의미를 찾아가는 '존재의 교과서'입니다. 이제, 이천 년 전 영웅들이 던진 질문에 당신의 삶으로 답할 차례입니다.

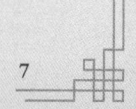

김태현

contents ——————————————————————————

거인의 시대,
꿈틀거리는 야망

설계된 승리,
천하를 가르는 심리의 기술

PART 2

운명의 분수령,
누가 인간의 본능을 지배하는가

권력의 자리,
인간의 두려움

PART
5

제국의 유령,
숙명의 비극

기원전 3세기, 중원의 역사 속으로...

(기원전 209년 진시황 말기부터 기원전 179년 여태후의 몰락 이후까지)

기원전 209년, 영원의 제국, 진(秦)나라에서 진시황(秦始皇) 사후 혼란이 깊어지자 진승(陳勝)·오광(吳廣)의 난(亂)이 대택향(大澤鄕)에서 들불처럼 번졌습니다. "왕후장상의 씨가 어찌 따로 있겠는가"라는 구호가 민심을 흔들었고, 각지에서 옛 제후국의 후예·호걸들이 봉기했습니다. 이때 각지에서 진나라에 의해 멸망했던 옛 나라에 대한 기억이 되살아났고, 수많은 영웅이 역사의 무대에 뛰어들었습니다.

강동(江東)에서는 항량(項梁)과 그의 조카 항우(項羽)가 초나라의 깃발을 다시 들었습니다. 젊은 항우의 눈빛에는 복수의 불꽃과 천하를 정벌할 야망이 번뜩였습니다. 패현(沛縣)에서는 한 중년의 건달이 봉기했습니다. 그의 이름은 유방(劉邦). 특별한 혈통도, 눈부신 무용도 없었으나 사람들은 그를 따랐습니다. "패공"으로 불리며, 그는 천하의 주인공이 되어가고 있었습니다.

기원전 207년, 북중국의 전장을 뒤흔든 거록대전(巨鹿大戰)에서 항우는 진나라 장한(章邯)의 대군을 무찔러 이름을 떨쳤습니다. 그는 배를 가라앉히고 솥을 깨뜨리며, 병사들에게 돌아갈 길이 없음을 보여주었습니다. 그 결의는 승리로 이어졌고, 항우의 이름은 대륙을 진동시켰습니다. 같은 시기 유방은 서쪽으로 진군하여 관중으로 파고들었고, 기원전 206년 진나라 함양(咸陽)에 먼저 입성했습니다. 유방은 약탈을 금하고 약법삼장(約法三章)을 반포하여 민심을 얻은 뒤 조용히 철수했습니다. 뒤이어 함양에 들어온 항우는 진나라 마지막 왕 자영(子嬰)을 처형하고, 궁실을 불태우는 공포정치로 권위를 과시했습니다. 이후 항우가 주도한 분봉(分封, 정복한 지역과 영토를 여러 제후에게 나누어 주어 봉하는 제도)에서 유방은 한왕으로 강등되어 촉·한중으로 밀려났고, 양측의 갈등은 극치로 달려갑니다.

진나라 멸망 직후, 항우 진영이 개최한 정치 연회인 홍문연(기원전 206년)에서 항우와 유방은 처음 정면으로 마주했습니다. 항우의 참모 범증(范增)은 천하대권을 쥐기 위해 유방의 제거를 거듭 권했으나 결단을 내리지 못한 항우는 끝내 칼을 빼지 못했습니다. 유방은 범증의 의심과 항우의 오만이 교차하는 심리전 속에서 장량(張良)의 기지로 유연하게 빠져나왔습니다. 두 영웅은 연회에서 함께 마주 보고 웃었지만, 그 밤사이 역사의 판도는 뒤집히고 있었습니다.

기원전 206~202년, 초·한 양군은 중원 전역에서 팽성전투, 형양 공방전 등 소모전을 이어갔습니다. 항우는 단기 결전에는 강했으나 보급·연합관리에서 취약했고, 반대로 유방은 소하(蕭何)의 병참·행정, 장량의 책략, 진평(陳平)의 이간책, 한신(韓信)의 야전 승리, 팽월(彭越)의 후방 교란을 조합하여 세력을 키웠습니다. 유방의 오른팔 한신은 위·조·제를 차례로 평정하고, 한신의 '배수진(背水陣)' 같은 전술로 북로를 제압했습니다. 한편, 항우 진영에서는 영포(英布)가 이탈하는 등 내부 갈등이 심화되었고, 기원전 203년의 홍구 화약은 잠시 양분을 합의했으나 곧 깨졌습니다.

기원전 202년 겨울, 해하(垓下)전투에서 운명이 갈렸습니다. 한나라 연합군 60만 명은 '사면초가(四面楚歌)' 전술로 초군을 둘러싸고 초나라의 노래를 부르며 그들의 의지를 무너뜨렸습니다. 항우는 연인 우희(虞姬)와 이별 노래를 나눈 뒤 마지막 전투 끝에 오강에서 자결했고, 초한 전쟁은 막을 내렸습니다.

유방은 장안(長安)으로 천도하여 한 고조로 즉위했고, 새 왕조는 제후 재편과 군권 정비에 착수했습니다. 그러나 천하를 얻은 유방의 고민은 깊어졌습니다. 건국 직후부터 공신 세력에 대한 경계가 시작되어, 기원전 201년 한신은 의심의 정점에서 회음후(淮陰侯)로 강등되었고, 팽월 또한 점차 견제받았습니다. 기원전 200년, 북방에서는 묵돌선우가 이끄는 흉노가 남하하여 백등산 포위 사태가 벌어졌고, 유방은 간신히 위기를 넘기며 북방 문제의 장기화를 실감했습니다. 내부로는 진평의 설계로 권한 분산을 재정렬했고, 외부로는 전선을 축소하며 체제를 다졌습니다.

기원전 196년, 유방이 남정에 반란을 진압하려 출전한 사이, 장락궁에서는 비극이 일어났습니다. 여태후와 소하는 회음후 한신의 반역을 의심하고, 그를 궁으로 부른 뒤 체포·주살했습니다. 같은 해 반역죄를 이유로 팽월은 처형되고, 영포는 믿었던 이의 손에 사망합니다. '토사구팽(兎死狗烹)'이라는 말이 피로 새겨진 순간이었습니다. 이 숙청은 개인의 비극이자, 영웅의 시대에서 제도의 시대로 넘어가는 통과의례였습니다.

　기원전 195년, 고조 유방이 서거하자 어린 혜제(惠帝)가 즉위하고, 실권은 여태후에게로 수렴되었습니다. 여태후는 척부인(戚姬, 척희)과 아들 여의(如意)를 제거하고, 여씨 일족을 요직에 올려 정권을 장악했습니다. 혜제는 어머니인 여태후가 척부인에게 저지른 잔혹한 복수극을 보고 병을 얻어 요절했고, 여태후는 전·후소제를 세우며 친정 체제를 유지했습니다. 이 시기 국정은 대체로 안정되었으나, 여씨 외척의 권력 집중과 그에 따른 유씨 종실의 위축이 불안을 키웠습니다.

　기원전 180년, 여태후 사망 후 정국은 일대 격랑에 휩싸였습니다. 진평과 주발(周勃)의 조용한 움직임이 시작되었습니다. 주발은 북군을 장악하고 여씨 무력을 봉쇄했고, 진평은 조정의 명분을 세워 여씨 일족을 일거에 축출 주살합니다. 이 '주·진의 정변'으로 유씨 왕실의 정통성이 회복되었고, 대군신 합의로 대의 유씨 유항(漢文帝, 한문제)이 옹립되었습니다.

기원전 179년, 즉위 2년 차의 문제는 검소와 관용을 기조로 형벌을 경감하고, 부역과 세금을 덜어 민생을 다독였습니다. 전대의 피와 의심이 남긴 후유증을 치유하며, 훗날 문·경의 치로 불릴 안정의 토대를 닦았습니다. 이렇게 하여, 진 말의 폭정과 난세, 초한의 피로와 모략, 여씨의 질투와 통제, 그리고 주발·진평의 조용한 결단에 이르는 초한대전 등 30년이 넘는 격동의 시기가 마무리됩니다.

　이제 우리는 이 격변의 시대 속으로 들어갈 것입니다. 세 남자, 항우, 한신, 유방의 마음속 깊은 곳을 들여다보며, 그들이 내린 선택들이 어떻게 천하를 바꾸었는지, 그리고 그 선택들 뒤에 숨은 인간적 고민과 갈등이 무엇이었는지를 따라가 보고자 합니다.

PART 1

거인의 시대,
꿈틀거리는 야망

"천하는 흔들리고, 욕망은 깨어난다"

01

영원을 꿈꾼 권력의 착각

여불위와 진시황, 두려움이라는 모래 위에 세운 성

진나라 말기의 혼란한 상황은 여불위(呂不韋)로부터 시작합니다. 여불위의 삶과 죽음, 그리고 진나라의 멸망까지의 흐름은 중국 고대사에서 권력, 정치, 욕망, 몰락이 어떻게 얽히는지를 보여주는 극적인 서사입니다. 그는 단순한 정치인이 아니라, 장사꾼에서 재상, 그리고 역사의 조연으로 끝나는 파란만장한 인물이었습니다. 여불위의 이야기와 진나라의 종말은 서로 긴밀하게 연결되어 있습니다.

조나라의 수도 한단(邯鄲), 적국에 잡힌 볼모 이인(異人)의 거처는 진나라 왕손의 처소라기엔 너무도 황량했습니다. 진나라와 조나라의 관계가 악화할 때마다 죽음의 위협에 시달려야 했던 그는, 초라한 의복을 걸친 채 멍하니 마당을 바라보며 하루하루를 죽지 못해 버티고 있었습니다.

그때, 화려한 비단옷을 입었으나 눈빛만은 매처럼 날카로운 사내가 문을 열고 들어왔습니다. 조나라와 위나라를 오가며 막대한 부를 쌓은 거상, 여불위였습니다. 여불위는 이인의 초췌한 몰골을 훑어

보았습니다. 세상 사람들은 그를 버려진 왕손이라 비웃었으나, 여불위의 눈에는 달랐습니다. 그는 속으로 나지막이 읊조렸습니다.

"이것이야말로 진귀한 보물이로다. 사두었다가 훗날 크게 이득을 남기고 팔 만하구나(奇貨可居, 기화가거)."

이인은 갑작스러운 방문객을 경계하며 물었습니다.
"상인이 나 같은 처지의 사람에게 무슨 볼일이 있어 왔소?"
여불위는 짐짓 거만한 미소를 지으며 답했습니다.
"소인은 대왕의 가문을 크게 만들어 드리러 왔습니다."
이인은 기가 찬 듯 실소하며 쏘아붙였습니다.
"그대의 가문이나 먼저 크게 만드시오. 어찌 나를 조롱하는 거요?"
여불위는 정색하며 다가와 이인의 귀에 속삭였습니다.
"대왕의 가문이 커져야 소인의 가문도 커지는 법입니다. 현재 진나라 태자 안국군께서는 화양 부인을 끔찍이 아끼시나 그분께는 자식이 없습니다. 만약 대왕께서 화양 부인의 양자가 된다면, 대왕은 다음 왕위의 주인공이 될 것입니다."

이인의 눈동자가 심하게 흔들렸습니다. 여불위는 주저하지 않고 준비해 온 황금 오백 근을 탁자 위에 내려놓았습니다.
"이 돈으로 조나라의 권력자들과 교류하며 명성을 쌓으십시오. 나머지 오백 근으로 소인이 진나라에 가서 대왕을 후계자로 만들 발판을 닦겠습니다. 소인과 함께 천하라는 판 위에 도박을 걸어보시겠습니까?"

이인은 눈앞의 황금과 여불위의 확신에 찬 눈빛을 번갈아 보았습니다. 그것은 절망 속에서 유일하게 내려온 동아줄이었습니다. 이인은 깊게 고개를 숙이며 말했습니다.

"그대의 계획대로 일이 성사된다면, 훗날 진나라를 그대와 나누어 다스리겠소."

이로써 중국 역사의 흐름을 완전히 바꿀 상인과 버려진 왕손의 위험한 계약이 체결되었습니다.

이인은 화양부인이 초나라 출신이었기에, 그녀의 환심을 사기 위해 이름을 '초나라의 자식'이라는 뜻인 '자초(子楚)'로 바꾸었습니다. 여불위는 자신의 재산과 인맥을 동원해 조나라에서 자초를 구해내고, 다시 진나라로 돌아가게 도와줍니다.

그리고 여불위는 다시 한번 기상천외한 계략을 꾸밉니다.

여불위의 처소에는 향락의 연기가 낮게 깔려 있었습니다. 술잔이 오가고 가야금 소리가 잦아들 무렵, 그는 곁에 앉아 있던 여인 '조희'를 눈짓으로 불렀습니다. 그녀는 한단에서 가장 이름난 무희였고, 무엇보다 여불위의 아이를 임신하고 그의 지극한 총애를 받던 애첩이었습니다.

그때, 자초의 시선이 조희의 유려한 몸짓에 멈췄습니다. 조국에서

버림받은 볼모의 처지에서 늘 죽음의 공포에 떨던 청년 자초에게 그녀의 미소는 유일한 구원처럼 보였습니다. 자초가 술기운을 빌려 그녀를 청하자, 여불위의 눈빛이 흔들렸습니다.

그것은 인간적인 질투였을까요, 아니면 거대한 도박을 앞둔 승부사의 전율이었을까요. 지금 이 여인을 내주는 것은 그저 애첩을 보내는 일이 아니었습니다. 자신의 핏줄을 진나라 왕실의 심장부에 심는, 역사상 가장 대담한 '투자'의 시작이었습니다.

여불위는 처음에는 완강히 거절하면서 이게 무슨 해괴한 짓이냐며 자초를 꾸짖습니다. 그리고 시간이 흐른 뒤 못 이기는 척 다음과 같이 말합니다.

"왕손께서 이토록 원하시니, 어찌 거절하겠습니까."

여불위는 너털웃음을 터뜨리며 조희의 손을 자초에게 건넸습니다. 조희는 자신의 배를 살며시 감싸 쥐며 여불위와 찰나의 시선을 교환했습니다. 그 눈빛에는 두려움과 야망이 뒤섞여 있었습니다. 얼마 후, 그녀는 후일 진시황이 되는 '정'을 낳았습니다. 세상은 그가 자초의 아들이라 믿었으나, 역사는 은밀하게 그 진실을 속삭이고 있습니다.

이후 여불위가 만든 조정 내외의 수많은 정치적 거래와 협상을 통해 버려진 왕손 자초는 진나라의 장양왕(莊襄王)이 되었고, 여불위는 그가 예언한 대로 진나라의 승상이 되어 천하를 호령합니다.

인질의 설움을 견뎌낸 자초가 진왕의 자리에 오른 지 불과 3년 만에 세상을 떠났습니다. 그렇게 기원전 247년, 열세 살의 어린 소년 정(진시황)이 왕관의 무게를 지게 되었습니다. 하지만 왕의 성장은 곧 후견인의 몰락을 의미했습니다. 소년이 청년으로 자라며 정치적 자립을 꾀할수록, 여불위의 권력에는 균열이 가기 시작했습니다. 세간에는 이미 "여불위가 왕의 생부다"라는 소문이 번지고 있었습니다.

진시황이 왕위에 오른 지 얼마 되지 않았을 무렵 함양궁 깊숙한 곳에는 외부에 알려지지 않은 정적이 고여갔습니다. 그곳은 궁녀들의 발소리보다 조용했고, 권력의 명령보다 깊은 여인의 한숨이 맴도는 밀실이었습니다. 바로 진왕의 어머니, 조희의 처소였습니다. 아들은 이제 천하를 호령하는 왕이 되어 더는 어머니의 치맛자락을 붙잡지 않았고, 조정의 위엄만큼이나 그녀의 고독은 깊어만 갔습니다.

왕의 위엄이 나날이 높아질수록, 여불위의 불안 또한 커졌습니다. 그는 진시황의 눈을 피해 여전히 태후 조희와 부적절한 만남을 이어오고 있었으나, 이는 언제 터질지 모르는 시한폭탄과 같았습니다. 결국, 여불위는 자신의 발목을 잡는 이 위험한 밀회에서 벗어나는 동시에, 여전히 자신을 갈구하는 조희의 뒤틀린 욕망을 채워줄 극단적인 대안을 찾기 시작했습니다.

그는 함양 바닥에서 '노애(嫪毐)'라는 사내를 찾아내었습니다. 노애는 내시라는 명분으로 궁에 들였으나, 사실은 여불위가 거짓 거세 기록을 만들어 들여보낸 위험한 '대역'이었습니다.

노애가 처음 조희의 눈앞에 나타났을 때, 그의 입꼬리는 기묘하게 비틀려 있었습니다. 그 눈빛에는 하인이 감히 가질 수 없는 거친 야망의 흔적이 역력했습니다. 노애는 여불위에게 자신의 치정을 감출 방패였으나, 외로운 조희에게는 거부할 수 없는 독이 든 성배와도 같았습니다. 함양궁의 그림자 속에서, 진나라의 근간을 뒤흔들 피비린내 나는 비극의 씨앗은 그렇게 싹을 틔우고 있었습니다.

조희는 그를 바라보며 한동안 아무 말도 하지 않았습니다. 그러다가 먼저 말을 꺼냈습니다.

"넌… 웃는 법을 아는구나."

노애는 한쪽 무릎을 꿇으며 웃었습니다.

"웃는 법을 잊은 이는… 궁 안에 너무 많지요."

그날부터 함양궁의 가장 깊은 곳에선 비밀스러운 연극이 시작되었습니다.

조희는 노애를 총애했고, 두 사람은 은밀하게 아이를 둘이나 낳았습니다. 그녀는 다시 살아있다고 느꼈고, 그는 점점 황후의 그늘 속에서 태양의 자리를 노리기 시작합니다.

이제 노애는 단순한 정부(情夫)가 아니었습니다. 그는 사병을 조직하고, 무기와 인재를 모으며 은밀히 군대를 만들었습니다. 겉으로는 태후를 섬기는 듯했지만, 그의 진짜 욕망은 함양궁 너머 황제의 옥좌를 향했습니다.

그러던 어느 날 밤, 함양궁에는 무장한 병사 수백 명이 모여들었고, 노애는 칼을 높이 들며 외쳤습니다.

"태후께서 명하신다! 어린 황제를 폐하고, 진정한 피의 황자가 이 자리를 잇는다!"

그러나 그는 몰랐습니다. 그의 속삭임보다 더 빠르게 움직이는 비밀 정보망이 이미 황제의 귀에 닿았다는 사실을.

진시황은 이날을 기다리고 있었습니다. 노애가 반란군을 이끌고 황제가 있는 옹성의 기년궁(蘄年宮)에 도달하자마자, 북쪽 문이 터져 나가듯 열리고, 왕실 정예병이 밀려 들어왔습니다. 반란은 그날 밤 한 시간도 되지 않아 진압되었고, 노애의 군대는 우왕좌왕하며 무너졌습니다. 도망치려던 노애는 잡히고, 두 아들과 함께 다섯 마리의 말에 묶여 사지가 찢기는 형벌을 받고 죽습니다.

태후는 궁 깊숙한 곳에 유폐되었고, 진시황은 그날 이후 어머니를 더 이상 어머니라고 부르지 않았습니다. 황제에게 피도 결코 믿을 수 없다는 교훈과 권력을 유지하려면 심장까지도 얼어붙어야 한다는 냉혹한 진실을 새겨준 순간이었습니다. 그날 밤 함양궁의 연못은 검푸른 빛으로 일렁였고, 조희가 노애를 기다리며 바라보던 그 창문은 다시는 열리지 않았습니다.

이 이야기는 그저 궁중 스캔들이 아닙니다. 그것은 사랑과 욕망, 거짓과 야망이 얽힌 채 제국의 심장부에서 벌어진 한 편의 비극이자 정치 치정극이었습니다. 그리고 그 여파는, 진나라가 무너질 때까지도 조용히 궁궐의 벽을 타고 스며들고 있었습니다.

'노애의 난'은 단순한 궁중 반란을 넘어, 사적인 욕망과 정치 권력이 결합할 때 어떤 파국이 발생하는지를 보여주는 극적 사례입니다.

노애의 난 이후, 여불위는 재상의 자리에서 해임되고, 하남(河南)으로 좌천됩니다.

사마천의 《사기》에서, 진시황은 다음과 같이 말하며 조서를 내려 그를 촉(蜀) 지방으로 유배하라고 명령합니다.

"너는 진나라에 어떤 공이 있느냐, 무슨 친족이기에 '중부(仲父)'라는 칭호를 받느냐."

「君何功於秦?秦封君河南, 食十萬戶。君何親於秦?號稱仲父。」

「군하공어진? 진봉군하남, 식십만호. 군하친어진? 호칭중부.」

그 후 여불위는 자신의 처지가 점점 위태로워지고 있음을 깨닫고, 처형을 두려워하다 마침내 독을 마시고 자살합니다.

그가 그렇게 권력의 정점에서 자멸하는 데까지 걸린 시간은 불과 십수 년에 불과했습니다. 여불위는 진나라 통일 이전 권력의 중심에 있었던 인물이지만, 그의 야심과 개입은 진나라 왕실의 혈통, 후계 질서, 궁중 기강 모두를 어지럽히는 결과를 낳았습니다. 조희와의 관계, 노애의 난, 정치적 공과 사의 구별 붕괴 등은 결국 진시황이 독재 권력을 추구하는 방향으로 이끈 원인 중 하나였습니다. 그의 몰락은 결과적으로 민심을 잃은 진 제국의 몰락까지 재촉하는 그림자를 드리운 셈이었습니다.

여불위는 야망으로, 조희는 고독으로, 노애는 야심으로 움직인 인물들입니다. 이 서로 다른 감정들이 궁궐이라는 좁고 폐쇄된 공간에서 충돌하며, 결국 제국의 운명을 뒤흔드는 폭발을 만들었습니다. 그 결과 진나라 궁궐은 사랑과 욕망, 계산과 공포, 고독과 야망이 뒤엉킨 심리의 전쟁터가 되고 말았습니다. 사적인 욕망이 공적인 권력을 흔들고, 개인의 상처가 국가의 균열로 번지며, 야망과 고독이 만나는 순간 역사는 비극 쪽으로 기울었습니다.

여불위가 사라진 뒤, 진시황은 본격적인 철권 통치를 시작합니다. 그는 6국을 멸망시키고 중국 최초의 통일제국 '진(秦)'을 세우며 스스로를 '진시황제'라 칭합니다. 하지만 중앙집권과 법가주의의 과도한 집행, 만리장성과 아방궁 등의 무리한 대공사, 민심을 고려하지 않는 폭정은 내부의 균열을 키워갔습니다.

특히 말년의 진시황은 암살에 대한 공포와 죽음의 그림자에 시달리며 극도로 피폐해졌습니다. 그는 거처를 수시로 옮기며 행방을 비밀에 부쳤고, 신선이 된다는 불로초에 집착하며 스스로를 세상과 격리했습니다. 그렇게 진시황은 천하를 손에 쥐고도 정작 자신의 죽음조차 예견하지 못한 채 전국 시찰 도중 평대(平臺)에서 급사하게 됩니다.

기원전 210년 진시황이 사망한 뒤, 후계자 결정 과정에서 이사(李斯), 조고(趙高) 등의 음모로 둘째 아들 호해(胡亥)가 2대 황제 자리에 오르고, 이듬해 진승과 오광의 농민 봉기가 일어나 진 제국은 불과

15년 만에 붕괴 위기에 직면합니다.

사마천의 《사기》는 진나라 말기의 혼돈 상황을 다음과 같이 묘사합니다.

진시황은 천하를 통일한 뒤, 만세토록 변하지 않을 제도를 세우려 하였고, 신하들로 하여금 그것에 대해 이의를 제기하지 못하게 하였다. 그러나, 진나라가 사슴(진시황)을 잃으니, 천하가 함께 쫓는다.

秦王兼并天下, 欲制萬世之法, 令臣下不得議。秦失其鹿, 天下共逐之。

진왕겸병천하, 욕제만세지법, 령신하불득의. 진실기록, 천하공축지.

02

억눌린 자들의 외침,
진승·오광의 난

시대의 결핍이 쏘아 올린 반란의 신호탄

천하 사람들이 진나라의 학정에 오래도록 고통받아 왔다.

天下苦秦久矣

천하고진구의

위의 문장은 중국 역사상 가장 극적인 권력 전환기의 서막을 알리는 혁명적인 선언문이었습니다. 이 문장은 사마천의 《사기》 속 〈진섭세가〉에 등장하며, 압제에 눌려 살아가던 백성들의 누적된 분노가 비로소 터져 나오는 순간을 기록한 대표적인 구절입니다.

이러한 혼란의 시기였던 진나라 말 기원전 209년 가을. 하늘은 구멍이라도 난 듯 거친 빗줄기를 쏟아내고 있었습니다. 진나라의 하급 관리 두 명의 감시 아래, 진승과 오광을 포함한 900명의 징발된 농민 병사가 북쪽 국경인 어양(漁陽)을 향해 늪지대인 대택향을 지나고 있었습니다. 하지만 계속된 폭우로 길은 거대한 강이 되었고, 정해진 기일 안에 도착하는 것은 물리적으로 불가능해졌습니다.

하지만 진나라의 법은 서슬 퍼런 칼날과 같았습니다.

'기한을 놓치면 처형한다(失期, 法皆斬. 실기, 법개참).' 즉, 기한을 어기면 이유를 불문하고 목을 벤다는 것이 원칙이었습니다.

진승은 진흙탕 속에 멈춰 선 채 오광에게 나지막이 속삭였습니다.

"도망쳐도 죽고, 거사를 일으켜도 죽는다. 똑같이 죽을 운명이라면 나라를 세우는 대업을 하다가 죽는 것이 낫지 않겠는가?"

운명의 날, 오광은 일부러 진나라 관리인 양위를 도발했습니다. 술에 취한 양위가 채찍을 휘두르며 오광을 핍박하자, 900명의 병졸은 동요했습니다. 그 틈을 타 오광은 관리의 칼을 빼앗아 그를 베었습니다.

진승은 높은 곳에 올라 빗속에서 떨고 있는 병졸들을 향해 포효했습니다.

"그대들은 기한을 어겼으니 모두 죽임을 당할 것이다. 설령 죽지 않는다고 해도 변방에서 고생하다 열에 대여섯은 죽어 나갈 것이다! 장부라면 죽더라도 큰 이름을 남겨야 하지 않겠는가?"

이어 그는 역사에 길이 남을 한마디를 던졌습니다.

"왕과 제후, 장수와 재상의 씨가 어찌 따로 있겠는가!"

王侯將相寧有種乎。

왕후장상녕유종호.

그의 외침에 900명의 병졸은 동시에 함성으로 응답했습니다. 그들은 나무를 깎아 창을 만들고 대나무를 꺾어 깃발을 세웠습니다. 이것이 바로 '장대를 들고 일어난다' 즉 '봉기를 일으킨다'라는 '게간이기(揭竿而起)'의 순간이었습니다.

그날 이후, 진나라는 무너지기 시작했습니다. 한적한 산골 움막에서 단지 몇 마디 말과 굳은 결심만으로 진승과 오광의 봉기는 시작되었고, 그들이 쏘아 올린 외침은 항우와 유방의 시대를 불러오는 신호탄이 되었습니다.

민심은 말없이 쌓이다가, 결국 가장 큰 소리로 터져 나오는 법이었습니다. 그리고 그 외침 하나가, 수천 년 제국의 운명을 바꾸는 첫걸음이 되었습니다. 진승과 오광의 봉기는 역사상 최초의 농민 봉기로 기록되며, 진나라 몰락의 도화선이 됩니다.

진승과 오광은 대택향에서 봉기한 직후, 주변의 민심을 얻기 위해 미신과 상징을 활용한 전략을 씁니다. 먼저 비단에 붉은 글씨로 '진승왕(陳勝王)'이라 적어 그들이 잡아 올린 물고기 뱃속에 몰래 집어넣었습니다. 병졸이 물고기를 잡아 배를 갈랐을 때 그 비단이 나오자, 병사들 사이에는 기이한 술렁임이 일었습니다.

그날 밤, 오광은 몰래 숲속 사당으로 들어가 횃불을 밝히고 여우 울음소리를 흉내 내며 외쳤습니다.

"대초흥, 진승왕(大楚興, 陳勝王)! 대 초나라가 일어나고 진승이 왕이 되리라!"

어둠 속에서 들려오는 기괴한 외침에 병졸들은 공포와 경외심에 사로잡혔고, 다음 날 진승을 바라보는 그들의 눈빛은 전과 달라져 있었습니다. 이는 당시 미신에 익숙했던 민중에게 매우 효과적인 선전이었습니다.

곧 많은 농민과 무장한 자들이 그들의 깃발 아래로 모여들었고, 진승은 스스로를 '장군'이라 칭하며, 얼마 지나지 않아 '장초(張楚)'라는 나라를 세우고 왕위에 오릅니다.

그들은 900명의 징발된 농민 병사로 시작했으나, 진나라의 가혹한 법에 신음하던 백성들이 죽창과 쟁기를 들고 몰려들면서 군세는 순식간에 수만 명으로 불어났습니다.

진승과 오광의 군대는 파죽지세였습니다. 제대로 된 갑주도, 잘 벼려진 칼도 부족했지만, 그들에게는 '분노'라는 가장 날카로운 무기가 있었습니다. 그들은 먼저 기현(蘄縣)을 함락시킨 뒤, 전략적 요충지인 진현(陳縣)으로 향했습니다. 진현의 수령들은 성문을 굳게 닫고 버텼으나, 성 안의 백성들이 응하여 성문을 열어젖혔습니다.

"장초의 깃발이 왔다! 이제 폭정의 시대는 끝났다!"

진현에 입성한 진승은 그곳의 원로들과 호걸들을 불러 모았습니다. 백성들은 그에게 왕이 될 것을 간청했고, 진승은 마침내 왕의 자리에 올라 진나라의 심장부를 겨누었습니다.

왕이 된 진승은 오광을 '가왕(假王, 대리 왕)'으로 봉하여 서쪽 진나라 본토를 공략하게 했습니다. 오광은 정예군을 이끌고 진나라의 관문인 형양(滎陽)을 포위했습니다. 형양은 진나라의 운명이 걸린 요새였고, 진나라 조정에서 보낸 군대가 도착하기 전까지 오광은 이곳에서 치열한 공성전을 벌였습니다. 하지만 전쟁은 단순히 무력으로만 하는 것이 아니었습니다. 오광의 군대가 형양에서 발이 묶인 사이, 내부에서는 축배를 든 장수들이 서로를 향한 차가운 칼날을 번뜩이고 있었습니다.

진승은 오광 외에도 주문(周文)에게 수십만 대군을 주어 진나라의 심장부인 함곡관(函谷關)을 직접 타격하게 했습니다. 주문의 군대는 무려 1천 대의 전차와 수십만의 보병을 거느리고 함양 코앞까지 진격했습니다.

"수백 년간 무너지지 않았던 함곡관이 뚫렸다!"

진나라 조정은 공포에 휩싸였습니다. 이때 2세 황제 호해 앞에 나선 인물이 바로 소부 장한이었습니다. 그는 아방궁을 짓던 노역자들을 무장시켜 '죄수 군대'를 조직했습니다. 죽음을 목전에 둔 죄수들은 장한의 지휘 아래 엄청난 전투력을 발휘하며 주문의 군대를 격파했습니다. 장한의 반격이 시작되자 전세는 급격히 역전되었습니다.

기원전 208년 겨울, 형양성을 포위하고 있던 오광의 군영에는 차가운 긴장감이 감돌고 있었습니다. 진나라의 명장 장한의 대군이 다가오고 있다는 소식은 병사들의 사기를 꺾어놓았고, 견고해 보이던

초한지 인생 공부

지도부의 결속은 혼란 앞에 모래성처럼 서서히 부서져 내렸습니다.

가왕 오광은 성벽을 바라보며 깊은 고민에 빠져 있었습니다. 하지만 그의 뒤에서는 장수 전장(田臧)이 독사 같은 눈빛으로 등을 노리고 있었습니다. 전장은 동료 장수들에게 은밀히 속삭였습니다.

"가왕 오광은 교만하고 병법을 모른다. 이대로 가다가는 장한의 대군에게 우리 모두 몰살당할 것이다. 그를 제거하지 않고는 승산이 없다!"

전장은 치밀했습니다. 그는 진승왕의 직인을 위조하여 가짜 명령서를 만들었습니다. 그리고 오광의 막사로 들이닥쳤습니다.

"왕의 명이다! 오광은 군을 지체시켜 대업을 그르쳤으니 그 죄를 묻겠다!"

오광이 반박할 틈도 없었습니다. 전장이 휘두른 칼날이 허공을 갈랐고, 한때 진승과 함께 대택향에서 "왕후장상의 씨가 어찌 따로 있느냐"라고 외쳤던 영웅의 머리가 바닥으로 떨어졌습니다. 전장은 피가 뚝뚝 떨어지는 오광의 머리를 높이 치켜들었습니다.

전장은 즉시 심복을 시켜 오광의 머리를 함에 담아 진현에 있는 진승에게 보냈습니다. 겉으로는 '군령을 바로 잡았다'라는 명분을 내세웠지만, 사실상 진승에게 '이제 군권은 내가 가졌으니 나를 인정하라'라는 서슬 퍼런 협박이나 다름없었습니다.

진현의 궁궐에서 이 소식을 접한 진승은 큰 충격에 빠졌습니다. 자신의 가장 오래된 동지이자 봉기의 절반이었던 오광의 죽음. 하지만 진승은 전장을 처벌할 수 없었습니다. 이미 전장이 군대를 장악하고 있었고, 장한의 군대를 막아낼 자는 그밖에 없었기 때문입니다.

진승은 피눈물을 삼키며 전장에게 '초나라령'의 관직과 대장군의 인장을 보냈습니다. 동업자를 죽인 살인범에게 오히려 최고의 벼슬을 내려야만 했던 진승의 비참한 현실은, 장초 정권의 몰락이 머지않았음을 예고하고 있었습니다.

오광을 살해하고 지휘권을 찬탈한 전장은 기세등등하게 진나라 군대에 맞섰습니다. 그는 정예병을 이끌고 장한의 대군과 격돌했으나, 산전수전 다 겪은 노련한 장한의 상대가 되지 못했습니다. 전장은 전투 중 사망했고, 그렇게 초나라의 주력군은 모래성처럼 허무하게 무너졌습니다. 이 소식은 진현에 있던 진승에게 거대한 공포로 다가왔습니다. 이제 진승과 진나라 본토 사이에는 그를 지켜줄 방어막이 사라진 것입니다.

장한의 진나라 군대는 승전의 기세를 몰아 수도 진현을 압박했습니다. 진승은 직접 군대를 이끌고 성 밖으로 나가 맞섰으나, 이미 사기가 바닥난 초나라 군대는 진나라 장한의 철기군 앞에 속수무책이었습니다.

"왕이 도망친다! 우리도 살길을 찾자!"

전투에서 대패한 진승은 소수의 호위병만을 데리고 하성보(下城父)라는 곳으로 비참한 도주를 시작했습니다. 한때 천하를 호령하던 기개는 온데간데없고, 오직 살아야겠다는 본능만 남은 초라한 도망자였습니다.

초한지 인생 공부

진승의 곁에는 끝까지 그를 모시던 마부 장가(莊賈)가 있었습니다. 하지만 장가의 눈에 비친 진승은 더 이상 위대한 혁명가가 아니었습니다. 그저 목에 거대한 현상금이 걸린, 힘없고 의심 많은 왕에 불과했습니다.

어느 추운 겨울밤, 진승이 잠시 방심한 틈을 타 장가는 칼을 빼들었습니다.

"왕이여, 당신의 머리가 나의 새로운 주인이 될 것입니다."

믿었던 심복의 칼날에 진승은 비명 한 번 지르지 못한 채 숨을 거두었습니다. 인류 역사상 최초의 농민 혁명을 일으켜 대제국 진나라를 뒤흔들었던 영웅의 최후는, 자신이 부리던 마부의 손에 죽임을 당하는 비극이었습니다.

장가는 진승의 머리를 잘라 진나라 군대에 바치고 투항했습니다. 이때 진승의 나이는 불과 33세, 장초의 수명은 고작 6개월 남짓이었습니다. 왕위에 오른 지 수개월 만에 몰락한 것입니다. 비록 그는 실패한 지도자였지만, 역사를 움직인 점화자라는 건 분명한 사실입니다. 진승과 오광의 농민 봉기가 없었다면, 항우와 유방도 역사에 등장하지 못했을 가능성이 큽니다.

사마천은 《사기》 속 〈진섭세가〉에서 진승의 짧았던 천하 통일의 꿈이 얼마나 허망하게 무너졌는지를 매우 날카로운 시선으로 분석했습니다. 그는 진승의 실패 원인을 단순한 군사적 패배가 아닌, '권력의 오만함이 부른 심리적 고립'과 '폐쇄적인 소통 구조'에서 찾았습니다.

진승은 봉기 초기에는 평등의 기치를 들었으나, 막상 왕의 자리에 오르자 누구보다 강력한 '신분적 권위'에 집착하였습니다.

어느 날, 고향에서 함께 밭을 갈던 옛 친구가 그를 찾아왔습니다. 처음에는 진승도 반갑게 그를 맞이했습니다. 친구는 진승의 화려한 궁궐을 보며 옛날처럼 격식 없이 행동했습니다.

"이봐 진섭(진승의 본명), 자네 출세했구먼! 예전에 우리 밭 갈 때 생각나나?"

진승은 조금 불편해졌습니다. 거기에 더해 자신의 초라했던 과거를 아는 이의 존재가 현재의 '왕의 위엄'을 갉아먹는다는 주변의 진언을 접하고 결국 사소한 무례를 빌미로 옛 친구를 처형합니다. 이소식은 천하에 퍼졌고, 사람들은 '옛정을 모르는 냉혈한이 된 진승에게는 더 이상 기대할 수 없다'라는 사실을 깨달았습니다. 이 사건으로 진승 주변에서 진심 어린 충고를 해줄 호걸들이 모두 자취를 감추었습니다.

진승이 저지른 더 치명적인 실수는 소통의 문을 스스로 걸어 잠근 것이었습니다. 그는 주방(朱房)을 중정관(中正官, 관리들의 품행을 감찰하고 등급을 매기는 직책)으로, 호무(胡武)를 사과관(司過官, 관리나 군인들의 법규 위반, 명령 불복종, 사소한 실수 등을 찾아내어 처벌하는 직책)으로 임명하여 모든 인사와 조언을 이 두 사람을 통해서만 거치게 했습니다. 이들은 왕의 눈과 귀를 가리는 장막이었습니다. 장수들이 전장에서 돌아오면 그들의 사소한 과실을 잡아 엄히 꾸짖고, 자신의 마음에 들지 않으면 가차 없이 처벌했습니다. 현장의 생생한 목소리와 비판적인 조언은 이 두 사람의 검열을 거치며 사라졌습니다. 진승에게는 오직 달콤한 보고나 왜곡된 정보만 전달되었습니다.

그렇게 장수들은 적군인 진나라 군대보다 내부의 감시자인 주방과 호무를 더 두려워하였습니다. 충성심은 사라지고 오직 '생존'을 위한 눈치 싸움만 남은 것입니다. 때문에 후일 초한 전쟁의 주역들이 될 진여나 위표 등 천재적인 전략가들이 그의 진영에 있었지만, 그들을 중용하지 못하거나 놓칩니다.

진승의 내면에는 가난과 멸시의 기억이 깊게 박혀 있었습니다. 그는 소년 시절부터 "내가 어찌 천한 신분으로 늙어 죽겠는가"라는 말을 남겼고, 이는 단순한 허세가 아니라, 자기 존재가 부정당한 데서 비롯된 자존의 분노였습니다. 이러한 열등감이 만든 과대 자아는 야망으로 표출되었고, 오광 역시 오랜 억눌림이 만든 분노와 억울함에 공감해 움직였습니다.

그들의 심리는 모두 시대의 억압에서 시작된 것이었습니다. 상처는 이상으로 변했고, 인내는 분노로 변했습니다. 그러나 이러한 이상은 현실 감각을 잃게 했고, 분노는 권력의 구조를 지탱할 힘을 잃게 했습니다. 그들이 만든 반란은 민중을 일으켰지만, 그들의 내면은 천하를 지휘할 힘을 갖추기에는 역부족이었습니다.

사마천은 《사기》 속 〈진섭세가〉에서 최초의 농민 반란은 실패했지만, 진나라를 멸망시키는 실마리가 되었다며 진승과 오광을 높이 평가합니다.

진승이 비록 이미 죽었으나, 그가 세우고 파견한 제후·왕·장상들이 마침내 진나라를 멸망시켰으니, 그것은 진승이 처음으로 봉기했기 때문이다.

陳勝雖已死, 其所置遣侯王將相竟亡秦, 由涉首事也。

진승수이사, 기소치견후왕장상경망진, 유섭수사야.

03

하늘을 대신하려 한 남자, 항우

천하의 절반을 손에 쥐었으나,
자신은 다스리지 못한 영웅

　진승과 오광의 봉기는 비록 실패로 끝났지만, 그들의 외침은 진나라의 거대한 벽에 첫 균열을 냈습니다. '진을 무너뜨릴 수 있다'라는 인식이 전국으로 퍼지면서 각지의 제후 후손, 지방호족, 도망병 세력이 독립적으로 봉기했습니다. 이때 전국은 다시 춘추전국시대의 군웅병립(群雄並立) 상태로 돌아가게 됩니다. 그 혼란 시기에 세 명의 사내가 천하를 향해 걸어 나오고 있었습니다. 항우, 유방, 그리고 한신. 셋은 모두 출신과 성격, 그리고 욕망이 달랐지만, 그들의 마음속에는 공통된 결핍이 있었습니다. 바로, 세상을 흔들 만큼 강한 내면의 불안과 갈망이었습니다.

　가장 먼저 세상에 모습을 드러낸 것은 항우로서 본명은 항적(項籍)으로, 초나라 귀족 가문에서 태어났으며, 현재의 중국 강소성 숙천에 해당하는 회계군 하상(下相) 출신입니다. 그는 초나라의 명장이었던 조부 항연(項燕)의 손자였고, 반(反) 진나라 연합세력의 선봉인 항량의 조카였습니다.

때는 진나라의 서슬 퍼런 위세가 온 천하를 짓누르며 숨죽이게 만들던 시절이었습니다. 항우는 이미 어린 시절부터 남다른 기개와 풍모를 보였습니다. 몰락한 가문의 자손이었으나 그의 눈빛에는 세상을 다 담고도 남을 만큼의 형형한 안광이 서려 있었고, 이는 곧 다가올 난세의 폭풍을 예고하는 전조와도 같았습니다.

숙부 항량은 조카의 재능을 아껴 글과 검술을 가르쳤으나, 소년 항우는 이내 싫증을 내며 배우기를 그만두었습니다. 화가 난 항량이 크게 꾸짖자, 항우는 흔들림 없는 목소리로 당당히 대답했습니다.

"글은 제 이름이나 적을 줄 알면 충분하고, 검술은 고작 한 사람을 상대하는 기술일 뿐이라 배울 가치가 없습니다. 저는 만인을 상대하고 제압하는 학문을 배우겠습니다."

작은 재주가 아닌 천하의 판을 흔드는 전략을 갈구했던 항우의 비범함이 드러난 순간이었습니다.

어느 날, 진시황제가 대규모 행차를 이끌고 회계(會稽) 땅을 지나가게 되었습니다. 화려한 깃발과 수많은 병사의 호위 속에 황제의 위엄이 온 산천을 뒤덮자, 구경하던 백성은 겁에 질려 고개를 숙였습니다. 하지만 곁에서 이를 지켜보던 항우는 오히려 숙부 항량에게 거침없이 말했습니다.

"저 자리를 내가 빼앗아 대신 들어앉을 수 있습니다!"

깜짝 놀란 항량이 그의 입을 막으며 삼족이 멸할 수 있으니 조심하라 타일렀으나, 속으로는 이때부터 항우를 남다르게 보기 시작했습니다.

초한지 인생 공부

성인이 된 항우의 풍채는 실로 압도적이었습니다. 키가 8척이 넘는 거구에, 그 힘은 무쇠솥을 번쩍 들어 올릴 정도로 장대했습니다. 재능과 기개 또한 평범한 사람을 훨씬 뛰어넘어, 패현과 오중 땅의 장정들은 항우의 이름만 들어도 두려움에 떨며 감히 눈을 맞추지 못했습니다. 그가 걷는 길에는 오직 자신감만이 가득했으며, 세상 그 무엇도 자신의 앞길을 막을 수 없다는 확신에 차 있었습니다.

기원전 209년 가을, 북방의 대지에서 들려온 소문은 평온하던 회계 땅을 뒤흔드는 거대한 천둥소리와 같았습니다.

"진승과 오광이 대택향에서 창을 들었다! 억눌린 자들이 '장초'의 깃발 아래 구름처럼 모여들고 있다!"

진나라의 폭정 아래 숨죽이고 있던 민초들이 마침내 폭발했다는 소식은, 오랫동안 때를 기다려온 항량과 항우의 심장에 불을 지폈습니다. 항량은 조용히 조카를 바라보며 나직하게 읊조렸습니다.

"천하의 기둥이 이미 썩어 문드러졌으니, 이제 우리가 그 대들보를 갈아치울 때가 되었구나."

그때, 회계 땅에는 심상치 않은 긴장감이 감돌고 있었습니다. 회계군수 은통(殷通)은 들불처럼 일어나는 반란군 소식에 겁을 집어먹고는 당시 지역의 명망가였던 항량을 불러들였습니다. 은통은 항량에게 함께 거사할 것을 제안하며 말했습니다.

"먼저 움직이는 자가 천하를 제압할 것입니다."

하지만 항량의 머릿속에는 이미 은통이 앉을 자리는 없었습니다. 항량은 잠시 말미를 줄 것을 요청하고 밖으로 나와 은통을 주살하려 모의합니다. 그리고 이번 봉기를 성사할 인물은 조카 항우뿐이라며, 밖에서 대기하던 항우를 불러들였습니다.

잠시 후, 관아 안으로 거구의 사내가 들어섰습니다. 산을 뽑을 듯한 기개를 지닌 항우였습니다. 은통과 마주 앉은 항량이 눈짓으로 신호를 보냈습니다. 그 눈빛이 떨어지기 무섭게 항우는 허리춤의 칼을 뽑아 휘둘렀습니다. 은통은 비명 지를 틈도 없이 고꾸라졌고, 항량은 잘린 수령의 머리를 집어 들고 그의 관인(印綬)을 차고 밖으로 나섰습니다. 아수라장이 된 관아 밖으로 은통의 부하들이 몰려들었으나, 항우는 눈 하나 깜짝하지 않았습니다.

항우가 칼을 휘두를 때마다 수십 명의 병사가 추풍낙엽처럼 쓰러졌습니다. 그가 내지르는 호통 한 번에 관아 안의 모든 이들이 혼비백산하여 엎드렸고, 감히 고개를 드는 자가 없었습니다. 항량은 그 기세를 몰아 평소 포섭해 둔 호걸들을 소집했습니다.

"큰일을 도모하려 한다. 나를 따르겠는가!"

항량의 외침에 오중의 장정 8천 명이 집결했습니다. 항량은 회계 군수가 되었고, 항우는 비장(裨將)이 되어 하현들을 평정하러 나섰습니다.

전장에서 항우의 기세는 그야말로 파죽지세와 같았습니다. 그가 올라탄 백마는 대지를 갈랐고, 그가 치켜든 붉은 깃발은 적들의 선혈보다 선명했습니다. 항우가 칼을 휘두를 때마다 대지는 진동했고, 그의 외침은 병사들의 등골을 꿰뚫는 벼락이 되어 돌아왔습니다. 수천의 병사들이 오직 그 장수의 포효 한 번에 목숨을 내던지며 적진으로 돌진했습니다.

그렇게 항우는 반진의 최전선에서 '패왕'의 초석을 하나씩 쌓아 올리기 시작했습니다. 칼날보다 예리한 결의와 강물보다 깊은 야망, 그리고 하늘보다 높은 자부심을 가슴에 품은 채, 역사의 거대한 소용돌이 중심부로 성큼성큼 걸어 들어갔습니다.

그러나 기원전 208년, 항량이 진나라 명장 장한과의 전투에서 전사하면서 군의 지휘권이 공백 상태가 됩니다. 이때 항우는 망설임 없이 초군의 실질적 지도자로 나서며, 그의 군사적 역량과 결단력으로 빠르게 두각을 드러냈습니다. 그는 항량의 죽음을 슬퍼하면서도, 감정에 휘둘리지 않은 채 병사들을 재정비하고 전열을 가다듬어 초나라 반진 세력의 핵심축으로 자리매김합니다.

항우의 존재를 결정적으로 세상에 각인시킨 것은 장한과의 거록 대전이었습니다. 당시 천하는 이미 갈라지고 있었으며, 진나라의 위세는 군데군데 금이 가고 있었습니다. 그러나 여전히 진군의 병력은 막강했고, 백성들은 절망 속에서 누군가 어서 이 전쟁을 끝내주기를 기다리고 있었습니다.

이때, 북쪽 거록의 들판에서 역사상 가장 극적인 전투가 막을 올렸습니다.

당시 진나라 장수 장한은 수십만의 병력으로 반란군을 포위하고 있었고, 여러 제후의 군대는 겁을 먹고 함부로 움직이지 못하고 있었습니다. 조나라 군대는 거록 성에 갇혀 있었고, 구원군을 보내도 격파당하는 악순환이 반복되었습니다.

이에 초왕이 송의(宋義)를 불러 함께 일을 계획하면서 그를 상장군으로 삼고, 항우는 노공(魯公)에 봉해져 차장(次將)이 되고, 범증은 말장(末將)이 되어 조나라를 구원하러 가게 합니다. 그러나 초나라 구원군의 사령관 송의는 진나라를 공격하지 않고 전쟁을 관망하고 연회를 즐기며 시간을 흘려보내고 있었고, 이는 항우의 눈에 비상한 위기감과 분노로 비쳤습니다.

그 화려한 분위기 뒤편에서 병사들은 비와 추위 속에서 떨고 있었고, 거록성은 진나라의 포위망 안에서 점점 숨이 막혀가고 있었습니다. 며칠 전 송의와 나눈 대화는 항우의 머릿속에서 계속 반복되었습니다.

"지금 진나라가 조왕을 포위하고 있으니, 즉시 강을 건너 싸워야 합니다."

항우는 이렇게 주장했습니다. 그러나 송의는 태연하게 되받아쳤습니다.

"진나라가 조나라를 치고 있으니, 그들이 지칠 때까지 기다렸다가 움직여야 합니다."

그의 말투는 전장을 읽는 냉철함이 아니라, 제(齊)나라에 보내는 아들 송양(宋襄)의 정치적 안배만을 챙기는 사람의 태도였습니다. 실제로 송의는 송양을 전송하기 위해 막대한 연회를 벌였지만, 병사들은 그 시간에도 배를 곯으며 토란과 콩으로 연명하고 있었습니다.

항우의 분노가 결단으로 바뀌는 순간, 그는 막사 밖 어둠 속에서 결연하게 서 있었습니다. 비에 젖은 병사들의 떨림, 음침한 군영의 기세, 그리고 멀리서 들려오는 조나라의 절규는 그에게 더 이상 기다림이 허락되지 않는다는 신호처럼 느껴졌습니다.

그 새벽, 항우는 칼을 들고 송의의 막사를 향해 걸어갔습니다. 막사 안에서는 술잔이 부딪치는 소리가 잔잔하게 울렸고, 악공의 연주가 흐르고 있었습니다. 그러나 항우에게 그것들은 나라가 무너져 가는 소리처럼 들렸습니다.

천막을 젖히고 들어간 항우는 단 한 순간의 머뭇거림도 없이 칼을 내리쳤습니다. 송의는 놀란 표정을 지을 겨를도 없이 쓰러졌고, 술잔은 천천히 바닥으로 넘어지며 기묘한 향을 퍼뜨렸습니다. 이 순간, 초나라의 운명과 천하의 향방을 뒤바꾸는 패왕의 시대가 열렸습니다.

"송의는 초를 배반했다!"

항우의 첫 명령이었습니다. 그는 막사에서 걸어 나와 장군들 앞에서 단호하게 외쳤습니다.

"송의는 제나라와 모반을 꾀해 초나라를 배반했다. 회왕께서 은밀히 내게 그를 베라고 명하셨다."

장수들은 모두 숨을 삼키며 땅을 바라보았습니다. 피가 흐르는 송의의 머리가 항우의 발 아래 있었고, 누구도 감히 반박하지 못했습니다.

"장군의 가문은 초나라를 일으킨 가문입니다. 지금 장군께서는 난신을 제거하셨습니다."

그들은 떨리는 목소리로 이렇게 말하며 무릎을 꿇었습니다. 그 순간 항우는 비로소 초군 전체의 군권을 손에 넣게 됩니다. 이제 그를 막을 사람은 없었습니다.

항우는 곧장 장한이 버티고 있는 진나라 거록 근처로 병사들을 배로 이동시킵니다. 황하(黃河)는 얼음장 같은 바람을 머금고 흐르고 있었습니다. 물안개가 낮게 깔리자 강가에 도열한 초군의 창끝이 하나둘 잿빛으로 변했습니다. 젊은 장수 항우가 말고삐를 틀어 세우고 강둑을 훑어본 뒤 낮게 명했습니다.

"북을 멈추라."

북소리가 멈추자 겨울바람이 빈자리를 메웠습니다. 항우는 말안장 위에서 칼을 뽑아 하늘을 가르듯 번쩍 들고, 들판 끝까지 들릴 만큼 또렷하게 외쳤습니다.

"우리가 타고 온 배를 모두 가라앉혀라. 솥과 시루를 깨부수고, 막사는 불태워라. 식량은 사흘 치만 남겨라."

순간 병사들 사이에 숨이 멎는 듯한 정적이 흘렀습니다. 누군가 "그럼 돌아갈 길은…"이라 중얼거렸으나, 항우의 눈빛이 대답을 대신하였습니다.

'돌아갈 길은 앞으로만 있다.'

횃불이 강변을 물들이며 옮겨졌고, 사공들은 떨리는 손으로 배 밑바닥에 송곳을 박았습니다. 풍덩 소리와 함께 배가 강물에 잠기자 공포는 곧 결심으로 굳어졌습니다. 뒤편 진영에서는 망치질 소리와 함께 솥과 시루가 산산이 부서졌고, "밥은 어디서 짓나"라는 탄식에는 "밥 대신 적의 숨을 먹는다"라는 대답이 돌아왔습니다.

첫 횃불이 막사 지붕에 꽂히자 마른 짚이 순식간에 불길을 올렸고, 되돌아갈 다리와 밥 지을 솥, 쉴 처소를 태운 군대는 스스로 퇴로를 끊는 '파부침주(破釜沈舟)'의 결단을 끝내 실행하였습니다.

이 결연한 순간을 사마천의 《사기》 속 〈항우본기〉에서는 이렇게 기록합니다.

> 모든 배를 가라앉히고, 솥과 시루를 부수고, 오두막을 불태우고, 사흘 치 양식을 지니게 하여, 장정들에게 필사(必死)할 각오를 보였으니, 돌아갈 마음은 조금도 없었다.
>
> 皆沈船, 破釜甑, 燒廬舍, 持三日糧, 以示士卒必死, 無一還心。
>
> 개침선, 파부증, 소려사, 지삼일량, 이시사졸필사, 무일환심.

황혼이 내리자 항우는 대열 앞에 홀로 나섰습니다.

"살고 싶은 자는 나를 따르라!"

그의 목소리는 북소리보다 깊고 번개보다 날카로웠습니다. 초군의 함성이 파도처럼 일렁이며 거록 평야를 덮었고, 성 밖에서 구경만

하던 제후들의 군막으로 그 소리가 육중하게 밀려들었습니다.

항우가 창을 어깨에 걸치고 첫발을 내딛자 선봉의 방패벽이 낙엽처럼 갈라졌고, 초군은 굶주린 호랑이 떼가 양 떼에 뛰어드는 형국이 되었습니다.

"돌파!"

북이 세 번 울리고 쇠창이 비처럼 쏟아졌으며, 뒤가 없는 자들의 전진은 앞만 보는 칼날이 되었습니다.

첫날 초군은 진나라 외곽 진지를 깨뜨리며 보급로를 차단했습니다. 둘째 날에는 야습으로 전차대를 갈라놓고 장벽 사이에 혈을 만들었습니다. 셋째 날, 항우는 친히 선두에서 진중으로 파고들었습니다. 말이 쓰러지면 달려서, 창이 부러지면 칼로, 칼이 휘어지면 맨손으로 방패를 뜯었습니다. 살기 서린 함성은 하늘을 뒤흔들었고, 성밖에서 눈치만 보던 제후 장수들은 숨조차 고르지 못한 채 떨었습니다. 전장은 아홉 번 뒤집혔고, 항우는 고비마다 칼끝으로 길을 냈습니다.

"저 깃발을 베어라, 보급이다!"

결사대가 화살을 가르며 보급 수레 열을 뒤집자 진나라 진영의 사기가 마침내 꺾입니다. 장수 소각이 쓰러지고 투구가 흙먼지 속을 굴렀으며, 섭간(涉間, 진나라 왕리의 부장)은 항우에게 항복하지 않으려 스스로 불에 뛰어들어 죽었습니다. 황혼 무렵 진영이 무너져 장수 왕리(王離)가 끝내 생포되었고, '무적'이라 불리던 진나라 주력군은 사흘 만에 초토화되었습니다.

그렇게 항우는 약 3만의 병력을 이끌고 진나라 장한의 수십만 대군을 정면으로 공격하여 진나라군을 괴멸시키고 조나라를 구원하는 데 성공하였습니다.

이 승리는 단지 하나의 전투에서 이긴 것이 아니라, 항우가 '천하의 새로운 군웅'으로 공식 등극한 사건이었습니다. 각지의 제후들은 그를 두려움과 경외의 눈으로 바라보았고, 백성들은 그를 '하늘이 내린 장수'라고 칭송하였습니다.

거록대전 이후 진나라군을 지휘하던 대장군 장한은 점차 수세에 몰렸고, 그의 운명 또한 급변하였습니다. 특히 진나라 조정 내부의 혼란은 장한의 군사적 판단에 치명적인 제약으로 작용했습니다. 당시 진나라 실권은 환관 조고가 장악하고 있었는데, 그는 스스로의 권력을 지키기 위해 외부 장수들에 대한 통제를 강화하려 했으며, 심지어 장한을 의심하고 위협하는 정황도 있었습니다.

장한은 참모 사마흔(司馬欣)을 수도로 보내 지원을 요청하였지만, 조정은 이를 거부하였고, 오히려 사마흔의 암살을 시도하였습니다. 이러한 배신과 단절 속에서 장한은 점차 진나라의 내부 권력으로부터 고립되어 갔기에 그는 마침내 항우에게 항복하기로 결단합니다.

그는 20만 명이 넘는 병력을 이끌고 초나라 진영에 투항하였고, 사마흔과 장수 동예(董翳) 역시 함께 항복했습니다. 항우는 장수들을 처형하지 않고, 오히려 자신의 체제 안에 포섭하는 방식으로 대응하였습니다. 장한은 옹왕(雍王)으로 봉해져 관중(關中) 서부 지역을 다스리게 되었고, 사마흔은 새왕(塞王), 동예는 적왕(翟王)으로 봉해지는 등 '삼진(三秦)'으로 불리는 새로운 체제를 구성한 것입니다.

이후의 천하는 더 이상 진나라의 것이 아니었고, 항우를 중심으로 재편될 새 시대를 예고하고 있었습니다. 이로써 항우는 떠도는 전설이 아닌 현실의 패왕으로 거듭나게 된 것입니다.

또한, 항복한 장수들에 대한 항우의 결정은 그저 자비가 아니라, 전략적 통합이자 정치적 계산이었습니다. 그는 적장을 숙청하는 대신 받아들임으로써 세력을 빠르게 확장하였고, 천하에 자신의 관용과 실리를 동시에 보여주는 상징적인 조치였습니다.

하지만 항우는 포섭한 진나라 병사들의 수가 여전히 많은 데다가 진심으로 복종하지 않는 것을 경계했습니다. 항우는 이들이 계속해서 초나라의 말을 듣지 않으면 위태로워지리라 판단합니다. 이에 그는 초나라 병사들을 동원해 밤에 진나라 병졸들을 기습하여 20여만 명을 신안성 남쪽에 산 채로 매장합니다. 이는 그가 항복을 받아들이는 포용을 보이되, 완전히 믿지 않았으며, 필요할 때는 무자비하게 통제할 수 있는 냉혹한 리더십을 가지고 있음을 드러냅니다.

역사에서 위기를 돌파한 인물들은 언제나 하나의 공통점이 있습니다. 강력하고 단호한 결단을 통해 새로운 질서를 열었다는 점입니다. 항우가 거록대전에서 보여준 결단은 그 대표적인 예였습니다.

항우가 보여준 리더십은 두려움보다 결단을 앞세우는 용기, 미련 없이 뒤를 끊는 단호함, 그리고 사람을 움직이게 하는 행동의 무게였습니다. 항우는 필요한 순간마다 누구보다 치명적이고 강력한 결단력을 보여주었습니다.

항우에게 거록전투는 가문의 명예를 회복해야 하는 존재적 싸움이었습니다. 숙부 항량의 죽음은 항우의 개인적 슬픔뿐만 아니라 그의 가문 전체에 대한 치욕이었던 것입니다. 그래서 그는 일을 지연시키기만 하던 송의를 더 이상 용납할 수 없었고, 초나라의 생사를 걸고 싸우기 위해 직접 그를 베고 군권을 장악했습니다.

또한, 강을 건넌 뒤 배를 가라앉히고 솥을 깨뜨리는 파부침주는 항우의 전형적인 극단적 심리에서 비롯됩니다. 그는 퇴로가 남아 있으면 조직이 흔들린다고 믿었고, 자신 역시 극한 상황에서 능력이 폭발하는 전투 기질을 가진 사람이었습니다.

그는 스스로와 군대 모두를 죽을힘으로 싸우는 상태로 몰아넣어 전투 의지를 극대화했습니다. 따라서 송의에 대한 처단, 파부침주, 무모한 돌파전으로 이어지는 이 일련의 흐름은 모두 우발적 행동이 아니라 항우라는 인물이 가진 단호한 심리적 결단의 자연스러운 결과물이었습니다.

04

제국의 문 앞에 선 건달, 유방

유방은 어떻게 제국의 리더가 되었는가

진나라 말기 민심의 시선은 자연스럽게 또 다른 인물에게로 향했습니다. 그의 이름은 유계(劉季)라 불리던 젊은 날의 유방이었습니다. 그의 탄생은 마을 사람들 사이에서 오래도록 회자할 만큼 신비로운 기운으로 가득했습니다.

어느 무더운 날, 그의 어머니 유오(劉媼)가 큰 연못 언덕에서 깜빡 잠이 들었을 때의 일입니다. 꿈속에서 신비로운 신과 조우하던 찰나, 갑자기 마른하늘에 번개가 치고 천둥이 울리며 사방이 칠흑 같은 어둠에 잠겼습니다. 이상한 예감에 남편 태공(太公)이 황급히 연못으로 달려가 보니, 아내의 몸 위로 서늘한 기운을 내뿜는 거대한 교룡(蛟龍) 한 마리가 올라타 있었습니다. 이 기이한 만남 이후 유오에게는 태기가 생겼고, 그렇게 하늘의 기운을 품고 세상에 나온 아이가 바로 유방이었습니다.

장성한 유방의 모습은 과연 용의 자손다웠습니다. 그의 코는 높이 솟아 위엄이 넘쳤고, 얼굴 윤곽은 뚜렷하여 마치 용의 형상을 보

초한지 인생 공부

는 듯했습니다. 수염 또한 아름답게 길어 범상치 않은 풍채를 자랑했습니다. 특히 그의 왼쪽 허벅지에는 하늘의 정기를 받은 듯 72개의 검은 점이 선명하게 박혀 있었는데, 사람들은 이를 두고 장차 천하를 지휘할 큰 인물의 증표라고 입을 모았습니다.

그의 성품 또한 외모만큼이나 남달랐습니다. 유방은 사람을 아꼈고, 늘 베풀기를 좋아했습니다. 그의 성격은 시원시원하며 도량이 넓어, 신분의 높고 낮음을 가리지 않고 누구와도 격의 없이 어울렸습니다. 이러한 활달하고 호방한 기질 덕분에 그의 주변에는 늘 사람들이 구름처럼 몰려들었습니다. 그는 작은 일에 일희일비하지 않고 늘 세상을 넓게 보는 혜안을 지니고 있었습니다.

하지만 비범한 영웅에게도 현실의 벽은 높았습니다. 유방은 집안의 소소한 살림이나 농사일에는 도무지 뜻이 없는 천하의 한량이기도 했습니다.

매일같이 밖으로 돌며 사람들과 어울리는 넷째 아들을 보며 아버지 태공은 깊은 한숨을 내쉬었습니다.

"너는 어찌하여 성실하게 농사를 지으며 가업을 잇는 네 형보다 못하느냐?"

유방은 동네 사람뿐만 아니라 가족에게조차 '다른 아들들만 못한 놈'이라는 소리를 듣기 일쑤였습니다.

그러나 그 작은 꾸지람과 냉대 속에서도 유방은 절대 기죽지 않았습니다. 그는 아버지의 편잔을 호탕하게 웃어넘기는 여유가 있었습니다. 생업에 소홀한 것처럼 보였던 그 시간은 사실 세상의 이치를 깨닫고 사람의 마음을 얻는 공부의 시간이었던 셈입니다.

성년이 된 유방은 고향 패현에서 여러 차례 시험을 보아 관리가 되었고, 결국 사수(泗水)의 정장(亭長)으로 일하게 되었습니다. 하지만 그는 관직에 어울리는 근엄함과는 거리가 먼 인물이었습니다.

그는 늘 왕온(王媼)과 무부(武負)의 주막을 찾아 외상으로 술을 마셨으며, 취하면 길이든 방이든 아무 데나 쓰러져 잠들었습니다. 그런데 왕온과 무부는 유방이 쓰러져 있을 때마다 그의 몸 위로 '용의 그림자'가 어른거리는 듯한 기이한 징조를 여러 번 보았다고 합니다. 게다가 유방이 주막에 한 번 머물면 술이 몇 배나 더 팔렸고, 그 때문인지 두 주모는 해가 바뀌면 외상 장부를 과감히 찢어버리고 유방의 빚을 없애 주곤 했습니다.

사마천은 《사기》 속 〈고조본기〉에서 유방을 다음과 같이 묘사합니다.

유방은 조정의 관리들을 경시했으며, 술과 여색을 좋아하였다. 평소 왕씨 아주머니와 무부에게 술을 외상으로 얻어 마시고, 술에 취하면 드러누웠다.

廷中吏無所不狎侮, 好酒及色。常從王媼, 武負貰酒, 醉臥。

정중이무소불협모, 호주급색. 상종왕아, 무부매주, 취와.

그렇게 세월을 보내던 유방은 젊은 시절 함양으로 부역을 나갔습니다. 그때 우연히 진시황의 행차를 보게 되었고, 그 장엄한 위용에 길게 탄식하며 말했습니다.

"대장부란, 마땅히 저와 같아야 하는 것이다."

이 말은 허풍처럼 들릴지 모르지만, 당시 유방의 마음속에는 이미 훗날 천하를 향한 야심의 씨앗이 움트고 있었다는 뜻입니다.

그 무렵, 선보(單父) 출신의 여공(呂公)이 원수를 피해 패현으로 와 현령(沛令)의 식객으로 머물고 있었습니다. 패현의 여러 호걸과 관리는 귀빈을 맞이한 현령을 축하하려고 차례로 찾아와 하례금을 바쳤습니다. 소하는 주리(主吏)로서 진상품을 관리하며 사람들에게 말했습니다.

"하례금이 천 냥에 이르지 못하는 사람은 아래쪽에 앉으시오."

유방은 평소 관리들을 하찮게 여겼고, 가진 돈도 없었지만, 아무렇지 않게 명함에 '하례금 1만 냥'이라고 적어 내밀었습니다. 하지만 실제로는 한 냥도 준비하지 않았습니다. 그런데 그 명함을 본 여공은 매우 놀라 직접 문까지 나가 유방을 맞이했습니다. 여공은 관상을 잘 보는 것으로 소문나 있었는데, 유방의 얼굴을 보자마자 즉시 그를 높이 평가했고, 곧장 상석에 앉히며 정중히 대했습니다. 소하는 여공에게 말했습니다.

"유방은 원래 큰소리는 잘 치지만 정작 끝마치는 일은 드뭅니다."

그러나 유방은 그런 말엔 아랑곳하지 않았습니다. 다른 손님들의 시선 따위는 개의치 않았고, 상석에 당당히 앉으며 사양하는 기색은 조금도 없었습니다.

연회가 끝날 무렵, 여공은 일부러 눈짓을 보내 사람들에게 유방을 붙잡아두게 했고, 결국 유방은 끝까지 남았습니다. 그리고 여공은 조용히 그에게 말했습니다.

"나는 젊었을 때부터 관상 보기를 좋아하여 수많은 사람을 보아왔소. 그러나 그대 같은 관상은 일찍이 본 적이 없소. 부디 자신을 아끼시오. 나에게 딸이 있으니, 그 아이를 당신의 아내로 받아주시오."

그리하여 유방은 여공의 딸인 여치(呂雉)를 부인으로 맞이하게 되며, 이 여인은 후일 제국을 쥐락펴락하는 여태후(呂太后)가 됩니다. 유방의 방탕함도, 건달스러운 행동도 여공의 눈에는 천하를 움직일 잠재력을 가린 가면에 불과했던 것입니다. 그날 이후, 유방의 주변에는 조금씩 운명의 바람이 불기 시작했습니다.

유방의 삶이 거대한 소용돌이 속으로 빨려 들어가기 시작한 것은 여산(驪山)의 황릉 조성을 위해 인부들을 호송하던 때였습니다. 서슬 퍼런 진나라의 법 아래, 인부들은 죽음과 다름없는 강제 노역을 피해 어둠을 틈타 하나둘 도망쳤습니다. 목적지에 도착하기도 전에 인부의 절반이 사라지자, 법대로라면 유방 또한 죽음을 면치 못할 절망적인 상황에 놓였습니다.

풍현의 서쪽 늪지대에 이르러 잠시 숨을 돌리던 밤, 유방은 술을 들이켜며 결단을 내렸습니다. 그는 도망치지 않고 남은 이들의 포박을 풀며 나지막이 힘 있는 목소리로 말했습니다.

"그대들은 모두 가고 싶은 곳으로 가시오. 어차피 다 도망칠 터인데 무엇 하러 억지로 끌고 가겠습니까? 나 또한 여기서 그대들을 떠나 도망자가 될 것입니다."

죽음의 공포 속에서 자유를 얻은 인부들은 큰 충격과 감동에 휩싸였고, 그중 건장한 장정 십여 명은 유방의 배짱과 인격에 매료되어 끝까지 그를 따르기로 맹세했습니다.

어느 날 일행들이 술기운에 늪지대를 헤쳐나가던 중, 앞서갔던 이가 질겁하며 돌아와 길 한복판에 거대한 뱀이 버티고 있어 지나갈 수 없다고 보고했습니다. 취기가 오른 유방은 허허 웃으며 칼을 뽑아 들었습니다.

"장사가 길을 가는데 어찌 미물 따위가 앞길을 막는단 말이냐!"

그는 주저 없이 앞으로 나아가 어둠 속에서 빛나는 거대한 뱀을 단칼에 베어 길을 열었습니다. 이는 단순히 뱀을 벤 것이 아니라, 구체제의 장벽을 허물고 새로운 시대를 열겠다는 무언의 선포와도 같았습니다.

잠시 후 뒤따라오던 이들이 뱀이 쓰러진 곳에 이르렀을 때, 웬 한 노파가 길가에서 구슬피 울고 있는 것을 발견했습니다. 이유를 묻자 노파는 기이한 대답을 내놓았습니다.

"내 아들은 백제(白帝)의 아들로 뱀의 형상을 하고 있었는데, 이제 적제(赤帝)의 아들에게 죽임을 당했으니 어찌 슬프지 않겠소."

말을 마친 노파는 안개처럼 홀연히 사라졌고, 이 소식을 전해 들은 유방은 내심 기뻐하며 스스로에게 확신을 가졌습니다.

이 기이한 소문은 삽시간에 사방으로 퍼져 나갔습니다. 사람들은 유방을 단순한 도망자가 아닌, 하늘이 내린 '적제(赤帝, 붉은 황제)의 아들'이자 난세를 평정할 진정한 군주로 믿기 시작했습니다. 보잘것없는 하급 관리가 내린 자비로운 결단과 밤길의 용기가 '천명'이라는 신화와 결합하여, 훗날 대제국 한(漢)나라를 세울 거대한 민심의 불꽃이 된 것입니다.

패현 백성들은 점점 유방의 명성을 듣고 "그가 우리를 구할 자다"라고 믿었습니다. 그러나 패현령은 여전히 결단을 내리지 못했습니다. 결국 소하, 조참을 비롯한 패현의 유력자들이 민중과 더불어 패현령의 부하 수위(守尉)를 죽인 뒤 그를 몰아내고, 성문을 열어 유방을 맞이하였습니다.

마침내 기원전 209년, 패현의 정장이었던 유방은 번쾌, 조참 등 고향 친구들과 함께 거병하여 현을 장악했습니다. 사람들은 그를 현령이라 부르지 않고 '패공(沛公)'이라 추대했습니다. 유방은 제단을 쌓아 하늘에 고하고, 검은 깃발을 높이 세웠습니다. 스스로를 '적제의 아들'이라 천명한 그의 눈빛은 더 이상 술에 취한 한량이 아니었습니다.

하지만 첫 승리의 기쁨은 오래가지 않았습니다. 유방이 주변 지역을 공략하기 위해 잠시 자리를 비운 사이, 자신의 뿌리와도 같은 풍읍(豐邑)을 맡겼던 옹치(雍齒)가 배신을 저질렀습니다. 평소 유방을 깔봤던 옹치는 위나라 세력에 가담하여 성문을 닫아걸었습니다. 유방은 분노를 삼키며 풍읍을 공격했으나, 제 고향 사람들을 향한 칼날은 무뎠고 결국 퇴각해야 했습니다. 근거지를 잃은 패공은 순식간에 떠돌이 신세가 되었습니다.

위기의 순간, 유방은 결단을 내렸습니다. 당시 설현(薛縣)에서 초나라 명장 가문의 후예로 명성을 떨치던 항량을 찾아간 것입니다. 훗날의 명참모 장량과 함께 항량을 알현한 유방은 정중히 도움을 청했습니다.

"천하가 어지럽고 백성은 도탄에 빠졌습니다. 장군의 도움을 얻어 대의를 함께 이루고자 왔습니다."

항량은 유방의 소탈하면서도 비범한 기색을 높이 평가했습니다. 유방은 지나치게 자신을 내세우지도 않았고, 그렇다고 비굴하게 굴지도 않았습니다. 항량이 흔쾌히 말했습니다.

"좋소. 그대에게 병사 5천 명을 내주겠소. 또 오대부 10여 명도 함께 보내겠소. 가서 그대의 뜻을 펼쳐 보시오."

이 파격적인 지원은 단순한 적선이 아니었습니다. 초나라 정통 무장 가문이 유방을 한낱 지방의 세력가가 아니라, '제후'의 반열로 공식 인정한 역사적인 사건이었습니다.

새로운 힘을 얻은 유방은 즉시 풍읍으로 진격했습니다. 배신자 옹치는 5천 명의 정예병 앞에 무너졌고, 유방은 마침내 자신의 고향을 되찾았습니다. 이때부터 유방은 항량의 조카인 젊은 맹장 항우와 손을 잡고 진나라를 향한 본격적인 칼날을 휘두르기 시작했습니다. 두 사람은 성양(城陽)과 복양(濮陽)에서 나란히 어깨를 맞대고 진나라 군대를 대파했습니다. 이때까지만 해도 항우와 유방은 거대한 악에 맞서 함께 피를 흘리는 뜨거운 전우였습니다. 그러나 항량이 전사하며 두 사람은 정반대의 길을 걷게 됩니다.

유방은 젊은 시절, '한량'이라 불리며 국가의 대사를 논할 인물로 전혀 보이지 않았습니다. 그러나 사람들은 그를 얕잡아보면서도 이 상하게 그 곁을 떠나지 않았습니다.

그 이유는 유방이 가진 천성적인 친화력과 사람을 보는 눈 때문이었습니다. 그는 마을의 거지에게도 말끝을 흐리며 웃어주었고, 자신의 하인을 대할 때도 반말을 하거나 함부로 다루는 법이 없었습니다. 그는 누군가의 말 한마디에 귀를 기울였고, 사소한 부탁도 쉽게 거절하지 않았습니다.

또한, 유방은 사람들의 성정과 기질을 매우 정확하게 꿰뚫어 보는 능력이 있었습니다. 누구는 말을 잘하지만 속이 없고, 누구는 말이 없지만 믿음직스럽다는 것을 한 번의 대화만으로 알아차렸습니다. 그 덕분에 그는 늘 사람을 잘 썼고, 자신보다 똑똑한 인재를 기꺼이 앞세우는 데 주저함이 없었습니다. 윗사람에게는 예를 갖추되 아부하지 않았고, 아래 사람에게는 존중을 보이되 얕보지 않았습니다. 말투는 능청스럽고 겸손했지만, 한 번 마음을 먹으면 결단을 내리는 데 주저하지 않았습니다.

유방의 이런 태도는 자연스럽게 신뢰를 불러왔습니다. 사람들은 어느 순간부터 그를 두고 "허허실실하지만 깊은 사람이야"라고 말했으며 그의 말 한마디에 웃고, 그의 결정을 따랐습니다. 이처럼 유방이 지닌 인간적인 품성, 특히 사람을 대하는 태도와 신뢰를 쌓는 능력은 혼란과 두려움으로 가득 찼던 진나라 말기의 민심을 끌어당기는 자석과 같은 힘이 되었고, 훗날 그를 천하를 얻는 제왕으로 밀어올린 바탕이 되었습니다.

사마천의 《사기》 속 〈고조본기〉에는 유방이 패현에서 백성들의 추대로 지도자가 되는 장면이 자세히 묘사되어 있습니다.

당시 백성들은 혼란과 두려움이 가득 차 있었습니다. 진승과 오광의 봉기로 시작된 전국적 반란의 기운이 패현에도 닿았고, 지방관리였던 패현령은 우왕좌왕하다가 내부 갈등 속에서 암살당합니다. 권력은 공백이었고, 사람들은 이 혼란을 수습하고 앞장설 인물을 찾아야 했습니다.

그 순간, 민심은 자연스럽게 유방을 향했습니다. 많은 사람이 입을 모아 "유방이 앞장서야 한다"라고 말했습니다. 그러나 놀랍게도 모두가 한목소리로 그를 지도자로 추대했을 때, 유방은 뜻밖의 반응을 보였습니다. 평소 오만하다 싶을 정도로 당당했던 그가 돌연 고개를 숙인 것입니다.

"지금은 나라의 운명이 걸린 일입니다. 저는 배운 것도 없고 능력도 부족합니다. 제가 이 일을 맡는 것은 부적절하니, 더 나은 사람을 추대하십시오."

이것은 단순한 '도덕적 겸손'이 아니었습니다. 당시 반란군의 수장이 된다는 것은 가문의 멸족을 담보로 하는 생사의 도박이었습니다. 유방은 권력의 화려함보다 그 뒤에 숨은 책임의 무게를 먼저 읽었습니다. 하지만 역설적으로 그가 뒷걸음질 칠수록 민심은 더 뜨겁게 타올랐습니다.

"권력을 탐하지 않는 자이기에 더 믿을 수 있다."
"자신을 높이지 않으니, 우리가 그를 높여야 한다."

사람들은 마침내 유방을 패공으로 추대하였고, 그의 검은 깃발 아래 수천 명의 병사와 백성이 모여들었습니다.

백성들이 원한 것은 금칠한 갑옷을 입은 고고한 장군이 아니었습니다. 자신들과 같은 땅을 딛고, 같은 고통에 욕설을 내뱉으며, 눈빛만으로 '나는 너희와 함께 있다'라고 말해줄 진짜 '동료'였습니다. 유방은 장터에서 소작농의 고단함을 이해하고 술 한잔에 사람의 마음을 읽어낼 줄 아는, 지극히 인간적인 리더였습니다.

여기서 우리는 유방의 독특한 심리 기제에 주목해야 합니다. 평소 예절이나 겸양과는 거리가 멀었던 그가 왜 결정적인 순간에 자신을 낮추었을까요? 그것은 현대 심리학에서는 '사회적 직관(Social Intuition)'으로 설명됩니다.

당시 패현 사람들은 진나라의 서슬 퍼런 폭압에 지쳐 '권력에 눈먼 지도자'를 극도로 경계하고 있었습니다. 유방은 감각적으로 이 분

초한지 인생 공부

위기를 포착했습니다.

말보다 표정, 기세, 분위기, 인간관계의 흐름을 더 빨리 읽는 능력. 유방에게 이런 선천적 감각이 있었기에 그는 초한 전쟁 내내 '누구와 손잡아야 하는지, 누구를 버려야 하는지'를 정확히 판단하게 됩니다.

냉혹한 법가 사회에서 유방이 준 '심리적 안정감'은 그 어떤 보상보다 강력했습니다. 사람들은 그의 능력이 뛰어나서가 아니라, '유방 곁에 있으면 마음이 편하다'라는 정서적 신호 때문에 목숨을 걸고 그를 따랐습니다. 민심의 결을 읽고 고통의 현장에 발을 맞춘 그의 첫걸음은, 그렇게 새로운 천하의 서막을 열고 있었습니다.

05

굴욕과 멸시에서 피어난
인생 복수전, 한신

수모와 인내가 만든 전쟁의 신

항우가 힘으로 천하를 흔들고, 유방이 사람으로 길을 열던 그때, 역사 속에서 조용히, 그러나 가장 거대한 파문을 일으킬 초한지 세 번째 인물이 세상을 향해 걸어 나오고 있었습니다.

그 이름, 한신. 패자도 아니고, 건달도 아니며, 영웅으로 손꼽히 지도 않았던 그는 천하 어디에서도 '존재'로 취급받지 못했습니다. 사람 들은 항우가 천하를 얻으리라 말했고, 유방이 언젠가 기회를 잡으리 라 추측했습니다. 그러나 초한 전쟁의 판도를 가장 극적으로 뒤집는 계기가 바로 이 이름 없는 청년에서 시작될 것이라는 사실을 누구도 예상하지 못했습니다.

한신의 출발은 영웅의 탄생 서사와는 거리가 멀었습니다. 그는 회음(淮陰)에서 태어났습니다. 그의 출생에 관한 구체적인 기록은 많 지 않으나, 사마천의 《사기》에 따르면 '한신은 어려서부터 가난하였 고, 친척과 마을 사람들에게 경멸당했다'라고 전해집니다. 즉, 한신은 태생적으로 부유한 가문도, 영향력 있는 혈통도 아닌 평민 출신이었습니다. 그의 아버지는 일찍 세상을 떠났으며, 어머니와 단둘이 어렵게 생계를 이어갔습니다.

회음의 늦은 봄날이었습니다. 하늘은 맑았지만, 바람 끝에는 아직 겨울의 냉기가 남아 있었습니다. 젊은 한신은 낡은 옷자락을 여미며 천천히 마을 어귀에 들어섰습니다. 그의 허리에는 이미 오래전에 녹이 슨 칼 한 자루가 매달려 있었고, 발끝에는 흙먼지가 켜켜이 쌓여 있었습니다.

그는 며칠째 굶주렸습니다. 배 속이 비어 타들어 가고, 발걸음마다 기운이 빠졌습니다. 하지만 그보다 더 참기 어려운 것은, 사람들의 눈길 속에 담긴 연민과 멸시였습니다. 그때 마을 우물가 옆, 허리 굽은 한 노파가 밥을 퍼 담고 있었습니다.

노파의 얼굴에는 세월이 새긴 주름이 겹겹이 얹혀 있었고, 손은 나무뿌리처럼 갈라져 있었습니다. 한신은 잠시 머뭇거리다가 조용히 다가가, 마른 목소리로 말을 건넸습니다.

"노파, 며칠째 아무것도 먹지 못했습니다. 잠시만, 밥 한 술만 나눠주실 수 있겠습니까?"

노파는 한신을 잠시 바라보았습니다. 초라한 옷차림, 메마른 입술, 그러나 눈빛은 희미하게 빛나고 있었습니다. 그 빛은 비참함 속에서도 꺾이지 않은 인간의 자존이었습니다. 노파는 잠시 주저하다가 밥그릇에 따뜻한 밥을 한 덩이 더 담았습니다.

"이 밥 한 그릇이라도 먹고 힘을 내시오."

그녀는 그렇게 말하며 밥그릇을 내밀었습니다. 한신은 잠시 밥그릇을 바라보다가, 천천히 두 손으로 받았습니다. 밥알에서 김이 피어오르고, 밥 냄새가 코끝을 스쳤습니다. 그 순간, 눈앞이 흐려지고 가슴이 뜨겁게 울렸습니다. 그는 밥을 한 숟가락 삼키며 떨리는 목소리로 말했습니다.

"이 은혜를 잊지 않겠습니다. 언젠가 반드시 갚겠습니다."

노파는 말했습니다.

"사내대장부가 스스로 끼니도 해결하지 못하다니… 내가 밥을 나누어준 것은 몰골이 불쌍하기 때문이오. 내 어찌 이런 일로 보답을 바라겠소."

노파의 말은 담담했지만, 그 담담함 속에는 깊은 연민과 삶의 관용이 배어 있었습니다. 한신은 대답하지 못한 채 그 밥을 다 먹었습니다. 밥알 하나하나가 목으로 넘어갈 때마다, 따뜻한 수치심을 느꼈습니다.

그는 자신이 얼마나 초라한 처지에 있는지를, 그리고 누군가의 호의 없이는 하루도 버티지 못한다는 사실을 그제야 깨달았습니다. 하지만 그 깨달음은 비참함이 아니라, 결심으로 바뀌었습니다.

'이 은혜는 언젠가 반드시 돌려드릴 것이다. 사람의 마음을 구걸하지 않아도 되는 자리에 오르겠다.'

그는 어려서부터 남다른 기개와 비범한 기질을 보였습니다. 동네

또래 아이들과 함부로 어울리지 않았고, 늘 먼 하늘을 바라보며 생각에 잠기곤 했습니다. 하지만 그런 그의 행동은 종종 주변 사람들에게 이상한 눈초리를 받았습니다. 가난한 집의 아이가 검을 차고 다니며 장군의 꿈을 말하자, 사람들은 그를 비웃었고, 그의 자존심은 늘 조롱의 대상이 되었습니다.

이때부터 한신은 '세상은 강자를 기억하고, 약자를 조롱한다'라는 현실을 체감하며 자랐습니다. 그 결핍 속에서 한신은 세상을 바라보는 냉정한 눈을 키워나갔습니다. 그의 인생은 어려움을 견디는 법을 배우는 시간 그 자체였습니다. 겉으로는 침착하고 말수가 적었지만, 속으로는 누구보다 뜨거운 야망과 자존심을 품고 있었습니다. 그는 자신이 처한 현실을 한 번도 받아들인 적이 없었으며, 오히려 그 현실을 언젠가 반드시 넘어야 할 장벽으로 여겼습니다.

한신은 어려운 형편에서도 무예와 병법에 관심을 보였습니다. 그는 독학으로 병법서를 읽으며, 전쟁과 전략에 대한 상상 속에서 현실의 굴욕을 견뎠습니다. 그러나 생계가 어려워 밥 한 끼조차 해결하기 힘들었고, 때로는 마을 사람들에게 구걸하거나, 강가에서 낚시하며 하루를 연명하였습니다. 그의 청년기에는 빈곤과 모욕, 그리고 끝없는 배고픔이 따라다녔습니다.

그가 가장 굴욕적인 모욕을 당한 것은 젊은 시절이었습니다. 거리의 건달 하나가 그를 가로막으며 "너 같은 자가 칼을 차고 다니느냐"라고 비웃었고, 한신은 그를 싸늘한 눈빛으로 말없이 응시했습니다. 그러자 상대는 조롱하듯 웃으며 말했습니다.

"네가 정말 용기 있는 사내라면 지금 나를 베라. 그렇지 않다면 내 다리 아래를 기어가라."

그 순간, 군중은 숨을 죽였고, 모두가 그가 분노의 칼을 휘두를 것으로 생각했습니다. 하지만 한신은 아무 말 없이 그 건달의 다리 아래를 기어갔습니다.

사마천은 《사기》 속 〈회음후열전〉에서 한신의 굴욕을 다음과 같이 기록합니다.

무뢰배가 대중 앞에서 모욕하며 말하길 "네가 죽음을 불사하겠다면 나를 찌르고, 죽지 못하겠다면 내 가랑이 밑으로 기어나가라" 하였다. 이에 한신이 그를 물끄러미 바라보다가 몸을 굽혀 가랑이 밑으로 기어나갔다. 시장 사람들이 모두 한신을 비웃으며 겁쟁이라 여겼다.

眾辱之曰:「信能死, 刺我; 不能死, 出我袴下。」

於是信孰視之, 俛出袴下, 蒲伏。一市人皆笑信, 以為怯。

중욕지왈:「신능사, 자아; 불능사, 출아고하.」

어시신숙시지, 면출고하, 포복. 일시인개소신, 이위겁.

그 장면은 주변의 웃음거리가 되었지만, 한신의 마음에서는 분노가 아닌 결심이 일어났습니다. 한신은 그날을 인생의 수치로 삼지 않았습니다. 오히려 '이 굴욕을 기억하되, 복수의 동력으로는 쓰지 않겠다'라는 서약으로 삼았습니다. 그의 분노는 불처럼 타오르지 않고, 얼음처럼 가라앉았습니다. 그 차가운 침묵이 훗날 천하를 움직이는 지략으로 피어났습니다.

또한, 한신은 젊은 시절부터 사람을 대하는 감정의 균형을 익혔습니다. 그는 자신을 업신여기는 사람에게 그 즉시 보복하지 않았고, 감정의 폭발보다 냉정한 침묵을 선택했습니다. 이는 겁이 많기 때문이 아니라, 자신의 분노를 제어할 줄 아는 내면의 지혜였습니다. 그는 스스로 '때가 오기 전에는 칼을 뽑지 않는다'라는 원칙을 세웠습니다.

그는 언젠가 자신의 능력이 발휘될 날이 올 것임을 알고 있었습니다. 스스로 살아야 한다는 본능과 미래에 복수할 수 있다는 치밀한 계산을 동시에 가지고 있었기 때문입니다. 이는 내면이 강한 사람만이 가질 수 있는 생존 전략입니다.

그렇게 남의 가랑이 밑을 기던 무명의 청년은 북벌의 거친 함성 속에서 '단 한 번도 패하지 않는 전쟁의 신'으로 부활하여 대륙의 지도를 다시 그리기 시작합니다.

훗날, 한신은 초왕이 된 후 자신을 모욕한 사내를 다시 불러 관직을 주며 복수의 서사를 완성합니다. 사마천의 《사기》 속 〈회음후열전〉에서는 이때 한신이 했던 말을 다음과 같이 기록합니다.

"이 사람은 장사로다. 그가 나를 모욕했을 때 내가 어찌 그를 죽일 힘이 없었겠느냐? 다만 그를 죽여봐야 아무런 이름(명분)을 얻을 수 없었기에, 참고 견뎌서 오늘의 이 자리(공업)를 이룬 것이다."

「此壯士也。方辱我時, 我寧不能殺之邪? 殺之無名, 故忍而就於此。」

「차장사야. 방욕아시, 아녕불능살지사? 살지무명, 고인이취어차.」

또한, 자신을 굶주림에서 구해준 노파를 다시 만났다고 기록합니다.

한신이 초나라에 이르러, 예전에 자신에게 밥을 먹여주었던 빨래터 할
머니(표모)를 불러 천금을 하사하였다.

信至國, 召所食漂母, 賜千金。

신지국, 소소식표모, 사천금.

PART 2

설계된 승리,
천하를 가르는 심리의 기술

"승패는 칼보다 마음에서 갈린다"

06

마음을 얻는 자가 천하를 얻는다

장량의 지략, 유방의 허심

기원전 208년, 항량이 진나라와의 전투에서 전사한 위기 속에서 초나라 회왕(懷王)은 장수들을 소집해 천하를 뒤흔들 약속을 내걸었습니다.

"누구든 먼저 함양에 들어가는 자를 그 땅의 왕으로 삼겠다!"

회왕의 약속은 공평해 보였으나, 그 이면에는 잔혹한 계산이 깔려 있었습니다. 정면 승부를 즐기는 항우에게는 진나라 주력군이 버티는 가시밭길인 북로를, 유연한 유방에게는 민심을 얻으며 나아갈 수 있는 비단길인 서로를 내준 셈입니다.

그렇게 패현에서 출정한 유방의 군대는 대단한 기세로 북상하였고, 성양과 양도에서 진나라의 군대를 격파하며 승리를 거두었습니다. 그러나 그들의 앞길을 막고 있는 것은 진나라의 강력한 방어선인 함곡관이었습니다.

초나라 군대의 막사 안, 유방은 지도를 짚으며 근심스러운 표정을 지었습니다.

"함곡관을 정면으로 공격하는 것은 너무 많은 병력을 잃을 것이다. 다른 길은 없는가?"

이때, 유방의 곁을 지키던 책사 장량이 잔잔한 미소를 지었습니다. 그의 눈빛에는 이미 모든 전략이 담겨 있었습니다.

"패공, 군량을 먼저 확보하고, 함곡관을 우회하여 남쪽의 무관(武關)을 공격해야 합니다. 진나라군은 저희가 이곳으로 쳐들어오리라고는 예상하지 못할 것입니다."

그때 천하의 시선은 북쪽 거록에서 피를 흘리는 항우에게 쏠려 있었기에, 유방은 장량의 조언에 따라 소리 없이 서쪽을 향한 거대한 우회를 시작했습니다. 그해 3월, 유방은 '광생(狂生)'이라 불리던 기인 역이기(酈食其)를 직접 만납니다. 역이기는 유방에게 단순한 무력이 아닌 전략적 보급의 중요성을 일깨워주었습니다.

"대왕이시여, 진류는 천하의 요충지이자 진나라의 곡창입니다. 이곳을 얻지 못하고 함양을 넘보는 것은 목마른 자가 우물을 파지 않는 것과 같습니다."

유방은 그의 말대로 진류를 점령하여 산더미 같은 군량을 확보했습니다. 이는 장기전을 치를 수 있는 든든한 심장이 되었습니다.

8월의 태양은 뜨거웠으나 유방의 행군은 멈추지 않았습니다. 병사들은 깎아지른 듯한 산맥을 타며 숨이 턱끝까지 차올랐지만, 함양을 먼저 점령하는 자가 왕이 된다는 회왕의 약속이 그들을 움직였습니다.

마침내 진나라 서남쪽의 관문인 무관에 다다랐습니다. 장량은 여기서 다시 한번 탁월한 심리전을 펼칩니다. 그는 먼저 진나라 수비대 장수들이 상인 출신으로 이익에 밝다는 점을 간파했습니다. 유방을 설득해 산 위에 수많은 깃발을 세워 대군이 온 것처럼 위장하게 한 뒤, 역이기를 보내 파격적인 보물과 이익을 약속하며 그들을 매수했습니다.

진나라 장수들이 재물에 눈이 멀어 화친을 맺고 방심한 사이, 장량은 유방에게 말했습니다.

"그들의 장수만 항복했을 뿐 병사들은 아직 따르지 않을 것이니, 방심한 틈을 타 기습해야 합니다."

이에 유방은 장량의 계책을 따랐고, 피 한 방울 흘리지 않고 무관을 손에 넣을 수 있었습니다. 이제 제국의 중심부, 함양으로 향하는 길이 활짝 열렸습니다.

9월, 함양의 마지막 보루인 남전(藍田)에서 진나라의 저항군이 길을 막아섰습니다. 그들은 제국의 몰락을 막기 위해 처절하게 맞섰으나, 이미 대세는 기운 뒤였습니다. 유방은 선두에서 병사들을 독려했고, 장량의 기막힌 매복 작전에 진나라 군대는 추풍낙엽처럼 쓰러졌습니다.

초한지 인생 공부

남전의 자욱한 먼지가 가라앉자, 지평선 너머로 거대한 함양성이 모습을 드러냈습니다. 유방은 말 위에 높이 올라 황금빛으로 빛나는 제국의 수도를 바라보았습니다. 그의 눈빛에는 새로운 시대를 열겠다는 승리자의 결연한 의지가 서려 있었습니다.

그리고 마침내 기원전 206년 10월, 유방은 항우보다 먼저 함양 성문 앞에 도착했습니다. 성문이 열리고, 진나라의 마지막 왕 자영이 그 앞에 무릎을 꿇고 항복하였습니다.

유방은 감격에 벅차 황궁으로 들어섰습니다. 눈앞에 펼쳐진 것은 진시황이 모아둔 천하의 보물들이었습니다. 화려함과 부귀의 극치를 본 유방은 흥분하여 궁궐 침탈을 시작하려 했습니다.

"천하를 얻었으니, 마땅히 이 모든 것을 누릴 자격이 있다."

그 순간, 장량이 유방의 소매를 잡으며 간곡하게 아뢰었습니다.

"패공! 지금 관중의 백성들이 패공께 희망을 걸고 있습니다. 허나 당장 이 화려함에 빠져 탐욕을 부리신다면, 진나라의 폭군과 다를 바가 무엇이겠습니까?"

장량의 단호한 충언에 유방은 정신을 차렸습니다.

사마천은 《사기》 속 〈고조본기〉에서 이 장면을 이렇게 기록합니다.

(유방은) 궁전에 머물러 쉬고자 했으나, 장량, 번쾌 등이 간언하였다. 이에 진의 여인들을 범하지 않았으며, 진나라의 보물과 재물, 국고를 봉인하고, 병사들을 단속하여 군대를 패상(霸上)으로 되돌렸다.

欲止宮休舍, 樊噲, 张良谏, 乃封秦重宝财物府库, 还军霸上。

욕지궁휴사, 번쾌, 장량간, 내봉진중보재물부고, 환군패상.

유방은 권력을 탐하지 않았고, 오히려 질서를 남겼습니다. 이것이 훗날 제후들이 그를 '천명을 받은 자'로 바라보게 된 이유입니다.

유방은 깊게 숨을 들이마신 후, 황궁의 문 앞에 섰습니다. 그리고 백성들을 향하여 크게 선포하였습니다.

"지금부터 진나라의 가혹한 법은 모두 폐지한다. 나는 오직 세 가지 법만을 선포할 것이다!"

그때, 그가 선포한 것이 바로 '약법삼장(約法三章)'입니다.

1. 사람을 죽인 자는 사형에 처한다.
2. 사람에게 상처를 입힌 자와 재물을 훔친 자는 처벌한다.
3. 그 외의 모든 진나라의 법은 폐지한다.

與父老約, 法三章耳：殺人者死, 傷人及盜抵罪。餘悉除去秦法。

여부로약, 법삼장이: 살인자사, 상인급도저죄. 여실제거진법.

유방의 약법삼장이 발표되자 백성들은 열렬히 환호했습니다. 가혹했던 진나라의 폭정에서 해방되었다는 기쁨이었습니다. 유방의 재물에 손대지 않는 청렴함과 간결한 법 집행은 순식간에 관중 백성의 민심을 사로잡았습니다.

　이러한 유방의 성공 전략에는 그의 책사 장량이 있었습니다.
　장량은 전국칠웅(戰國七雄) 가운데 한(韓)나라의 명문가에서 태어
났습니다. 집안은 5대에 걸쳐 한나라의 재상을 지냈을 만큼 정치적
기반이 깊었습니다. 어려서부터 그는 문무를 겸비하고 기개가 높았
으며, 무엇보다 국가의 흥망을 자신의 일처럼 여기는 등 의협심이 강
했습니다. 그러나 무서운 속도로 팽창하는 진나라에 기원전 230년경
한나라가 멸망하면서 장량의 가문도 정치적 기반을 잃었습니다. 젊
은 장량에게 이 사건은 가문과 신념이 무너지는 체험이었습니다.
　조국이었던 한나라가 진시황의 칼 아래 끝내 무너지자, 젊은 장
량의 가슴속에는 차가운 복수심이 타올랐습니다. 명문 귀족 가문의
후예였던 그는 모든 것을 내려놓았습니다. 어둠이 짙게 깔린 밤, 장
량은 마지막 남은 집안의 재물을 흩어 놓으며 중얼거렸습니다.

　"이 모든 것이 무의미하다. 나라가 없는데 재물이 무슨 소용이 있
겠는가."

　그는 남은 재산과 인맥을 오직 하나의 목표, 나라를 다시 찾는 '복
국(復國)'에 모두 쏟아부었습니다. 그의 눈빛은 흔들림 없는 결의로 가
득 차 있었습니다.
　이 무렵, 장량은 은밀하게 젊고 힘센 장사 한 명을 찾아내고, 진
시황의 암살을 위한 무기를 마련했습니다. 그들이 준비한 것은 무려

120근(약 30kg)에 달하는 거대한 철퇴였다고 합니다.

기원전 218년, 진시황이 다섯 번째 순행길에 올랐습니다. 황제의 행렬이 신하들의 호위를 받으며 동쪽 박랑사(博浪沙) 부근을 지나고 있었습니다. 장량과 장사는 숲속에 몸을 숨긴 채, 며칠 밤낮으로 기다려온 결정적인 순간을 맞이했습니다.

"저것이다, 저것이 황제의 거가(車駕, 임금의 수레)다."

장량이 낮게 속삭였습니다. 하지만 황제의 행차는 여러 대의 수레가 비슷하게 꾸며져 있어 진짜 황제가 탄 수레를 구별하기가 쉽지 않았습니다. 장량은 그중 한 대의 수레에 확신을 가졌습니다.

"장사여, 주저하지 마라. 목표는 오직 저 진시황뿐이다."

장사가 온 힘을 다해 밧줄을 잡아당겼습니다. 굉음과 함께 120근의 육중한 철퇴가 하늘을 가르며 황제의 행렬을 향해 날아갔습니다.

'꽝'하는 섬뜩한 굉음과 함께 철퇴가 수레를 강타했습니다. 비명과 혼란이 사방에서 터져 나왔습니다. 장량은 숨을 멈추고 결과를 기다렸습니다.

그러나 격파된 것은 황제가 탄 진짜 거가가 아니라 황제를 호위하는 부거(副車, 가짜 수레)였습니다. 절망적인 사실을 깨달은 장량의 얼굴에 핏기가 사라졌습니다. 암살은 처참하게 실패하였고, 엄청난 충격과 함께 진시황의 분노는 하늘을 찔렀습니다.

진시황은 즉시 전국의 범인을 수색하라는 엄명을 내렸고, 진나라의 추포망은 거대하고 촘촘했습니다. 장량은 신분을 숨기고 도피자가 되어 도망의 길에 올랐습니다. 젊은 혈기로 끓어올랐던 복수의 불꽃은 차가운 좌절로 식어버렸습니다. 어둠 속에서 홀로 숨어 지내던 장량은 깊은 고뇌에 빠졌습니다.

"나의 복수심은 진심이었으나, 이렇듯 허망하게 끝나버렸다. 강한 힘과 혈기만으로는 진나라의 거대한 벽을 뚫을 수 없구나."

박랑사에서의 실패는 장량에게 쓰라린 좌절이었지만, 동시에 커다란 깨달음을 안겨주었습니다. 대업을 이루기 위해서는 단순한 무력이 아니라, 훨씬 더 깊고 예리한 지혜와 계략이 필요하다는 것입니다. 그날 이후, 장량은 무력 대신 '지혜'라는 새로운 칼을 연마하였습니다.

장량이 진시황 암살 실패 후 도망 다니다가 하비(下邳) 근처에 몸을 숨기고 있을 때였습니다. 어느 이른 새벽, 그는 이수(沂水)의 다리 위를 건너던 중 한 노인을 만납니다. 노인은 일부러 신 한 짝을 떨어뜨리고는 장량을 돌아보며 거칠게 명했습니다.

"젊은이, 그 신을 주워서 내게 신겨라."

명문가 출신의 젊은 장량에게 이 말은 모욕으로 들릴 만한 요구였습니다. 그러나 그는 잠시도 망설이지 않고 신을 주워 정중히 무릎을 꿇고 신겨 주었습니다. 노인은 자리를 뜨며 이렇게 말했습니다.

"내일 이 시간에 이곳으로 나오라."

다음 날 새벽, 장량은 약속을 지켰지만 노인은 이미 와 있었습니다.

"젊은이, 나보다 늦었구나."

노인은 다시 사라졌습니다. 그다음 날 장량은 더 일찍 나왔지만, 또 노인이 먼저 와 있었습니다. 세 번째 날, 장량은 한밤중부터 다리 밑에서 기다렸고, 그제야 노인은 흐뭇하게 웃으며 말했습니다.

"이제 네가 배울 자격이 있구나."

노인은 품속에서 오래된 책 한 권을 꺼내 건네주었습니다. 그것이 바로 《태공병법(太公兵法)》이었습니다. 그는 마지막으로 이렇게 말했습니다.

"때가 오면 이 책으로 세상을 다스려라. 내가 천 년 뒤 황석(黃石)이 되어 다시 이곳에 묻히리라."

이 말을 남기고 노인은 유유히 사라졌습니다. 장량이 달려가 찾아보았을 때, 다리 아래에는 노인의 신발 자국만 남아 있었습니다.

이 신비로운 사건은 단순한 스승과 제자의 만남이 아니라, 장량의 내면이 무력에서 지략으로 전환된 순간이었습니다. 박랑사에서의 암살 실패가 '칼로는 천하를 바꿀 수 없다'라는 교훈이었다면, 황석공과의 만남은 '지혜와 인내가 진정한 힘'이라는 깨달음이었습니다. 장량은 그 후로 무기를 버리고 마음을 닦는 공부에 전념하였습니다.

《태공병법》은 훗날의 《황석공삼략(黃石公三略)》으로 전해지며, 단순한 전술서가 아니라 병가사상(兵家思想)의 요체를 담은 철학적 병법서입니다. 후대의 전승에 따르면, 이 책은 《육도(六韜)》와 《삼략(三

略)》의 전통을 잇는 병서로, 황석공이 태공망(太公望) 여상(呂尚)의 사상을 계승했다고 전해집니다. 《육도》가 전쟁의 '도(道)', 즉 리더의 덕과 지휘의 원리를 중시했다면, 《삼략》은 정치와 병법의 융합을 강조했습니다. 《태공병법》은 그 두 전통을 집약해 형세와 시기, 인간 심리를 모두 결합한 실천적 전략론이었습니다.

즉, 장량이 받은 병서는 단순한 전술 지침서가 아니라, '사람을 움직이는 병법', 곧 심리와 정치의 병법이었습니다. 이로써 장량은 '칼보다 머리', '승리보다 민심'을 중시하는 전략가로 거듭났습니다. 그는 이후 칼을 갈지 않고 마음을 갈며, '사람, 형세, 시기'를 읽는 공부에 몰두하였습니다.

세월이 흐르며 진의 폭정은 더 심해졌고, 민심은 들끓었습니다. 기원전 209년 진승과 오광의 봉기를 기점으로 각지에서 호걸들이 일어나자, 장량은 누구와 함께 대업을 도모할지를 냉정히 관찰하였습니다.

그가 중시한 기준은 두 가지였습니다.

첫째, 백성을 거느릴 덕과 포용이 있는가.

둘째, 자신과 같은 참모의 직언을 받아들일 귀가 있는가.

많은 무장은 용맹했지만 자기 확증의 벽에 갇혀 있었고, 신뢰로 사람을 묶을 그릇이 부족했습니다.

이 무렵 장량은 패현의 하급 관리 출신 유방을 자세히 살폈습니다. 유방은 교양과 예법 면에서는 세련되지 않았으나, 사람을 편하게 하고 능한 자를 질투하지 않는 기질이 두드러졌습니다. 장량은 유방과 마주 앉아 몇 차례 말을 섞어 보며, 그가 '남의 말을 들을 줄 아는 사람'이라는 확신을 굳혔습니다.

항우가 힘으로 사람을 누르려 했다면, 유방은 웃음과 여유로 경계를 풀어 사람을 모았습니다. 장량이 평생 추구한 전략의 토양은 지휘관의 허심(虛心)이었고, 유방에게서 바로 그 토양을 보았던 것입니다.

장량은 그런 유방을 보고 생각했습니다.

'이 사람이라면 함께 큰일을 도모할 수 있겠구나.(此人可與共成大事, 차인가여공성대사)'

이 말은 단순한 평가가 아니라, 장량이 유방의 '허심'을 꿰뚫어 본 순간이었습니다. 그 덕분에 장량은 앞선 장면처럼, 진나라 함양 입성 당시 유방에게 재물 대신 민심을 따르라 조언할 수 있었습니다.

사마천은 《사기》 속 〈고조본기〉에서 다음과 같이 기록합니다.

유방이 장량의 계책을 따르니, 함양에 들어가 백성을 해치지 않았다.

沛公從良計, 遂入關不殺人。

패공종량계, 수입관불살인.

이 한 번의 선택이 천하의 민심을 갈랐습니다. 반면, 항우는 뒤이어 들어와 함양의 궁궐을 불태우고, 진왕 자영을 주살했습니다. 그리고 항우는 왕실의 재물을 탐했지만, 유방은 먼저 들어가 백성의 마음을 얻었습니다. 이는 '힘의 승리'가 아니라 '신뢰의 승리'였습니다.

유방은 장량의 말을 단지 전략으로 받아들이지 않았습니다. 그는 자신이 몰랐던 세상의 질서를 인정했고, 그 공백을 채워줄 사람에게 귀를 열었습니다. 그것이 바로 허심의 본질이었습니다. 그는 장량에게 전략을, 소하에게 행정을, 한신에게 병사를, 그리고 부관(傅寬), 근흡(靳歙), 주섭(周緤)에게 보이지 않는 곳에서 은밀히 임무를 맡기며 각자의 권한을 인정했습니다. 항우가 모든 일을 직접 판단하려 했던 것과는 대조적입니다.

즉, 항우는 능력으로 사람을 재단했고, 유방은 마음으로 사람을 품었습니다.

유방이 가진 덕목은 완벽함이 아니라 불완전함을 인정하는 여유였습니다. 그래서 장량은 끝까지 유방 곁을 떠나지 않았고, 그 신뢰가 결국 천하를 평정하는 힘이 되었습니다.

결국 천하는 강한 자가 아니라, 자신의 귀를 비운 자에게 돌아갔습니다. 그것이 바로 유방의 감추어진 진짜 힘, 허심이었습니다.

유방은 부드럽게 사람을 품었고, 그 품은 칼보다 강했습니다. 결국 항우는 전투에서 이기면서도 배신을 당했지만, 유방은 전투에서 져도 사람을 잃지 않습니다. 그래서 유방은 지혜를 담을 준비가 된 '비어 있는 그릇'이었고, 장량은 그 그릇을 채우는 '흐르는 지혜'였습니다.

이 두 사람이 만나며 비로소 《초한지》에서 가장 안정적이며 오래

지속되는 군신 관계가 탄생합니다. 유방과 장량은 허심과 순리의 조화를 이루어 서로를 완성해 나갑니다.

사마천은 《사기》 속 〈유후세가〉에서 장량과 유방의 관계를 다음과 같이 묘사합니다.

장량이 《태공병법》으로 패공(유방)에게 설명하니, 패공이 그것을 훌륭하게 여기고 항상 그 책략을 채용하였다. 장량이 말하기를, "패공은 아마도 하늘이 내린 분이리라"하고 그를 따랐다.

良數以《太公兵法》說沛公, 沛公善之, 常採用其策。良爲他人言, 皆不省。良曰: 「沛公殆天授也。」 遂從之。

양수이 《태공병법》 설패공, 패공선지, 상채용기책. 양위타인언, 개불성. 양왈: 「패공태천수야.」 수종지.

07

감정으로 돌진한 자와
이성으로 버틴 자

초한 전쟁의 서막

　진(秦)의 권세가 무너지고, 각지의 제후들이 봉기하던 혼란의 시대. 초나라의 회왕은 명목상으로는 반진(反秦) 연합군의 최고 통솔자였지만, 실상은 항량과 항우 일족의 군사력에 의존하는 허수아비 군주였습니다. 항량이 전사한 뒤, 젊은 항우가 군권을 완전히 장악하면서 회왕의 위신은 더욱 초라해졌습니다. 그는 명목상 왕이었지만, 실권은 항우의 손에 있었습니다.

　초회왕은 이 전세를 뒤집기 위해 함양 입성을 내기로 걸며 '왕위'를 미끼로 항우와 유방, 두 영웅의 긴장을 조성했습니다. 항우는 힘으로, 유방은 민심으로 함양을 향해 경쟁적으로 진격했고, 그 사이 회왕은 '최고 통치자'라는 명분을 유지할 수 있었습니다. 하지만 결과는 그의 계산을 비웃었습니다. 함양에 유방이 먼저 입성한 것입니다. 이로써 회왕이 기대했던 '균형의 정국'은 오히려 대립의 불씨가 되었습니다.

유방이 먼저 함양에 입성했다는 사실을 들은 항우는 노하여 외쳤습니다.

"유방이 어찌 나보다 먼저 함양에 들어가 왕 노릇을 하느냐!"

그 분노는 병사 40만의 발걸음을 더욱 거칠게 만들었습니다.

함양에 남은 유방은 이 소식을 듣고 깊은 불안에 휩싸였습니다. 항우의 이름은 그 자체로 천둥 같았고, 그의 분노는 제후들의 목숨을 삼킬 수 있는 것이었습니다. 그때 장량이 조용히 다가와 속삭였습니다.

"대왕, 항우는 성격이 불같은 인물입니다. 지금 그 분노를 누그러뜨리지 못하면 우리 모두 죽습니다. 함양에서 철수하고 항우를 직접 맞이하여 겸손과 예로 그를 달래야 합니다."

그리하여 유방은 장량의 말을 듣고 함양에서 철수를 단행합니다.

진시황이 세운 웅대한 함양의 성벽은 견고했고, 궁궐의 문은 여전히 단단했습니다. 그곳으로 드디어 유방 다음으로 항우가 들어왔습니다. 항우의 군대는 피로에 젖어 있었지만, 그 눈빛은 오히려 사나운 불길처럼 타올랐습니다. 그가 바라보는 곳마다 진나라의 흔적이 보였습니다. 천하를 제패했던 그 위대한 나라가, 지금은 불타기 직전의 폐허처럼 그 앞에 엎드려 있었습니다. 그때, 누군가 외쳤습니다.

"장군, 항복한 진나라 왕 자영입니다."

항우는 미동도 하지 않았습니다. 그의 입술이 미세하게 떨렸습니다.

"항복이라… 그놈이 감히 아직 숨을 쉬는가."

진의 왕 자영은 허리를 굽혀 무릎을 꿇었습니다.

"저는 항복을 청하옵니다. 나라를 넘기겠나이다."

그러나 항우의 눈빛은 얼음처럼 차가웠습니다.

"너희 진나라가 천하를 어지럽혔고, 백성의 피로 궁전을 쌓았다. 그 죗값을 누가 치를 것이냐."

그는 칼을 뽑아 들고 직접 명했습니다.

"참수하라."

칼날이 번쩍이고, 자영의 머리가 떨어졌습니다.

그 순간, 함양의 긴 악몽이 다시 불타오르기 시작했습니다.

항우는 말했습니다.

"이제 진의 피로 세운 궁전 따위는 더 이상 필요 없다."

그는 진의 궁전으로 향했습니다. 웅장한 아방궁의 대문은 금빛으로 반짝였고, 돌기둥마다 용과 봉황이 새겨져 있었습니다. 항우는 잠시 그 화려함을 바라보다가 고개를 저었습니다.

"백성은 굶주리는데, 이들은 금으로 벽을 발랐단 말이냐."

그는 명령했습니다.

"불을 붙여라."

순간, 횃불이 던져졌습니다. 마른 목재와 비단 휘장이 순식간에 타올랐습니다. 붉은 불꽃이 밤하늘을 삼키고 검은 연기가 솟구쳤습니다.

항우는 불타는 궁전을 뒤로하고 보물 창고로 향했습니다. 금은보화가 산처럼 쌓여 있었고, 왕후와 궁녀들이 공포에 질려 무릎을 꿇었습니다. 그는 잠시 그 광경을 바라보다, 차가운 목소리로 말했습니다.

"이 보물은 초나라의 피로 얻은 것이다. 모두 제후에게 나누어 주어라. 각자 마음이 가는 대로 가져가게 하라."

그날 밤, 함양은 천하의 불꽃이 되었습니다. 불길은 왕궁에서 민가로 번졌고, 궁전의 기둥이 무너질 때마다 불빛이 항우의 얼굴을 비추었습니다.

사마천은 《사기》 속 〈항우본기〉에서 항우의 가장 치명적인 과오를 다음과 같이 기술합니다.

항우는 병사를 이끌고 서쪽으로 함양을 도륙하고, 진나라에 항복한 왕 자영을 죽이며, 진나라 궁실을 불태워 그 불이 석 달 동안 꺼지지 않았으며, 그 재물 보화와 부녀자를 거두어 동쪽으로 갔다.

項羽引兵西屠咸陽, 殺秦降王子嬰, 燒秦宮室, 火三月不滅; 收其貨寶婦女而東。

항우인병서도함양, 살진항왕자영, 소진궁실, 화삼월불멸; 수기화보부녀이동.

진나라의 수도 함양은 석 달간 꺼지지 않는 불길에 휩싸여 있었습니다. 아방궁의 보물과 여인들을 손에 넣은 항우의 기세는 하늘을 찔렀으나, 그의 눈은 이미 서쪽의 관중 땅이 아닌 동쪽 고향 팽성을 향하고 있었습니다. 참모들은 이곳 관중이 천혜의 요새이니 도읍으로 삼아 천하를 호령해야 한다고 간곡히 만류했습니다.

하지만 공명심에 사로잡힌 항우에게 관중은 그저 불타버린 폐허일 뿐이었습니다. 그는 차갑게 응수했습니다.

"부귀해졌는데도 고향에 돌아가지 않는 것은, 화려한 비단옷을 입고 밤길을 걷는 것(錦衣夜行, 금의야행)과 같소. 누가 나를 알아주겠소?"

그에게는 천하 통치라는 대업보다 고향 사람들에게 자신의 성공을 뽐내는 '과시'가 더 우선이었던 것입니다.

이 모습을 지켜보던 간의대부 한생(韓生)은 깊은 탄식을 내뱉으며 궁궐을 나서다가 혼잣말로 중얼거렸습니다.

"사람들이 말하기를, 초나라 놈들은 목욕한 원숭이가 갓을 쓴 꼴(沐猴而冠, 목후이관)이라 하더니 과연 그 말이 딱 맞구나. 겉만 번지르르할 뿐, 속은 짐승처럼 급하고 지각이 없도다!"

이 비아냥은 곧 항우의 귀에 들어갔습니다. 분노로 눈이 뒤집힌 항우는 즉시 한생을 잡아들였습니다.

"감히 나를 원숭이에 비유하느냐!"

항우는 일말의 자비도 없이 궁궐 마당에 거대한 가마솥을 걸고 물을 끓이게 했습니다. 그리고 자신을 비판한 지식인을 산 채로 끓는 물에 던져 넣는 '팽형'에 처했습니다. 어쩌면 그날 진정으로 무너진 것은 항우 자신의 이성이었을지도 모릅니다. 그는 천하를 얻었지만, 마음의 균형을 잃었고, 그 불길은 곧 초나라의 운명을 삼켜버릴 불씨가 되었습니다.

진나라의 마지막 수도 함양은 기원전 206년 혼란의 끝에서 두 영웅을 맞이했습니다. 그들의 행보는 마치 빛과 어둠처럼 달랐습니다. 유방은 항우보다 먼저 함양에 도착했습니다. 그의 군세는 크지 않았지만, 민심을 정확히 읽는 눈이 있었습니다.

반면, 항우가 이끄는 초군이 함양에 도착했을 때, 그의 눈에 비친 것은 오로지 분노와 복수의 불씨였습니다. 항우의 조부와 숙부 모두 진과의 전투에서 전사하였기 때문에, 항우에게 진은 '가문의 원수'라는 의식이 있었습니다. 따라서 그에게 함양 입성은 단순한 승리를 넘어, '대를 이어 원수를 갚는' 의식과도 같았습니다. 궁전을 불태우고 자영을 죽인 것은 진나라에 대한 완전한 복수를 의미하는 상징적 행위였습니다.

'서초패왕(西楚霸王)'이라는 호칭과 앞의 사례에서 보듯, 항우는 진나라의 중심지인 관중보다는 고향인 초나라로 돌아가고자 하는 '회귀 본능'이 강했습니다. 함양은 정복해야 할 대상이었을 뿐, 통치하고 발전시켜야 할 '내 땅'이라는 생각이 없었습니다. 힘과 무력을 통해 자신의 위대함을 증명하려는 성향이 더 강했던 것입니다. '내가 너희 진나라의 모든 것을 무너뜨렸다'라는 의미를 시각적으로 각인시키려 했습니다.

그는 복잡한 정치나 민심 수습보다는 함께 고생한 장병들에게 즉각적이고 가시적인 보상을 나누어주는 것이 지도자로서의 의리라고 생각했습니다. 결론적으로, 항우의 심리는 '과거지향적'이었습니다. 그의 행동은 진나라에 대한 증오라는 과거의 감정과 개인적 원한을 갚고자 하는 충동, 그리고 시기적절한 만족감에 기반을 두고 있

초 한 지 인생 공부

었습니다.

반면 유방의 행동은 미래지향적인 계산과 통치자로서의 본능에서 비롯되었습니다. 유방은 자신이 먼저 함양에 입성했지만, 항우의 압도적인 군사력 앞에 극도의 위기감을 느꼈습니다. 함양 궁전에 머문다면 항우에게 '천하를 노린다'라는 명분을 주어 공격당할 것으로 판단했습니다. 따라서 궁전을 봉인하고 패상으로 돌아간 행동은 항우의 분노를 무마시키고, 시간을 벌기 위한 고도의 정치적 계산이었습니다. 이는 그의 "일단 굴복하고 후일을 도모한다"라는 전형적인 생존 전략을 보여줍니다.

그는 함양을 '정복한 전리품'이 아니라 '앞으로 통치해야 할 영토'로 봤습니다. 따라서 파괴하고 약탈하는 것은 자신의 재산을 해치는 어리석은 행위라고 생각했습니다. 유방은 본래 건달 출신의 인물이지만, 지도자의 위치에서는 부하들의 충고를 받아들이고 강력한 자기통제력을 보여줬습니다. 이것이 항우와 유방의 심리 전선에 있어서 가장 큰 차이점이었습니다.

08

웃음 뒤에 칼이 숨은 밤, 홍문연

오만과 냉정 사이 '찰나'의 심리전

기원전 206년 말, 진나라가 멸망하고 천하의 주인이 아직 정해지지 않았던 겨울, 역사의 흐름을 바꾼 정치 연회가 열렸습니다. 바로 홍문연(鴻門宴)입니다. 겉으로는 승리를 축하하는 잔치였지만, 실상은 항우와 유방의 운명을 가르는 최대의 정치극이자 심리전 무대였습니다. 항우에게는 '잠재적 반역자'를 제거할 기회였고, 유방에게는 '죽음의 문턱에서 벗어날 수 있는 마지막 시험'이었습니다.

당시 함양은 이미 항우의 손에 들어갔습니다. 그러나 그 승리의 불길은 아직 꺼지지 않았고, 항우의 마음에는 의심이라는 또 다른 불이 타오르고 있었습니다.

그때 유방의 좌사마(左司馬)인 조무상(曹無傷)은 어둠 속에서 은밀히 움직였습니다. 그는 유방이 항우보다 먼저 관중에 입성한 것에 불만을 품고 있었고, 장차 천하의 주인이 될 항우에게 줄을 대기로 결심했습니다.

"패공 유방이 함양의 왕이 되어 진나라의 보화를 독차지하려 합니다!"

항우의 진영에 도착한 조무상의 밀사는 숨을 몰아쉬며 거짓과 진실이 뒤섞인 밀서를 바쳤습니다. 서초패왕 항우의 눈이 유방에 대한 의심에서 분노로 바뀌어 이글거렸습니다.

"내일 아침, 병사를 이끌고 즉시 유방의 군대를 섬멸하라!"

이 급박한 소식을 가장 먼저 접한 이는 항우의 숙부인 항백(項伯)이었습니다. 그는 과거에 사람을 죽이고 도망칠 때 자신을 구해준 유방의 참모 장량과의 사적인 인연 때문에 가만히 있을 수 없었습니다. 항백은 밤을 틈타 유방의 진영으로 달려가 이 사실을 장량에게 알리고 "빨리 도망쳐라"라고 권했습니다.

장량으로부터 보고를 받은 유방은 항백을 귀빈으로 대접하며 형제의 의를 맺고 간곡히 부탁했습니다.

"나는 패왕(항우)을 기다리며 함양을 지켰을 뿐입니다. 부디 패왕께 나의 진심을 전해주십시오."

마음이 움직인 항백은 항우에게 돌아가 다음과 같이 설득했습니다.

"유방이 먼저 함양을 점령하지 않았다면 어찌 우리가 이곳에 편히 들어왔겠습니까? 공이 있는 사람을 치는 것은 도리가 아닙니다. 내일 그를 직접 만나 그 속뜻을 알아보시는 것이 좋겠습니다."

항우는 숙부 항백의 제안을 받아들여 유방을 죽이려던 계획을 잠시 접고, 그를 홍문으로 초대해 연회를 열기로 했습니다. 이것이 바로 천하의 주인이 바뀔 뻔했던 운명의 '홍문연'이 열린 배경입니다.

"연회를 열어라. 홍문 아래에 제후들을 모이게 하라. 패공 유방도 오라 전하라."

겉으로는 승리를 기념하는 축하연이었지만, 그 속에는 유방의 속마음을 탐색하고, 여의치 않으면 제거하려는 피의 계책이 숨어 있었습니다.

항우의 숙부 항백의 도움으로 위기를 감지한 유방은 사죄하기 위해 홍문으로 항우를 찾아갑니다. 그러나 유방은 그날의 연회가 죽음의 자리가 될지도 모른다는 것을 알고 있었습니다. 그는 마음속으로 이미 마지막 작별을 준비하며 장량에게 말했습니다.

"오늘의 잔치는 목숨을 건 시험이오. 말 한마디, 눈짓 하나가 칼 끝이 될 것이오."

유방은 홍문연에 참석하여 일부러 평소보다 더 여유롭게 보이도록 행동했습니다. 술잔을 들고 큰소리로 웃었고, 항우의 기분을 살피며 농담을 던졌습니다.

"아니, 장군께서 진나라를 무찌르셨으니 천하의 주인 아닙니까? 저는 그저 미리 함양에 다녀왔을 뿐입니다."

"저는 패왕께서 오실 때까지 창고를 봉인하고 기다렸을 뿐입니다. 어찌 반역의 뜻이 있겠습니까?"

유방의 간곡한 어조에 항우의 마음이 흔들렸습니다. 단순하고 불같은 성격의 항우는 술잔을 들이키더니 툭 던지듯 말했습니다.

"반역은 그대의 좌사마 조무상이 한 말이오. 그렇지 않다면 내가 어찌 그대를 의심했겠소?"

초한지 인생 공부

순간 유방의 등 뒤로 서늘한 전율이 흘렀습니다. 자신의 가장 가까운 곳에 칼날을 품은 배신자가 있었다니. 하지만 유방은 표정 하나 변하지 않고 조용히 술잔을 비웠습니다. 그의 웃음 뒤에는 살기를 감지한 눈빛이 번쩍였습니다.

그때 항우의 옆자리에는 범증이 앉아 있었습니다. 범증은 항우의 곁에서 묵묵히 술잔을 돌리며, 연회 내내 항우의 귀에 낮은 목소리로 속삭였습니다.

사마천의 《사기》 속 〈항우본기〉에서는 범증의 말을 이렇게 기록하고 있습니다.

"지금 죽이지 않으면, 후일 반드시 화를 입을 것이다."

「不者, 若屬皆且為所虜。」

「불자, 약속개차위소로.」

그러나 항우는 대답하지 않았습니다. 그의 마음에는 이미 오만과 자존심이 얽혀 있었습니다.

'유방 따위가 감히 나를 넘볼 수 있단 말인가?'

그는 속으로 되뇌며, 범증의 말을 흘려들었습니다. 한편 범증은 항우가 여전히 미적대자, 허리의 옥결(玉玦)을 들어 세 번이나 신호를 보내 유방을 주살할 것을 재차 독촉합니다. 하지만 항우는 아무 반응도 보이지 않았습니다. 결국, 범증이 자리에서 일어나 항우의 사촌 항장(項莊)을 불러냈습니다.

"우리 군왕은 성정이 지나치게 유약하니, 그대가 들어가 술자리를 띄워라. 장수를 축하한 뒤 칼춤을 청하라. 그 틈에 패공 유방을 쳐 죽여라. 그렇지 않으면 우리 모두 그놈의 포로가 될 것이다."

항장은 즉시 들어가 술잔을 돌리고는 말했습니다.

"두 장군께서 함께 자리하셨으니, 군중에 기쁨을 더할 만한 것이 없사옵니다. 부디 칼춤을 허락해 주시옵소서."

그리하여 항장의 검무가 시작되었습니다. 칼끝이 번쩍이며 연회장의 불빛을 가르자, 공기마저 싸늘해졌습니다. 항장은 춤추는 척하며 점점 유방 쪽으로 다가갔습니다. 유방의 손이 술잔을 움켜쥔 채 멈췄습니다.

그러나 그 순간, 다른 검이 번뜩이며 항장의 칼을 막았습니다. 그는 항백, 항우의 숙부이자 유방의 책사인 장량의 은인이었습니다. 항백은 장량의 사전 부탁을 받아, 항장을 막으며 검무를 함께 추면서 교묘히 유방의 목을 향한 칼끝을 슬그머니 비껴가게 했습니다.

그때였습니다. 연회장 바깥에서 커다란 발소리가 들리더니, 갑옷을 입은 한 사내가 문을 박차고 들어왔습니다. 그는 바로 유방의 심복, 번쾌(樊噲)였습니다. 문지기들이 제지했지만 그는 밀어젖히며 외쳤습니다.

"내 주군이 이곳에서 위험에 처했는데, 내가 어찌 가만히 있을 수 있단 말인가!"

항우가 그를 내려다보며 물었습니다.

"그대는 누군가?"

"패공의 신하 번쾌이옵니다."

항우는 흥미롭다는 듯 웃었습니다.

"장사이니 그에게 술을 내려라."

번쾌에게 큰 술잔이 내어졌습니다. 그는 고개를 숙여 인사하더니 단숨에 들이켰습니다. 술이 흘러내려 흉갑을 적셨지만, 그는 미동도 하지 않았습니다.

항우가 다시 말했습니다.

"돼지 어깻죽지를 주어라."

날고기가 내어지자 번쾌는 방패를 펼쳐 놓고 그 위에 고기를 올려 칼로 썰어 먹었습니다.

"더 마시겠느냐?"

"죽음조차 피하지 않는데, 술잔을 어찌 사양하겠습니까."

그의 눈빛은 항우를 정면으로 꿰뚫었습니다.

"진나라 왕은 호랑이 같은 마음으로 백성을 죽였으니 천하가 배반한 것입니다. 회왕께서 '먼저 함양에 들어가는 자가 왕이 되리라' 약속하셨는데, 우리 주군은 먼저 들어가서도 탐하지 않고 돌아와 장군을 기다렸습니다. 이런 공로를 칭찬하기는커녕 헛된 말에 속아 죽이려 하신다면 진나라의 전철을 밟게 되실 것입니다."

항우는 아무 말 없이 그를 바라보다가 "앉게 하라"라고 말했습니다. 번쾌는 장량 옆에 앉았고, 잠시 후 유방이 자리에서 일어나 변소에 간다며 빠져나갔습니다. 장량이 그 뒤를 따랐습니다. 밖으로 나온 유방은 자신을 따라 나온 장량에게 낮게 말했습니다.

"이 자리는 오래 있을 곳이 아니오."

뒤따라온 번쾌가 말했습니다.

"큰일에는 작은 예의를 따질 수 없습니다. 우리가 지금 칼과 도마 위에 있는데, 무슨 인사가 필요하겠습니까. 빨리 여기를 벗어나야 합니다."

그들은 말을 타고 홍문 아래를 빠져나와 지양의 샛길로 향했습니다. 그 짧은 20리의 거리 동안, 유방은 한마디도 하지 않았습니다. 그의 얼굴에는 술기운이 아니라, 살아남은 자만의 냉정이 감돌고 있었습니다.

천신만고 끝에 홍문의 사지를 빠져나온 유방은 자신의 군영으로 돌아오자마자 말에서 내리기도 전에 얼음처럼 차가운 목소리로 명령했습니다.

"조무상을 끌어내라."

유방의 몰락을 기다리고 있던 조무상은 영문도 모른 채 병사들에게 끌려 나왔습니다. 자신을 바라보는 유방의 눈빛에서 이미 모든 것이 끝났음을 직감한 조무상의 안색이 창백하게 질렸습니다.

"패, 패공! 이것은 오해입니다!"

하지만 변명은 이어지지 못했습니다. 유방의 손짓 한 번에 서슬 퍼런 칼날이 번뜩였고, 주군을 팔아 권세를 탐했던 밀고자의 머리는 차가운 땅바닥으로 떨어졌습니다.

초한지 인생 공부

한편, 장량은 연회장으로 돌아가 항우에게 사죄했습니다.

"패공께서 주량을 이기지 못해 하직 인사를 드리지 못했습니다. 이 옥 한 쌍을 장군께 드리라 하셨습니다."

그는 절을 두 번 하고 옥을 바쳤습니다. 항우가 웃으며 그것을 받는 순간, 이미 유방은 멀리 패상으로 달아나고 있었습니다.

사마천의 《사기》 속 〈항우본기〉에서는 범증도 옥두를 선물로 받았으나, 곧 그것을 땅에 던지고 칼을 뽑아 쳐서 부숴 버리고는 다음과 같이 말했다고 기록합니다.

"아! 이 어린 놈(항우를 가리킴)과는 함께 일을 꾸밀 만한 자가 못 되겠구나. 항왕의 천하를 빼앗을 자는 반드시 패공(유방)일 것이다!"

「唉!竪子不足与謀。夺项王天下者, 必沛公也。吾属今为之虏矣!」

「애! 서자부족여모. 탈항왕천하자. 필패공야. 오속금위지로의!」

범증은 항우와 유방, 그 두 사람을 꿰뚫어 보았던 것입니다. 그는 항우의 오만을 경고했고, 유방의 기민함을 알아보았습니다. 유방은 공포를 품고 있으면서도, 그 공포를 웃음으로 감췄습니다. 그의 가장 큰 무기는 유연함이었습니다. 그는 긴장 속에서도 농담을 던졌고, 항우의 분노를 부드럽게 흘려보냈습니다. 죽음의 자리에 앉아 있었지만, 머릿속에서는 살아남을 길을 찾고 있었습니다.

범증은 이러한 유방의 가면에 속지 말아야 한다고 생각했습니다. 그러나 그의 충언은 더 이상 항우의 귀에 닿지 않았습니다. 군주가 듣지 않는 순간, 진실은 힘을 잃습니다. 홍문연의 정치극은 결국 듣지 않은 오만에서 시작된 비극의 서막이었습니다.

그날 밤, 연회장의 불빛은 여전히 화려했습니다. 그러나 그 자리에서 천하의 주인은 이미 바뀌고 있었습니다. 항우는 웃었지만, 그 웃음은 무너지는 제국의 전주곡이었고, 유방은 웃음을 버렸지만, 그 침묵이 새 시대의 시작이었습니다. 홍문연은 술이 오가는 자리였지만, 그 속에는 칼날이 숨겨져 있었습니다.

항우가 유방을 죽이지 않고 놓아준 것은 몇 가지 복합적인 심리에서 비롯되었습니다. 항우는 당시 천하의 패권을 쥔 '실력자'였지만, 정통성과 의리에 매우 민감했습니다. 유방이 먼저 함양에 들어간 것은 분명한 약속 위반이었지만, 유방이 직접 찾아와 겸손하게 사죄하고 복종의 뜻을 분명히 밝히자, '의리'의 명분을 잃게 되었습니다. 이미 복종한 자를 술자리에서 죽이는 것은 '의리 없는' 행동으로 비칠 수 있다는 염려가 컸습니다.

그는 천하를 무력뿐만 아니라, 패자의 '도의'로도 통치해야 한다고 생각했습니다. 항우는 당시 40만 대 10만이라는 압도적인 군사력을 보유하고 있었습니다. 따라서 유방을 '골칫거리' 이상으로 보지 않았을 가능성이 큽니다. "이미 내가 완전히 장악한 상황인데, 저 힘없는 유방이 대체 무슨 수를 쓰겠는가?"라는 오만과 과신이 그를 움직이지 않게 했습니다.

그의 심리에는 '지금 죽이지 않아도 언제든지 죽일 수 있다'라는 절대적 우위의 의식이 자리 잡고 있었습니다. 이는 심리학적으로 과

거의 성공이나 자존심에 매몰되어 현실을 왜곡하여 판단하는 "인지적 오류"의 전형적인 예시입니다.

반면 유방의 모든 행동은 절체절명의 위기를 넘기기 위한, 치밀하게 계산된 생존 전략이었습니다. 유방은 이 연회에 자신의 생명이 걸렸다는 것을 똑똑히 인식하고 있었습니다.

그의 모든 행동은 '나는 당신에게 절대적으로 복종하는, 아무런 위협이 아닌 존재'라는 뜻을 항우에게 각인시키기 위한 것이었습니다. 겸손한 사죄, 자신의 공로를 부인하는 말, 항우의 공적을 치켜세우는 아부까지 모두 항우의 자만심을 부추기고 의심을 잠재우기 위한 철저한 자기 은폐와 감정조절이 완벽히 작동한 심리 연기술이었습니다.

또한, 유방은 자신의 직감보다는 장량의 판단을 100% 신뢰하고 따랐습니다. 위험천만한 항우의 군영에 찾아가는 것, 항우의 책사 항백에게 형님이라고 부르며 접근하는 것, 자리를 뜨는 시점까지 모두 장량의 지시를 따랐습니다.

이는 위기 상황에서 자신의 부족함을 인정하고 전문가의 판단을 따를 줄 아는 냉철한 현실 감각과 탁월한 협업 능력을 보여줍니다. 즉, 유방은 말하지 않아도 판세를 읽고 사람의 마음을 훔치는 능력인 '사회적 직관'이 뛰어났던 인물입니다.

홍문연은 강자인 항우의 심리적 허점을 약자인 유방의 치밀한 심리전략이 정확히 파고든 사건이었습니다. 항우는 자신의 압도적 우위에 도취해 미래의 위협을 보지 못한 반면, 유방은 죽음의 공포를 딛고 상대의 마음을 움직이는 최적의 전략을 구사했습니다. 이 홍문연 정치연회 속 심리전은 이후 초한 전쟁의 전체적인 흐름을 결정지을 분수령이 됩니다.

09

충언을 듣지 못한 리더의 귀

범증과 항우, 확증 편향이 무너뜨린 패왕의 리더십

홍문연의 긴장이 채 가시기도 전인 기원전 206년, 함양의 잿더미 위에서 항우는 더 이상 숨길 수 없는 야심을 드러냈습니다. 그는 명목상의 주군이었던 초나라 회왕을 '의제(義帝)'라는 허울 좋은 이름으로 높여 머나먼 침현(郴縣)으로 추방해 버렸습니다. 사실상의 찬탈이었습니다. 이제 천하의 주인은 항우였고, 그는 스스로를 '서초패왕'이라 부르며 제국을 자신의 입맛대로 조각내기 시작했습니다.

항우는 함양 궁궐 뜰에 제후들을 모아놓고 18개의 나라로 천하를 쪼개어 나누어 주는 분봉을 단행합니다. 이것은 공로에 따른 보상이 아니라, 철저히 자신의 측근을 챙기고 잠재적 적들을 고립시키려는 '정치적 숙청'에 가까웠습니다.

가장 먼저 함양에 입성해 '관중왕'이 되리라 믿었던 유방의 이름이 호명되었을 때, 연회장에는 서늘한 긴장감이 감돌았습니다. 항우는 차갑게 명령했습니다.

"패공 유방은 파촉(巴蜀), 한중(漢中) 땅을 다스리는 한왕(漢王)에 봉하노라."

파촉과 한중은 험준한 산맥에 가로막혀 한번 들어가면 다시는 중원으로 나오기 힘든, 이른바 '창살 없는 감옥'과 같은 유폐지였습니다. 유방의 장수들은 분개하며 칼자루를 만지작거렸으나, 항우의 40만 대군 앞에서는 침묵할 수밖에 없었습니다. 유방은 낮은 목소리로 명을 받들었습니다.

"감사히 받겠나이다."

하지만 그의 마음속엔 분노의 칼날이 벼려지고 있었습니다.

항우의 견제는 여기서 그치지 않았습니다. 그는 유방이 혹여나 한중을 넘어 다시 중원으로 나올 것을 대비해, 유방의 연고지나 다름없는 관중 땅을 셋으로 나누어 진나라 투항 장수들에게 주었습니다. 장한은 옹왕으로 삼아 폐구에 주둔시켰고, 사마흔은 새왕으로 삼아 역양에 주둔시켰습니다. 마지막으로 동예는 적왕으로 삼아 고노에 주둔시켰습니다. 이들이 바로 '삼진'이라 불리는 유방의 감시자들이었습니다.

항우는 이들을 통해 유방의 목을 죄는 튼튼한 방벽을 세웠다고 믿었습니다. 그는 유방이 평생 파촉의 거친 산새 소리만 듣다 늙어 죽을 것이라 확신하며, 약탈한 보물을 싣고 자신의 고향 팽성으로 당당히 발걸음을 옮겼습니다.

당시 한중은 '죄인들이나 가는 귀양지'와 다름없었기에 유방의 부하들은 분노하며 항우와 일전을 벌이자고 주장했습니다. 그러나 유방은 참모 장량의 조언에 따라 일단 고개를 숙이고 후일을 도모하기로 결심하며 3만 병사를 이끌고 한중으로 향했습니다.

유방이 한중의 치소인 남정으로 들어갈 때, 그의 곁에는 한나라 최고의 지략가 장량이 있었습니다. 장량은 유방이 한중으로 들어가는 마지막 관문인 포중(褒中)에 이르자 다음과 같은 결정적인 계책을 내놓았습니다.

"왕께서는 지나온 잔도(棧道, 험한 벼랑에 선반처럼 매달아 만든 길)를 모두 불태워 버리십시오."

유방이 그 이유를 묻자, 장량은 명쾌하게 답했습니다.

"우리가 동쪽으로 돌아갈 생각이 전혀 없음을 항우에게 보여주어 그의 경계심을 완전히 푸는 것입니다. 더불어 항우와 제후들의 군대가 한중으로 들이닥치지 못하게 막는 천연의 성벽이 될 것입니다."

유방은 장량의 말에 따라 자신이 지나온 수백 리의 잔도를 모두 불태웠습니다. 시뻘건 불길이 절벽을 타고 번지며 한중과 중원을 잇는 유일한 통로가 끊어졌습니다. 함양에서 이 소식을 들은 항우는 크게 기뻐했습니다.

"유방이 제 발로 감옥에 들어가 문까지 걸어 잠갔구나! 이제 저 건달 놈은 평생 그 땅에서 늙어 죽을 것이다."

항우는 유방이 다시는 중원으로 나오지 못할 것이라 확신하고 안심했습니다.

그러나 이 항우의 18개국 분봉은 승리자의 '오만'을 보여준 사건이었습니다. 그는 땅을 나누어 주며 기존 제후들의 정통성을 무시하고 자신의 심복들만 우대했습니다. 이는 유방뿐만 아니라 천하 제후들의 마음을 돌아서게 만든 패착이 되었습니다. 유방은 비록 험지로 쫓겨갔으나, 그곳에서 '한(漢)'이라는 국호를 얻어 훗날 400년 제국의 기틀을 닦게 됩니다.

유방과 제후들을 멀리 보내버린 뒤 항우는 완전히 마음을 놓고 자신이 일궈낸 승리를 즐겼습니다. 이때 책사 범증이 "유방은 맹수와 같으니 잔도 따위에 속지 마소서"라고 조언했습니다. 홍문연에서 유방을 죽이지 못한 것이 한으로 남은 그는 떨리는 목소리로 다시 한 번 간곡히 간언했습니다.

"대왕이시여, 유방을 저 험한 파촉으로 보냈다 하여 안심하고 계십니까? 유방은 본래 패현의 보잘것없는 건달로, 동쪽에 있을 때는 재물에 눈이 멀고 여색을 탐하던 소인이었습니다. 그런데 이전에 함양에 먼저 들어가고도 재물에 손을 대지 않고 여색조차 멀리하고 있으니, 이는 그가 단순히 금은보화를 탐하는 것이 아니라 천하를 통치하려는 거대한 야욕을 품었다는 명백한 증거입니다!"

범증은 목소리를 낮추어 항우의 귓가에 경고를 덧붙였습니다.

"제가 사람을 시켜 유방의 기운을 살펴보게 했더니, 그 위로 오색구름이 감돌며 용과 호랑이의 형상을 띠고 있었다고 합니다. 이는 분명 천자(天子)의 기운입니다. 지금 당장 그를 쳐서 싹을 자르지 않으시면, 훗날 반드시 대왕의 심장을 겨누는 칼날이 되어 돌아올 것입니다! 이는 그가 파촉의 왕에 만족할 위인이 아니라는 증거입니다.

초한지 인생 공부

지금이라도 사람을 보내 그가 한중으로 떠나는 길에 숨통을 끊어놓
으셔야 합니다!"

하지만 범증의 절박한 외침에도 불구하고, 여전히 항우의 표정은
여유롭다 못해 나태했습니다. 그는 탁자 위에 놓인 술잔을 만지작거
리며 대수롭지 않다는 듯 대답했습니다.

"아부(범증), 너무 과민하신 것 아니오? 유방은 이미 나의 기세에
눌려 덜덜 떨며 홍문연에서 사죄했고, 숙부 항백께서도 그가 공이
있는 자이니 함부로 죽여서는 안 된다고 하셨거늘, 어찌 그리 급히
서두르시는 게요."

항우는 범증의 혜안을 '늙은이의 기우'로 치부했습니다. 그는 유
방이 장량의 계책대로 잔도를 불태우며 다시는 나오지 않겠다는 연
극을 하자, 완벽하게 속아 넘어가 경계심을 완전히 풀어버린 상태였
습니다.

그러나 범증은 항우의 생각과 달리 역사적 상황을 정확히 주시
하고 미래를 예측했습니다. 그는 초(楚)나라 사람으로, 지금의 중국
안후이성 지역에서 태어났습니다. 그의 가문은 크지 않았으나, 학문
과 예법을 중시하는 선비 집안이었습니다. 그는 어려서부터 총명하고
판단력이 뛰어나, 사람의 성정을 읽고, 일의 앞날을 내다보는 안목이
탁월했다고 전해집니다.

그는 젊은 시절부터 초나라에 대한 충절과 복국의 의지를 품고
있었습니다. 진나라가 천하를 통일한 뒤, 각 지방의 귀족과 유민들은
탄식하였지만, 범증은 한 걸음 더 나아가 진의 폭정을 꿰뚫어 보았

습니다. 그는 진나라의 통일이 오래가지 못할 것을 예견하고, "폭력으로 얻은 나라는 오래가지 못한다"라는 말을 자주 하였습니다.

또한, 젊을 때부터 벼슬에 뜻이 있었으나, 시대의 혼란 속에서 벼슬길에 오르지 않았습니다. 대신 조용히 학문을 익히며 세상을 관찰하였습니다. 당시 그는 이미 지략가이자 언행이 단정한 현자로 알려져 있었고, 마을의 젊은이들은 그를 찾아와 세상의 변화를 묻곤 하였습니다. 범증은 그들에게 늘 이렇게 말했습니다.

"세상은 이미 진나라의 쇠락을 예고하고 있다. 곧 천하는 다시 나뉠 것이며, 의로운 자가 하늘의 뜻을 이어받을 것이다."

그의 예언은 단순한 추측을 넘어서 현실에 대한 냉철한 분석이었습니다. 그는 진시황의 무리한 토목 공사와 잔혹한 법가 통치가 백성의 원성을 키우고 있음을 알고 있었습니다. 그는 사람들에게 "진은 흙으로 세워졌으나, 불로 무너질 것이다"라고 말하였는데, 이 말은 훗날 진의 멸망을 예견한 것으로 평가됩니다.

범증은 진시황이 죽은 뒤 천하가 요동치자, 세상에 다시 한번 초나라의 운명이 돌아올 것을 느꼈습니다. 그는 젊은 시절부터 초왕의 옛터를 그리워했고, 항상 초나라가 멸망한 날을 부끄러워하며 살았습니다. 그는 사람들에게 "내가 살아 있는 동안, 초의 깃발이 다시 바람에 휘날리는 것을 보고 싶다"라고 말했습니다.

그러나 현실은 냉혹했습니다. 진의 폭정 아래 반란의 싹은 있었으나, 뚜렷한 지도자는 없었습니다. 그럼에도 범증은 기회를 기다리며 세상을 관망했습니다.

초한지 인생 공부

그는 스스로 세상과 거리를 두며 지혜를 갈고닦는 은자(隱者)로 살았습니다. 그러던 중 진나라 말기에 진승과 오광의 봉기가 일어나자, 범증은 이 봉기가 새로운 시대의 신호임을 직감했습니다. 그는 주변 사람들에게 말했습니다.

"이 봉기는 비록 실패할지라도, 천하의 민심은 이미 돌아섰다. 이제는 새 영웅이 나타날 때다."

그의 시선은 남쪽, 즉 옛 초나라 땅으로 향했습니다. 그곳에 진시황 이후의 공백을 메울 인물이 나타나리라 믿었기 때문입니다.

항량이 오중(吳中)에서 봉기하여 회계를 점령하고, 이어서 여러 지역을 평정하자 각지에서 영웅들이 들고일어났습니다. 이때 범증은 이미 70세의 고령이었으나, 천하의 정세를 꿰뚫는 탁월한 식견을 지니고 있었습니다.

그런 범증은 마침내 반진 세력의 선봉인 항량을 찾아갑니다. 그리고 유세를 시작했습니다. 항량은 승리의 기세에 도취해 있었으나, 범증 앞에서는 자세를 가다듬었습니다. 범증은 느리지만 힘 있는 목소리로 말문을 열었습니다.

"장군, 지금 우리 군의 사기는 하늘을 찌르고 있습니다. 허나 장군께서는 지금 단순히 봉기한 반란군의 수장일 뿐입니다. 우리는 명분이 부족합니다."

항량이 의아한 표정을 지었습니다.

"명분이라니? 진나라의 폭정으로부터 백성을 구하고 있지 않은가!"

범증은 고개를 저으며 반박했습니다.

"물론입니다. 허나 백성의 마음을 한데 모으고 다른 제후국의 지지를 얻으려면, 진나라에 대항하는 정통성 있는 깃발이 필요합니다. 장군께서는 아시지 않습니까? 진나라가 멸망시킨 나라들 중 초나라는 유독 잔혹하게 다루어졌습니다."

범증은 지도를 손가락으로 가리켰습니다.

"초나라의 남은 백성들은 아직도 옛 왕실을 그리워하고 있습니다. 우리의 봉기는 단순히 개인의 분노가 아닙니다. 그것은 초나라의 부활이어야 합니다!"

범증은 몸을 앞으로 숙이며 결정적인 제안을 꺼냈습니다.

"장군, 진나라에 의해 살해당한 초나라 왕족의 후예를 찾아내십시오. 그를 새로운 왕으로 옹립해야 합니다. 그래야만 우리의 거병은 '초나라 부흥군'이라는 정통성을 갖추게 되며, 천하의 민심을 한데 모을 수 있습니다!"

범증의 말은 항량의 심장을 꿰뚫었습니다. 그는 곧 깨달았습니다. 아무리 군사력이 강해도, 왕실의 명분 없이는 결국 일개 도적 떼에 지나지 않음을 말입니다.

"범증의 말이 옳다."

항량은 즉시 초나라 왕실의 후예를 수소문했습니다. 마침내 목동으로 숨어 살고 있던 옛 왕족 웅심(熊心)을 찾아냈습니다. 웅심은 비록 왕손이었으나, 세상 물정에 어두운 평범한 노인이었습니다.

그러나 범증의 계책은 웅심의 능력과는 상관이 없었습니다. 중요한 것은 그의 피였습니다. 성대한 의식과 함께 웅심은 초회왕(楚懷王)으로 옹립되었습니다. 초회왕은 진나라에 의해 살해당한 옛 초회왕의 이름을 그대로 사용함으로써 백성들에게 '초나라가 다시 돌아왔다'라는 강렬한 인상을 주었습니다.

이 소식이 퍼지자 초나라 백성들은 열광했습니다. 그들의 봉기는 이제 개인적인 복수가 아니라 나라의 부흥이 되었습니다. 또한, 진나라에 반감이 있는 다른 제후국들도 초회왕을 중심으로 뭉칠 명분을 얻게 되었습니다.

그렇게 항량의 세력은 '초나라 부흥군'이라는 정통성의 깃발을 높이 들게 되었습니다. 비로소 항량에게 단순한 반란군 수장이 아닌, 왕실을 보필하는 대장군으로서 천하를 호령할 기반이 생기게 된 것입니다. 범증의 조언이 항량의 군사력을 '천하대의(天下大義)'로 승화시킨 결정적인 순간이었습니다.

후일 항량이 진나라와의 전투에서 전사한 후에도 항우는 범증을 스승처럼 모시며 전략과 계책을 의논하였습니다. 그리하여 범증은 항우의 진군에 참여하여 초의 군사적 참모가 되었습니다.

두 사람의 연합은 이성과 감정이 만난 듯한 조화였지만, 그들의 차이는 이미 내면 깊숙이 잉태되어 있었습니다. 범증은 냉철했고, 항우는 뜨거웠습니다. 그들의 첫 만남은 초나라의 희망이었으나, 훗날 그들의 결별은 초나라의 멸망으로 이어졌습니다.

분열의 시작은 앞서 말한 홍문연이었습니다. 홍문연은 항우의 '오만한 자존심'과 범증의 '냉철한 직관'이 정면으로 충돌한 정치적 심리전의 정점이었습니다. 유방이 함양 입성 후 재물과 여색을 멀리한 '심리적 변화'를 포착한 범증은 그가 천하를 꿈꾸고 있음을 간파하여 세 차례나 결단을 촉구했습니다.

그러나 눈앞의 승리와 압도적 무력에 취해 있던 항우는 범증의 옥결 신호와 항장의 칼춤조차 묵살하며, 이미 굴복한 상대를 치지 않겠다는 명분에 사로잡혀 결정적 기회를 놓치고 맙니다. 유방이 위기를 모면하고 떠나자 범증은 "어린 자와는 큰일을 도모할 수 없다"라며 항우의 패배를 직감하는 탄식을 남겼습니다.

그날 항우가 유방을 죽였다면, 천하의 주인은 바뀌었을지도 모릅니다. 그러나 진정한 비극은 유방을 살려준 데 있는 것이 아니라, 항우가 충언을 들을 수 없게 된 데에 있었습니다. 이 시점의 항우는 이미 승리에 도취해 있었습니다. 그의 판단은 이성보다 감정이 앞섰고, 범증의 조언조차 과도한 걱정으로 들렸습니다.

범증은 점점 침묵했고, 항우는 점점 고립되어 갔습니다. 참모의 말이 줄어드는 순간, 군주는 자신이 옳다는 착각에 갇힙니다. 그러나 리더십의 본질은 말을 '하는 힘'이 아니라 '듣는 힘'입니다. 범증의 충언은 항우에 대한 비판이 아니라, 조직을 살리기 위한 경고였습니다. 그러나 항우는 그 말을 자신의 자존심에 대한 도전으로 받아들였습니다. 그 순간부터 그는 외부의 조언을 모두 적대적인 시선으로 보기 시작했고, 결국 그의 진영은 내부 불신에 휩싸였습니다. 홍문연은 단순한 정치 사건이 아닙니다. 그것은 한 리더가 조직 구성원의 경고를 듣지 못해 붕괴되기 시작한 순간을 상징합니다. 항우는 그날 유방을 놓쳤고, 동시에 자신을 잃어가고 있었습니다.

이 모습은 마치 진시황과 이사의 관계를 떠올리게 합니다. 진시황은 이사의 간절한 경고를 듣지 않았고, 오히려 간언을 막으며 자신만의 권력 구조를 강화했습니다. 그 결과, 진나라의 체제는 내부에서부터 숨통이 막혀 무너졌습니다. 리더가 충언을 막는 순간, 조직은 외부의 적보다 내부의 침묵으로 먼저 붕괴합니다.

삼국지의 조조(曹操)와 순욱(荀彧)의 관계는 그 반대의 예를 보여줍니다. 조조는 냉철했지만, 항상 순욱의 조언을 경청했습니다. 그는 때로 자신의 판단을 접고, 순욱의 현실적 충고를 따랐습니다. 그 신뢰가 위나라의 정치적 기틀을 세웠고, 결국 혼란 속에서도 조조를 살아남게 한 근본적인 힘이 되었습니다.

항우는 패망했던 진시황과 유방은 천하를 손에 쥐었던 조조와 같은 길을 걷습니다. 항우는 독단과 자존심으로 귀를 닫았고, 유방은 웃음과 여유로 사람의 말을 들었습니다. 한 명은 충언을 듣지 않아 몰락하고, 다른 한 명은 조언을 품어 천하를 얻게 됩니다.

결국, 범증과 항우의 결별에는 많은 시간이 필요하지 않았습니다. 유방의 책사 진평은 이간계를 써서 두 사람의 관계를 돌이킬 수 없게 만듭니다.

한왕 유방은 초나라와의 싸움이 길어지자 점점 초조해졌습니다. 항우의 병력은 여전히 강했고, 범증의 지략은 날카로웠습니다. 그는 항우 곁에 범증이 있는 한, 정면승부로는 승산이 없음을 잘 알고 있었습니다. 그때 유방의 곁에 있던 책사 진평이 앞으로 나와 조용히 말했습니다.

"항우는 의심이 많고, 범증은 곧은 사람입니다. 이 둘의 사이를 갈라놓을 수 있다면, 초나라의 기세는 저절로 꺾일 것입니다."

유방은 잠시 눈을 감고 생각했습니다.

"이간이라… 그래, 싸움은 칼로만 하는 것이 아니지."

그는 마침내 진평의 계책을 받아들였습니다.

며칠 후, 항우의 진영으로부터 사자가 한 명 파견되었습니다. 진평은 일부러 그 소식을 듣자마자 궁중에 태뢰(太牢)라 불리는 성대한 잔치를 준비하게 했습니다. 소와 양, 돼지 고기를 정성껏 차려놓고, 술을 따르게 했습니다. 그는 일부러 궁 문 앞에서 항우의 사자를 기다리다가, 사자가 모습을 드러내자 깜짝 놀란 표정을 지었습니다.

"아니, 나는 아부의 사자가 올 줄 알았는데, 항우의 사자였단 말이오?"

그의 목소리는 크게 울렸고, 사자의 표정은 순간 굳어졌습니다.

진평은 일부러 음식을 거두게 하고, 차려놓은 진수성찬을 모두 치웠습니다. 그 대신 초라한 음식 몇 그릇만 남겨두게 했습니다.

"주군께서 보내신 사신에게 이런 초라한 음식을 대접하게 되어 송구하오."

말은 공손했지만, 행동은 차가웠습니다.

이 사건을 사마천은 《사기》 속 〈항우본기〉에서 다음과 같이 기록합니다.

"나는 아부(범증)의 사자인 줄 알았는데, 알고 보니 항왕의 사자였소!"

그러고는 다시 가져가서, 나쁜 음식으로 항왕의 사자를 먹였다.

「吾以爲亞父使者, 乃反項王使者!」更持去, 以惡食食項王使者。

「오이위아부사자, 내반항왕사자!」 경지거, 이악식식항왕사자.

사자는 이 모든 장면을 그대로 가슴에 담고 돌아갔습니다. 며칠 뒤, 항우는 그 사자의 보고를 받았습니다. 사자는 신중히 말을 골라서 했지만, 그 말의 끝에는 의심이 배어 있었습니다.

"진평이 범증의 사람인 줄 알고 진수성찬을 차려놓고 맞으려 했다가 항우의 사신이라 하니 형편없는 음식을 대접하였습니다."

항우의 눈빛이 어두워졌습니다. 그는 한동안 침묵하다가 낮게 중얼거렸습니다.

"그래… 범증이 한왕과 내통한단 말인가."

그때부터 항우의 마음속에는 의심이라는 독이 퍼지기 시작했습니다. 범증이 내놓는 모든 의견이 불편하게 들렸고, 그의 시선조차 불순하게 느껴졌습니다. 항우는 서서히 범증의 권한을 줄이고, 전략 회의에서도 그의 자리를 뒤로 물렸습니다. 범증은 그 변화를 느꼈습니다. 그는 더 이상 자신이 신뢰받지 못함을 알고 있었습니다.

사마천은 《사기》 속 〈항우본기〉에서 이 상황을 다음과 같이 묘사합니다.

"항왕이 이에 아부(범증)가 한나라와 사사로운 내통을 한다고 의심하여, 조금씩 그의 권한을 빼앗았다."

「項王乃疑亞父與漢有私, 稍奪其權。」

「항왕내의아부여한유사, 초탈기권.」

항우는 사실을 확인하기보다 자신의 '의심스러운 느낌'을 믿었습니다.

하루는 회의가 끝난 뒤, 범증이 조용히 일어나 말했습니다.

"주군, 이제 천하의 일이 대체로 정해졌습니다. 이제는 주군 스스로 처리하실 때가 되었으니, 저는 고향으로 돌아가겠습니다."

그의 목소리에는 담담한 체념이 섞여 있었습니다. 이에 항우는 머뭇거리지도 않았습니다.

"그래, 그대 뜻대로 하시오."

그 한마디가 그동안의 신뢰를 잘라버리는 칼날이 되었습니다.

　　　　　　　　　　　　　　　　　　초한지 인생 공부

범증은 초나라를 떠났습니다. 그의 수레는 천천히 남쪽으로 향했고, 그 길 위에서 다시는 항우를 돌아보지 않았습니다. 길 위의 바람은 차가웠지만, 그의 마음은 더 싸늘했습니다. 그는 속으로 이렇게 중얼거렸습니다.

"이제 초왕은 귀를 잃었다. 귀가 닫힌 자는 곧 눈도 멀게 된다."

그는 고향에 이르기도 전에 병이 들었고, 등에 종기가 생겨 결국 쓸쓸히 세상을 떠났습니다.

범증이 떠난 그날 이후 항우의 군은 방향을 잃었고, 천하의 기운은 서서히 유방 쪽으로 기울었습니다. 항우는 훗날 범증의 죽음을 전해 듣고 한동안 말을 잃었습니다. 그는 비로소 깨달았습니다.

"그가 떠난 날이 곧 초나라의 기운이 꺾인 날이었다."

그러나 깨달음은 언제나 너무 늦게 찾아옵니다. 진평의 이간계는 칼 한 자루 들지 않고도 한 나라의 운명을 바꿔놓은 계략이었습니다. 그 한 번의 속임수로 항우의 신뢰는 무너졌고, 범증의 충언은 사라졌습니다.

군주가 가장 두려워해야 할 적은 외부의 공격이 아니라, 내부의 불신이 만들어낸 침묵입니다. 항우는 전장에서 번개처럼 결단했습니다. 이 결단은 감정에 기반했기에 조언을 듣기보다는 자신의 감각을 신뢰하는 경향이 강했습니다. 반면, 범증은 전쟁의 본질을 정확히 보고 있었습니다. 그는 감정보다는 '승리'를 기준으로 판단했습니다.

그러나 항우의 마음속에서는 반대 감정이 커졌습니다. "그의 말대로 하면 내가 틀린 것이 되는 거 아닌가?" 항우는 결국 범증의 존재를 압박과 비난처럼 느낀 것입니다. 즉, 타인의 조언을 자신의 완벽함에 대한 도전으로 받아들이며 스스로 고립되는 '나르시시스트(Narcissist)'의 전형을 보여줍니다. 이것은 많은 지도자에서 볼 수 있는 자기애적 심리 방어기제입니다.

범증은 평생 성인의 경지에 오른 지략가였습니다. 그런 범증이 항우에게 천하를 건 도박을 했지만, 항우는 그의 말을 들어주지 않았습니다. 범증은 그런 항우에게 갈수록 분노했고, 분노는 곧 실망과 절망으로 변합니다.

즉, 항우는 '감정으로 움직이는 영웅'이었고 범증은 '이성으로 움직이는 현자'였습니다. 이 두 사람의 관계는 시작부터 파국을 내포한 조합이었고, 그 심리 구조는 서로를 소모하는 형태였던 것입니다.

10

달빛 아래 천재를 알아본
단 한 사람

소하, 한신을 향한 위대한 심리적 베팅

항우와 유방, 두 거인이 천하를 두고 치열한 심리 공방전을 벌이던 시기, 훗날 역사의 물줄기를 바꿀 또 다른 천재는 아직 어둠 속에서 숨을 죽이고 있었습니다. 바로, 한신입니다. 그는 그저 낡은 칼 한 자루를 허리에 찬 채, 무명의 청년으로 초군 항량의 뒤를 묵묵히 따르고 있었을 뿐입니다. 그에게는 이름도, 공적도, 변변한 지위조차 없었습니다.

항량이 전사한 뒤, 한신은 항우의 진영으로 들어가 황제의 경호원 격인 낭중(郎中)이 되었습니다. 창 한 자루를 들고 문을 지키는 일이었으나, 그의 머릿속은 이미 천하를 얻을 전술 지도로 가득 차 있었습니다. 그는 기회가 날 때마다 전장 지도를 펼치고 패왕 항우에게 계책을 올렸습니다.

"주공, 지금의 형세는 이러하니 병사를 이렇게 운용해야 합니다."

그러나 돌아오는 것은 차가운 무관심과 비웃음뿐이었습니다. 눈 앞의 적을 힘으로 짓누르는 것만을 최고의 병법이라 믿었던 항우에게, 말단 병졸의 정교한 지략은 나약한 선비의 잠꼬대처럼 들렸습니다. 한신의 말들은 주인의 귀에 닿기도 전에 허공으로 흩어졌습니다. 그때 한신은 깨달았습니다. 이곳은 자신의 예리한 칼끝을 알아볼 안목이 없다는 것을요. 그는 미련 없이 초나라의 깃발을 등지고, 머나먼 서쪽 파촉으로 향하던 유방의 군영을 향해 몸을 돌렸습니다.

하지만 유방의 진영에서도 운명은 그를 쉽게 반기지 않았습니다. 그에게 주어진 보직은 고작 군량미 창고를 관리하는 '연오(連敖)'라는 하급 관직이었습니다. 천하의 대세를 논하던 한신의 손에는 이제 병법서 대신 장부가 들렸고, 그가 오가야 할 곳은 전장이 아닌 먼지 가득한 곳간 문지방이었습니다.

낮이면 무거운 곡식 부대를 어깨에 지며 땀을 흘렸고, 밤이면 차가운 맨바닥에 등을 붙인 채 뜬눈으로 밤을 지새웠습니다. 군영은 요란했으나 그 누구도 '한신'이라는 이름 두 글자를 기억하지 않았습니다. 그는 먼지 쌓인 창고 구석에서 자신의 칼날을 어루만지며 이를 악물었습니다.

'천하를 벨 칼이 어찌 이 비루한 곡식 창고에서 무뎌질 수 있겠는가.'

그의 가슴 속에는 가랑이 밑을 기어갔던 젊은 날의 수치보다 더 거대한 '무시'라는 이름의 칼날이 벼려지고 있었습니다. 인내의 시간이 깊어질수록 그의 전략은 더욱 정교해졌고, 세상을 향한 갈망은 더 뜨거워졌습니다. 모두가 그를 비웃는 동안, 한신은 자신을 증명할 단 한 번의 순간을 위해 거대한 내면의 칼날을 벼리고 있었습니다.

그 무렵, 사소한 법도를 어긴 죄가 한신의 발목을 잡았습니다. 곤장과 쇠사슬, 피비린내가 가득한 처형장으로 끌려가며 그는 곁눈질로 이미 목이 잘린 열세 구의 시신을 보았습니다. 숨이 멎은 얼굴들이 겨울 풀잎처럼 늘어져 있었고, 차디찬 칼날은 마지막 한 사람을 기다리고 있었습니다. '다음은 너'라는 듯, 형리의 손이 칼자루를 당겼고, 군중의 웅성거림이 낮게 들려왔습니다.

한신은 고개를 들어 회색 하늘을 보았습니다. 눈발 같은 먼지가 떠다니던 그때, 그의 시선이 우연히 한 사람과 정확히 맞닿았습니다. 유방의 측근 하후영(夏侯嬰)이었습니다. 한신은 떨리는 속을 억눌렀고, 입술을 굳게 다문 뒤 배의 단단한 중심에서 목소리를 끌어올렸습니다. 그것은 간청보다는 포효에 가까웠습니다.

"주상께서는 정녕 천하를 차지하려 하지 않으십니까, 어찌하여 천하를 드릴 장수를 여기서 베려 하십니까!"

순식간에 웅성거림이 멎었고, 처형장의 바람 소리마저 딱 멈춘 듯 고요해졌습니다. 그 눈빛에 서린 기개와 장엄한 풍모에 하후영은 전율했습니다. 하후영의 눈동자가 가늘게 떨렸고, 그는 번개처럼 칼날 앞에 손을 내밀며 외쳤습니다.

"잠깐 멈추라, 이 자를 죽이면 주상을 저버리는 것이 될지도 모른다."

명령과 동시에 사슬이 풀렸고, 하후영은 곧장 막사로 달려가 소하에게 알렸습니다. 곧이어 소하가 모습을 드러냈습니다. 누구보다 빠르게, 그는 한신을 장막 안으로 들이며 짧게 물었습니다.

"천하를 얻을 방도, 지금 여기서 말해보시오."

한신은 사슬 자국이 선명한 손목을 쓸어내리고는, 단숨에 지도를 펼쳐 강과 산, 길과 곡창, 제후의 명맥과 군심의 결을 꿰어 말했습니다.

"먼저 관중을 버티는 뼈대를 꿰뚫고, 그다음 위와 조를 끊어 동쪽의 기를 꺾습니다. 제와 연은 부드럽게 품되, 기세가 올랐을 때 한번에 꺾습니다. 함정과 기습, 위기를 겉으로 보이며 길을 안으로 트는 계책으로 남쪽을 묶고 북쪽으로 진군합니다."

소하는 즉시 사형 집행을 멈추고 한신을 풀어주었습니다. 그리고 그의 비범함에 탄복하여 유방에게 추천했으나, 유방은 그를 식량 관리직인 치속도위(治粟都尉)로 삼는 데 그쳤습니다.

한신은 실망했습니다. 하지만 그에게는 마지막 희망이 있었습니다. 바로 한나라의 살림꾼 소하였습니다. 소하는 한신과 밤낮으로 이야기를 나누며, 이 청년의 머릿속에 담긴 전략이 천하를 뒤엎고도 남을 것임을 단번에 알아보았습니다. 그 이후 소하는 유방에게 입이 닳도록 한신을 중용해야 한다고 진언합니다.

기원전 206년, 유방이 한왕으로 봉해져 함양을 떠나 한중 땅의 수도인 남정에 도착할 당시 유방의 군대는 항우에 의해 험준한 파촉 땅으로 쫓겨왔다는 좌절감에 빠져 있었습니다. 특히 동쪽 고향으로 돌아가고 싶어 하는 병사들과 장수들의 향수병이 극에 달해, 매일 수십 명의 장수가 탈영하던 혼란스러운 시기였습니다. 또한, 믿을 만한 인재가 귀한 시기이기도 했습니다. 그 무렵, 한신 역시 여러 번 추천받고도 유방에게 외면당한 것을 서러워하고 있었습니다.

그때 군영 속 한 명의 장수가 흔적도 없이 사라졌습니다. 그는 바로 한신. 한신은 며칠 전까지만 해도 말없이 전투를 준비하던 인물이었지만, 아무런 말도 남기지 않고 홀연히 자취를 감추었습니다. 이에 병사들은 수군거렸습니다.

"한신도 결국 도망쳤다."

"역시 믿을 놈이 아니었어."

패전의 공포 속에서 사람들은 가장 먼저 누군가를 원망해야 마음이 놓였던 것입니다. 유방 역시 한신의 실종 소식을 듣고 얼굴이 굳어졌습니다. 그러나 오직 한 사람, 소하는 홀로 안장을 얹고 말을 준비했습니다. 그의 눈빛은 흔들림이 없었습니다.

"한신을 찾아야 하오. 지금이 아니면 영영 그를 잃을 것이오."

말발굽이 흙먼지를 일으키며 어둠 속으로 사라졌습니다. 패전의 혼란 속에서 누가 그를 막을 수 있었을까요? 밤하늘엔 달빛만이 길잡이처럼 따라붙었습니다. 소하는 그렇게 말없이 밤새도록 달렸습니다.

한신은 유방의 진영에서도 이름 없는 한 장수에 불과했습니다. 그에게 맡겨진 일은 하찮았고, 그의 병법은 아무도 들으려 하지 않았습니다. 그는 매번 전투가 끝난 뒤 혼자 남아 지도를 펼쳤습니다.

패한 싸움터를 되짚으며, 어디서 전세가 뒤집혔는지를 곱씹었지만 아무도 그의 분석을 물어오지 않았습니다. 그는 이미 자신이 가진 재능을 알고 있었습니다. 그러나 세상은 그 재능을 알아볼 눈이 없었습니다.

"언젠가 나를 써줄 주군이 있을까?"

그는 밤마다 스스로에게 물었습니다. 자신의 능력을 의심하지 않았지만, 그 능력을 드러낼 기회를 얻지 못하는 현실이 그를 더욱 고독하게 했습니다. 그래서 그는 떠났습니다. 패전의 혼란 속에서 조용히 사라졌습니다. 그의 떠남은 배신이 아닌, 스스로의 운명에 대한 시험이었습니다.

'나를 찾아올 자가 있는가, 나를 알아볼 자가 있는가.'

그는 세상을 떠보는 중이었습니다.

그리고 마침내, 새벽녘에 말을 달려온 소하가 그를 찾아냈습니다. 한신은 놀라지도 않았습니다. 그저 미소를 지으며 묻습니다.

"대왕이 보냈습니까?"

소하가 고개를 저었습니다.

"아니오. 내가 스스로 왔습니다."

한신은 소하의 말을 듣고 천천히 발길을 돌렸습니다.

그 무렵 유방의 진영에서는 난리가 났습니다.

"소하도 도망쳤다!"

"이제 정말 끝인가!"

유방은 분노로 얼굴이 붉어졌습니다.

"소하마저 떠나다니! 모두 나를 버리는구나!"

혼란은 삽시간에 번졌고, 병사들은 두려움 속에 모두 도망칠 채비를 했습니다. 그러나 새벽이 밝아올 무렵, 진영 저편에서 먼지가 일더니 소하가 말을 몰고 돌아왔습니다. 그의 곁에는 낯익은 얼굴이 함께 있었습니다. 바로 사라졌던 한신이었습니다.

유방은 한신과 소하가 함께 돌아왔다는 보고를 듣고도 쉽게 낯빛을 풀지 못했습니다. 그의 얼굴에는 패전의 피로와 의심이 동시에 깔려 있었습니다.

"소하, 그대가 그렇게까지 해야 했는가? 그는 분명 도망친 자가 아니오? 지금은 나라가 기울고, 군심이 흩어진 때요. 배신자를 감싸는 것이 어찌 옳단 말이오?"

유방의 말에는 두려움이 섞여 있었습니다. 그는 많은 사람에게 속았고, 또 많은 사람을 잃었습니다. 지금 이 혼란의 시기에 '사람을 믿는 일'이 가장 위험하다는 것을 누구보다 잘 알고 있었습니다. 그러나 소하는 한 걸음 다가서며 단호히 고개를 들었습니다.

"대왕, 천하는 병사로 얻는 것이 아닙니다. 사람으로 얻는 것입니다. 오늘 한신을 잃는다면, 대왕은 천하를 잃게 될 것입니다."

유방은 잠시 침묵했습니다. 막사 안은 고요했고, 바람에 등불이 일렁였습니다. 소하는 한층 낮은 목소리로 말을 이었습니다.

"한신은 보통 사람이 아닙니다. 그는 천하를 뒤흔들 자입니다. 지금 그를 대장으로 삼아주십시오. 그를 얻으면 천하를 얻고, 그를 잃으면 다시는 기회가 오지 않을 것입니다."

소하의 말은 마치 예언처럼 들렸습니다. 유방은 두 손을 모아 잠시 생각에 잠겼습니다. 그의 마음속에서는 두 가지 힘이 충돌하고 있었습니다. 직감은 여전히 한신을 의심하고 있었지만, 소하가 준 확신이 그보다 강하게 들어찼습니다. 마침내 유방은 자리에서 일어나 한신 앞으로 다가갔습니다.

"소하의 말을 들으니, 그대의 재주를 시험할 때가 된 것 같소."

그는 조용히 인장을 꺼내 한신의 손에 쥐여주었습니다.

"오늘부터 그대가 한나라의 대장이다."

이때의 상황을 사마천의 《사기》 속 〈회음후열전〉에서는 다음과 같이 기록하고 있습니다.

소하가 유방에게 말하였다. "한신이 아니면 나라를 안정시킬 수 없습니다." 이에 한신을 대장군으로 삼았다.

蕭何謂上曰:「非信不可使也。」 於是拜信為大將軍。

소하위상왈: 「비신불가사야.」 어시배신위대장군.

그 순간, 막사 안의 공기가 바뀌었습니다. 한신은 한 치의 흔들림 없는 표정으로 고개를 숙였고, 소하는 비로소 뒤로 물러서며 숨을 내쉴 수 있었습니다.

화려한 대장 임명식 직후, 높게 쌓인 제단 위에서 대장군 인장을 받은 한신이 내려오자, 유방은 그를 자신의 막사 깊숙한 곳으로 청했습니다. 유방의 눈에는 여전히 의구심이 서려 있었습니다.

"소하가 그토록 그대를 칭송하니 내 대장군으로 삼았소만, 이제 그대가 가진 천하 평정의 계책을 듣고 싶소."

한신은 절을 올린 뒤, 거침없는 목소리로 되물었습니다.

"지금 대왕의 적은 항우가 아닙니까? 대왕께서 스스로 생각하시기에 용맹함과 어질고 너그러움에 있어 항우와 비교하면 어떠하십니까?"

유방은 한참을 침묵하다 솔직하게 답했습니다.

"내가 그보다 못하오."

한신은 고개를 끄덕이며 말을 이었습니다.

"저 역시 대왕께서 항우보다 못하다고 생각합니다. 하지만 저는 항우와 오랫동안 함께하며 그의 치명적인 약점 두 가지를 보았습니다. 그것은 바로 '필부지용(匹夫之勇)'과 '부인지인(婦人之仁)'입니다."

한신의 눈빛이 날카롭게 빛났습니다.

"항우가 한 번 호통을 치면 천 명이 벌벌 떨지만, 그는 유능한 장수를 믿고 일을 맡길 줄 모릅니다. 이것은 그저 평범한 사내의 용기인 필부지용일 뿐입니다. 또한, 그는 병사가 다치면 눈물을 흘리며 자기 음식을 나눠주지만, 정작 그 병사가 공을 세워 벼슬을 줘야 할 때는 인장의 모서리가 닳도록 만지작거리며 아까워합니다. 이것이 바로 사사로운 정에 얽매인 부인네의 인자함, 부인지인입니다."

유방은 한신의 분석에 무릎을 쳤습니다. 한신은 멈추지 않고 항우가 저지른 전략적 실책을 조목조목 짚었습니다.

"그는 약속을 어기고 대왕을 험지로 보냈으며, 의제를 쫓아내고 제후들의 원망을 샀습니다. 지금은 항우가 강해 보이나 실상은 민심을 잃어 허물어지기 직전의 성벽과 같습니다."

한신은 지도를 가리키며 마지막 쐐기를 박았습니다.

"대왕께서 관중에 입성했을 때 약법삼장을 선포하여 진나라 백성들의 마음을 얻지 않으셨습니까? 지금 관중을 다스리는 삼진(장한, 사마흔, 동예)은 진나라 백성들을 사지로 몰아넣고 자기들만 살아남은 배신자들입니다. 백성들은 그들을 뼛속까지 증오하고 있습니다. 대왕께서 군대를 이끌고 동쪽으로 나아가 진격의 기치를 높이시면, 관중의 백성들은 싸우지도 않고 성문을 열 것입니다. 항우가 준 땅이 아니라, 백성이 주는 땅을 차지하십시오. 그러면 천하는 대왕의 것이 됩니다."

유방은 전율했습니다. 소하의 안목이 틀리지 않았음을, 아니 자신이 상상했던 것보다 훨씬 그릇이 큰 천재를 얻었음을 깨달았습니다. 유방은 그 자리에서 일어나 한신의 손을 잡았습니다.

"과인이 너무 늦게 그대를 알아보았구려!"

그날 밤은 초한 전쟁의 방향이 바뀐 밤이었습니다. 한신이 대장으로 임명된 순간, 패배의 늪에 빠져 있었던 한나라 유방의 군은 다시 숨을 얻었고, 초한의 균형은 서서히 유방의 쪽으로 움직이기 시작

초한지 인생 공부

합니다.

다음은 사마천의 《사기》 속 〈회음후열전〉에 기록된 한신을 대장 군에 임명하는 장면의 한 부분입니다.

"(소하는 말했다) 일반적인 장수들은 얻기 쉽습니다. 하지만 한신 같은 인 물은 나라에 둘도 없는 장군입니다. 왕께서 평생 한중의 왕으로만 남 으려 하신다면 한신이 필요 없겠지만, 천하를 다투고자 하신다면 한신 이 아니고서는 함께 일을 도모할 사람이 결코 없습니다."

「諸將易得耳。至如信者, 國士無雙。王必欲長王漢中, 無所事信; 必欲爭天下, 非 信無與計事者。」

「제장이득이. 지여신자, 국사무쌍. 왕필욕장왕한중, 무소사신; 필욕쟁천하, 비신무 여계사자.」

"한왕(유방)이 크게 기뻐하며, 스스로 한신을 얻은 것이 너무 늦었다고 생각하였다. 마침내 한신의 계책을 따르고, 여러 장수에게 공격할 임 무를 배정하였다."

「漢王大喜, 自以爲得信晚。遂聽信計, 部署諸將所擊。」

「한왕대희, 자이위득신만. 수청신계, 부서제장소격.」

PART 3

운명의 분수령,
누가 인간의 본능을 지배하는가

"결국 이기는 자는 자신을 다스린다"

11

승자의 오만, 패자의 생존 본능

팽성대전에서 드러난 항우와 유방의 결정적 차이

기원전 206년, 서초패왕 항우가 휘두른 권력의 칼날 아래 천하는 18조각으로 찢겼습니다. 승리한 자들이 전리품을 나누는 동안, 패배한 유방은 험준한 산맥 너머 한중의 좁고 습한 땅으로 밀려났습니다. 한중에서의 삶은 고통 그 자체였습니다. 병사들은 타지의 낯선 공기에 몸을 떨었고, 장수들은 매일 동쪽 고향 땅을 그리워하며 하나둘 군영을 이탈했습니다. 유방 역시 어두운 막사 안에서 술잔을 기울이며 울분을 삼켰습니다.

"내가 고작 이 좁은 땅에서 늙어 죽으려고 그 고생을 했단 말이냐!"

그의 한탄은 한밤의 찬 공기 속에 공허하게 흩어질 뿐이었습니다. 그러나 드디어 유방에게 반격의 시간이 왔습니다. 한신은 기상천외한 계책을 내놓았습니다. 수만 명의 인력을 동원해 이전에 불태웠던 '잔도'를 보란 듯이 요란하게 수리하기 시작한 것입니다. 관중을 지키던 장한은 "그 험한 길을 언제 다 고치겠느냐"라며 비웃었습니다. 하지만 그것은 적의 시선을 돌리기 위한 거대한 성동격서(聲東擊西, 동쪽에서 소리를 내고, 서쪽을 친다)의 함정이었습니다. 장한이 잔도에 시선을 빼앗긴 사이, 한신과 유방의 주력군은 아무도 예상치 못한 험준한 고갯길을 타고 내려가 '진창(陳倉)'을 기습 점령했습니다.

이것이 바로 역사가 기록한 명장면 '명수잔도 암도진창(明修棧道 暗渡陳倉)*의 서막이었습니다. 한중의 깊은 골짜기에서 숨죽이며 칼을 갈던 유방의 검은 깃발은, 한신이라는 천재적인 날개를 달고 다시 한번 중원의 넓은 들판을 향해 노도와 같이 쏟아져 내려갔습니다. 이는 공식적으로 초한 전쟁의 시작을 알린 사건이었습니다.

기원전 206년 8월, 한중의 좁은 골짜기에 갇혀 있던 한나라 군대가 중원을 향해 마치 밀물이 몰려오듯 급습합니다. 한신의 기만전술인 '명수잔도'에 완전히 속아 잔도 수리 현장만 주시하던 옹왕 장한은, 한나라 주력군이 험준한 진창 고개를 넘어 등 뒤에 나타났다는 전령의 보고를 받고 경악했습니다.

---

* 명수잔도(明修棧道): '눈에 띄게 산길을 수리하다'라는 의미입니다. 이 작업은 의도적으로 소문을 내고 시끄럽게 진행하여, 적인 장한과 항우에게 '유방이 정규 경로로 천천히 진출하려 한다'라는 인상을 주었습니다. 적의 주의력을 이 산길 수리 작업에 완전히 고정시켰습니다.
암도진창(暗度陳倉): '몰래 진창으로 통하다'라는 의미입니다. 한편, 유방의 본대는 한신의 지휘 아래 조용히 우회로를 통해 진창(陳倉, 지금의 섬서성 보계시 동쪽)으로 급습했습니다. 이 우회로는 험준하고 적이 예상하지 못한 고대 소로(古道)로, 장한의 주력군이 주시하지 않는 방향이었습니다.
유방의 군대는 산길 수리라는 '가짜 행동' 뒤에 숨겨진 '진짜 기동'으로, 적이 방비하지 않은 진창을 기습 점령했습니다.

"한나라 군대가 하늘에서 떨어졌단 말이냐!"

장한은 급히 병사를 몰아 진창으로 달려갔으나, 이미 대장군 한신이 이끄는 한나라군의 기세는 하늘을 찌를 듯했습니다. 진나라의 마지막 자존심이라 불리던 노장 장한은 진창에서 한신과 맞붙었으나, 변화무쌍한 한신의 전술 앞에 처참히 패배하고 폐구(廢丘) 성으로 도망쳐 빗장을 걸어 잠갔습니다.

한신은 장한을 폐구에 고립시킨 채, 곧바로 칼날을 돌려 새왕 사마흔과 적왕 동예를 압박했습니다. 진나라의 항복한 장수로서 항우의 앞잡이 노릇을 하던 이들에게 관중 백성들의 시선은 싸늘했습니다. 한신의 예측대로 백성들은 한나라 군대를 침략자가 아닌 구원자로 맞이했습니다. 고향 땅을 밟은 한나라 병사들의 함성은 대지를 흔들었고, 사마흔과 동예는 변변한 저항 한 번 해보지 못한 채 무릎을 꿇고 항복했습니다.

마지막 남은 장한은 폐구 성에서 필사적으로 버텼습니다. 성은 견고했고 장한은 노련했습니다. 하지만 한신은 서두르지 않았습니다. 그는 칼 대신 '물'을 택했습니다. 인근의 강물을 막아 물길을 성 안으로 돌리는 수공(水攻)을 감행한 것입니다.

도도하게 흐르던 물줄기가 무너진 성벽 사이로 들이닥치자, 철옹성 같던 폐구 성은 순식간에 수중도시로 변했습니다. 장한은 무너지는 성벽 위에서 한나라의 검은 깃발이 관중을 가득 메운 것을 보았습니다. 항우의 감시망이었던 '삼진'이 불과 몇 달 만에 가루가 되어 흩어지는 순간이었습니다. 더 이상 갈 곳이 없음을 깨달은 장한은 칼을 뽑아 스스로 목숨을 끊으며 진 제국의 마지막 장수다운 최후를 맞이했습니다.

삼진이 평정되자 관중의 민심은 완벽하게 유방에게 쏠렸습니다. 과거 함양 입성 당시 '약법삼장'으로 보여주었던 유방의 관용을 기억하는 백성들은 소와 술을 들고 나와 한나라 군대를 환영했습니다. 한신은 이 모든 과정을 불과 수개월 만에 마무리 지으며, 자신이 왜 '국사무쌍(國士無雙, 나라의 선비들 중 견줄 만한 자가 없는 유일한 존재)'인지를 증명해 보였습니다.

항우가 유방을 가두기 위해 채웠던 '삼진'이라는 족쇄는 오히려 유방이 중원으로 나아가는 가장 강력한 발판이 되었습니다. 유방은 이제 한중의 망명객이 아니라, 비옥한 관중 땅을 근거지로 삼은 강력한 대권 주자로 부활했습니다. 이 소식이 서초패왕 항우에게 도달했을 때, 그는 이미 돌이킬 수 없는 민심의 성난 파도 앞에 직면해 있었습니다.

삼진을 평정하고 관중을 장악한 유방은 이제 거칠 것이 없었습니다. 때마침 북쪽 제나라에서 전영(田榮)이 반란을 일으켜 항우의 발을 묶어두자, 유방에게는 천재일우의 기회가 찾아왔습니다. 유방은 항우가 비운 빈집, 즉 초나라의 수도 팽성을 치기로 합니다.

유방은 제후들에게 격문을 보냈습니다.

"항우가 우리의 주군인 의제(초회왕)를 살해했으니, 이는 천하의 공적이다! 나를 따라 역적을 치자!"

이 명분에 힘입어 유방을 중심으로 한 제후 연합군은 무려 56만 명이라는 전대미문의 대병력으로 불어났습니다. 56만의 대군이 동쪽으로 행군하는 모습은 마치 거대한 붉은 강물이 대륙을 덮는 듯 장관이었습니다.

항우가 제나라의 끈질긴 저항에 막혀 고전하는 사이, 유방의 연합군은 별다른 저항 없이 항우의 본거지인 팽성에 무혈 입성했습니다. 팽성의 창고에는 항우가 진나라에서 약탈해 온 온갖 보물과 아녀자들이 가득했습니다. 승리에 도취한 유방과 제후들은 방심하기 시작했습니다.

"항우도 별거 아니구나! 이제 천하는 우리 것이다!"

유방은 패상에서 보여주었던 절제력을 잊은 채, 매일 보물을 나누고 술잔을 기울이며 승리감에 젖었습니다. 성 안에는 군기 대신 풍악 소리가 가득했고, 56만 대군은 경계심을 잃은 채 흩어져 즐기기에 바빴습니다.

항우는 이때 제나라의 반란을 진압하느라 정신이 없었고, 유방의 배반 소식을 듣고 크게 분노했습니다. 그러나 그는 이미 홍문연에서 그를 주살할 결정적 기회를 놓친 후였습니다. 유방은 이제 관중이라는 천험(天險)의 땅을 장악하고, 한신이라는 불세출의 명장을 얻었으며, 관중 백성들의 지지를 업고 있었습니다.

초한지 인생 공부

"내가 아니었다면, 유방이 어찌 천하의 문을 열 수 있었겠는가!"

항우는 곧 3만 정예병을 이끌고 팽성으로 급히 진군했습니다. 유방은 항우가 멀리 있어 오지 못할 것으로 생각하고, 경계 없이 잔치를 열며 방심하고 있었습니다.

그는 새벽녘, 안개가 짙게 내린 시각을 노려 팽성탈환 기습공격을 명했습니다. 직접 기병을 이끌고 유방의 본진을 친 것입니다.

사마천은 《사기》 속 〈항우본기〉에서 역사적 대전을 다음과 같이 기록합니다.

> 항우가 이 소식(유방의 팽성 점령)을 듣고 크게 노하여, 정예병 3만 명을 거느리고 남쪽으로 출격하여… 한나라 군대를 급습했다.
>
> 項羽聞之, 大怒, 乃以精兵三萬人南出…大破漢軍。
>
> 항우문지, 대노, 내이정병삼만인남출… 대파한군.

하늘이 아직 짙은 새벽 안개에 잠겨 있을 때, 항우의 기병은 이미 팽성으로 향하고 있었습니다. 그의 눈빛은 불꽃처럼 번뜩였고, 말발굽이 땅을 치는 소리는 천둥 같았습니다. 그는 아무 말도 하지 않았지만, 주위의 장수들은 그의 분노가 얼마나 뜨거운지 모두 알고 있었습니다.

항우의 손등은 핏줄이 돋았고 칼자루가 미세하게 떨렸습니다. 그가 유방의 이름을 입에 올릴 때마다 입술 사이로 날선 숨결이 새어

나왔습니다.

"…그자가 어찌 감히!"

항우는 군을 소집하고 말했습니다.

"3만 정예병만 이끌고 즉시 팽성으로 가겠다. 적은 많을수록 이기기 쉽다. 내 손으로 그자를 베겠다!"

그 말이 떨어지자 병사들은 폭풍처럼 질주했습니다.

반대로 유방의 진영은 평화로웠습니다. 그는 제후 연합군 56만을 거느리고, 진의 옛 땅을 점령하며 술과 음악으로 승리를 자축하고 있었습니다. 그는 스스로를 '천하의 중심에 선 자'라고 여겼습니다. 그러나 그 중심은 아직 단단히 굳지 않은 모래 위의 탑이었습니다. 그날 새벽, 먼 곳에서 말발굽 소리가 진동했습니다. 초군의 기병이 돌풍처럼 몰려들었고, 항우의 붉은 깃발이 안개 속에서 솟구쳤습니다.

"적이 온다!"

한 장수가 외쳤지만 이미 늦었습니다. 항우는 선두에서 돌격하며 고함쳤습니다.

항우의 3만 기병은 맹수처럼 56만 대군을 몰아붙였습니다. 도망칠 곳을 찾지 못한 한나라 병사들은 거대한 파도에 밀리듯 수수(睢水) 강가로 내몰렸습니다. 뒤에서는 초나라의 서슬 퍼런 칼날이 번뜩였고, 앞에는 차가운 강물이 흐르고 있었습니다.

"살려주시오! 투항하겠소!"

비명은 비릿한 피 냄새 속에 파묻혔습니다. 초나라 기병은 자비

초한지 인생 공부

를 몰랐습니다. 밀려 나간 병사들이 강물에 빠져 서로를 짓눌렀고, 쌓이고 쌓인 시체들이 댐처럼 강을 막아버렸습니다.

"패공은 어디 있느냐! 항우가 왔다!"

초군의 돌격은 폭풍 같았습니다. 갑옷이 부딪히고, 창끝이 불을 일으켰습니다. 항우는 몸소 말을 몰아 진으로 뛰어들어 적의 장수들을 쓰러뜨렸습니다. 유방의 병사들은 그 기세에 압도되어 흩어졌고, 막대한 병력이 있었음에도 지휘는 혼란에 빠졌습니다.

유방은 가까스로 몇 명의 측근과 함께 말을 돌려 도망쳤습니다. 그의 얼굴에는 흙과 피가 섞여 있었고, 머리 위에서는 초군의 화살이 비처럼 쏟아졌습니다. 그렇게 팽성의 하늘은 붉게 물들었습니다.

사마천은 《사기》 속 〈항우본기〉에서 팽성대전의 참상을 매우 역동적이고 처참하게 묘사했습니다.

(곡수와 사수에서) 한나라 병사 죽은 자가 10여만 명이었다. 한나라 병사들이 모두 남쪽 산으로 달아나자 초나라 군대가 영벽 동쪽 수수(睢水)까지 추격했다. 한나라 군대가 밀려 초나라 군대에 쫓기다 많이 죽었는데, 한나라 병사 10여만 명이 모두 수수로 빠지니 수수의 물이 흐르지 못할 정도였다.

漢卒死者十餘萬人。漢卒皆南走山, 楚軍追擊至靈壁東睢水上。

漢軍卻, 為楚軍所擠, 多殺, 漢卒十餘萬人皆入睢水, 睢水為之不流。

한졸사자십여만인. 한졸개남주산, 초군추격지영벽동수수상.

한군각, 위초군소제, 다살, 한졸십여만인개입수수, 수수위지불류.

사마천은 '시체가 강물을 막아 강이 흐르지 못했다'라는 극단적인 묘사를 통해, 인간이 벌인 전쟁이 자연의 섭리마저 거스르게 했던 그날의 참혹함을 생생하게 증언했습니다.

하늘은 검붉은 연기로 뒤덮였고, 불타는 냄새가 성 안을 가득 채웠습니다. 이때 항우의 부하들이 외쳤습니다.

"폐하, 천하가 이제 안정되었습니다!"

그러나 항우는 대답하지 않았습니다. 그는 성벽 위에 올라 타오르는 불길을 바라보며 말없이 칼을 쥐었습니다. 그의 마음은 이미 차갑게 식어 있었고, 그 눈동자에서는 승리보다 더 깊은 공허가 번지고 있었습니다.

유방은 필사적으로 남쪽으로 도망쳤습니다. 이때, 그의 부친 태공과 부인 여치는 초군에게 포로로 잡혔습니다. 그러나 초군의 포위망을 뚫고 가까스로 탈출한 유방의 도망은 치욕의 행렬이었습니다. 수레는 무겁고, 추격은 맹렬했습니다.

유방의 옆에는 어린 자녀들이 있었습니다. 수레가 진흙에 빠지자, 그는 이를 악물고 아이를 부둥켜안았다가 내던졌습니다.

"저 아이들을 버리시오! 수레가 너무 무겁소!"

뒤에서 아이의 울음소리가 들렸습니다. 유방은 얼굴을 찡그리며 소리쳤습니다.

"다시 태어나도, 이 아이들은 날 원망하겠지."

그러나 그 옆의 하후영이 말에서 뛰어내려 아이를 품에 안았습니다.

"이 아이들은 대왕의 핏줄입니다! 천하를 얻는다고 한들, 이들을 버리신다면 무슨 의미가 있습니까!"

유방은 한동안 아무 말도 하지 않았습니다. 비바람에 젖은 그의 얼굴에서 눈물과 빗물이 함께 흘러내렸습니다. 그는 무겁게 고개를 떨구더니 중얼거렸습니다.

"이 또한 천하를 얻기 위한 길이라 생각했소만⋯ 하후영 그대가 옳소."

그는 아이를 다시 안고 수레에 올렸습니다. 그 이후에도 유방은 두 번이나 더 수레의 무게를 줄이려고 자식을 버리려고 했습니다.

사마천은 《사기》 속 〈항우본기〉에서 유방의 냉정한 생존 본능을 다음과 같이 기록합니다.

한왕(유방)이 도중에 효혜(훗날 한 혜제)와 노원공주를 만나 수레에 태워 함께 가다가, 초나라 기병이 한왕을 추격하자 한왕이 급해져서 효혜와 노원을 수레에서 밀어 떨어뜨렸다. 등공(하후영)이 항상 수레에서 내려 두 아이를 다시 태웠다. 이런 일이 세 번이나 반복되었다.

漢王道逢得孝惠, 魯元, 乃載行。

楚騎追漢王, 漢王急, 推墮孝惠, 魯元車下, 滕公常下收載之。如是者三。

한왕도봉득효혜, 노원, 내재행.

초기추한왕, 한왕급, 추타효혜, 노원차하, 등공상하수재지. 여시자삼.

그들은 마침내 초나라 기병의 추격에서 벗어나게 됩니다.

유방은 쫓기는 수레 속에서 외쳤습니다.

"살아야 하오! 살아남아 다음 싸움을 할 수 있는 것이오!"

그날 유방의 눈빛은 절망 속에서도 이상하리만치 맑았습니다. 그의 냉정함은 감정이 아니라, 끈질긴 생존의 의지에서 나왔습니다.

살아남은 유방은 말에서 내려 숨을 고르며 중얼거렸습니다.

"이것이 천하를 얻는 길이라면, 나는 아직 멀었구나."

그날 밤, 형양 근처의 초막에서 그는 장량과 마주 앉았습니다. 장량이 말했습니다.

"항우는 분노로 세상을 얻으려 합니다. 하지만 분노는 오래가지 못합니다. 지금은 싸워야 할 때가 아니라, 기다려야 할 때입니다."

유방은 고개를 끄덕였습니다.

"그대 말이 옳소. 불은 타오르지만 결국 사그라들고, 물은 천천히 흐르지만 끝내 바다에 이르지."

그날, 팽성의 하늘에는 불길이 타올랐고, 그 불은 천하의 운명을 갈랐습니다. 항우는 분노로 세상을 불태웠고, 유방은 패배 후 냉정하게 다음 기회를 노리고 있었습니다.

팽성전투는 단 한 번의 전투였지만, 그날의 불꽃은 천하의 잠룡들에게 오래도록 교훈이 되었습니다. 유방은 전투에서 완패했지만, 놀라운 회복력을 보였습니다. 그는 패주 도중에도 병사들을 수습하며 질서를 잡았고, 형양으로 이동해 항우의 추가 공격을 막았습니다.

그는 형양에서 장기전을 택하고, 진평을 통해 항우의 내부를 이간질하기 시작했습니다. 이때부터 초한의 전세는 서서히 반전되었습니다.

항우는 유방과 제대로 맞붙은 팽성전투에서 대승했지만, 팽성전투 이후 그 마음은 점점 감정의 폭풍에 잠식되어 갔습니다. 그는 유방이 자신을 능가할지도 모른다는 두려움을 분노로 덮었고, 그 분노는 복수심으로 변했습니다. 그 복수심은 병사들을 대량 학살해 강물을 막았고, 이 이후로 이성을 잃었다며 민심을 크게 잃습니다. 승리가 그를 더 강하게 만든 것이 아니라, 자존심의 포로로 만든 것입니다. 그의 오만은 냉정한 계산을 대신했고, 그 분노는 두려움의 다른 얼굴이었습니다.

항우가 '죽음을 두려워하지 않는 자존'이라면, 유방은 '살아남는 것을 포기하지 않는 냉정'이었습니다.

이후의 행보는 두 사람의 성격에 따라 극명하게 갈렸습니다. 항우는 승리에 도취해 "힘으로 세상을 다스릴 수 있다"라고 믿었습니다. 그러나 유방은 패배 속에서 "사람의 마음으로도 세상을 얻을 수 있다"라는 사실을 깨달았습니다.

항우는 공포로 충성을 세웠지만, 유방은 신뢰로 조직을 세웠습니다. 항우의 자존은 적을 두려워하지 않았지만, 유방의 냉정은 자신을 두려워하지 않았습니다.

사마천은 《사기》 속 〈회음후열전〉과 〈고조본기〉에서 항우와 유방에 대한 세간의 평가를 다음과 같이 기록합니다.

"항왕(항우)이 호통치면 천 명이 엎드리나, 현명한 장수를 믿고 맡기지 못하니 이는 단지 '필부의 용맹'일 뿐이다."

「項王喑噁叱咤, 千人皆廢, 然不能任屬賢將, 此特匹夫之勇耳。」

「항왕암오질타, 천인개폐, 연불능임속현장, 차특필부지용이.」

"패공(유방)은 본래 관대하고 큰 인물(長者)이다."

「沛公素寬大長者, 可遣。」

「패공소관대장자, 가견.」

즉, 항우는 용맹하나 사람을 쓰는 법을 몰랐고, 유방은 관대하여 간언을 받아들일 줄 알았다는 의미입니다.

12

벼랑 끝에서 길을 만드는 사람들

형양 공방전, 역발상의 전략

팽성전투 직후인 기원전 204년, 항우는 형양의 유방 세력을 토벌하라며 영포(英布)에게 강력하게 출병을 요구했습니다. 하지만 영포는 "병이 났다"라는 이유를 들며 4천 명의 병력만을 형식적으로 파견합니다. 이에 항우는 크게 분노했습니다. 그는 영포가 자신의 명령에 절대 복종할 것이라 믿었고, 영포를 철저한 '부하'로 인식하고 있었기 때문입니다. 하지만 영포의 마음은 이미 달라지고 있었습니다. 팽성전투 이후 천하의 구도가 흔들리자 영포는 자신을 더 이상 항우의 수족이 아니라, 독자적 세력을 지닌 하나의 '주체'로 보았습니다.

이 조용한 동상이몽이 두 사람 사이의 최초의 균열이었습니다. 이 틈을 유방이 파고들었습니다. 그는 책사 수하(隨何)를 영포에게 보내 심리전을 시작합니다. 수하는 영포에게 도착하기도 전에 "항우가 영포를 의심하고 있으며, 조만간 그를 죽이려 한다"라고 소문을 퍼트렸고, 이어 영포에게 "이제 항우와 유방 중 한쪽을 반드시 선택해야 한다"라고 압박했습니다. 이미 항우의 무리한 명령에 불만을 품고 있던 영포의 마음속 불안은 크게 흔들렸고, 결국 영포는 항우가 보낸 사신을 죽인 뒤 군대를 일으켜 초나라를 공격하기에 이릅니다.

항우는 이 소식을 듣고 크게 분노했으나, 제나라 전선과 유방의 압박이라는 이중 전쟁 때문에 직접 출병할 여력이 없었습니다. 그는 부장에게 영포 토벌을 맡기면서도 그가 얼마나 위험해졌는지를 절감했습니다. 결국 영포는 항우의 장수들과 몇 달간 싸운 끝에 패하여 단신으로 유방 진영으로 도망칩니다.

하지만 유방은 영포를 곧바로 환대하지 않았습니다. 그는 일부러 목욕 중이라며 "그냥 들어오라"라고 말해 영포의 체면을 짓밟았습니다. 이는 '너는 이제 초나라의 왕이 아니라, 한나라의 신하'라는 의미를 주기 위한 심리적 굴복 의식이었습니다. 영포는 처음에 굴욕을 견디지 못해 자결하려 했으나, 유방이 곧바로 호화로운 저택과 재물을 하사하자 금세 기뻐하며 한나라에 충성을 맹세했습니다. 영포는 체면보다 실리를 중시하는 현실주의적 인물이었기 때문입니다.

결국 항우와 영포의 갈등은 단순한 이익계산이 아니었습니다. 항우는 늘 영포를 '복종해야 하는 부하'로 취급했고, 영포는 자신을 항우와 함께 천하를 나누는 '동료'라고 생각했습니다. 인식의 간극이 벌어질수록 두 사람은 서로를 이해할 수 없었습니다. 항우가 강해도 사람을 잃은 이유, 유방이 약해도 사람을 얻은 이유는 바로 여기에 있습니다. 영포의 선택은 항우가 왜 고립되어 갔는지, 그리고 리더십의 본질이 무엇인지를 가장 극적으로 드러내는 사건이었습니다.

팽성전투에서 항우는 수십만 한군을 수몰시키며 압도적 승리를 거두었습니다. 유방은 겨우 탈출했고, 아버지와 부인까지 모두 항우에게 포로로 잡힙니다. 이때 항우는 유방을 일거에 끝낼 기회를 얻었지만, 제나라 공격으로 눈을 돌립니다. 이는 팽성에서 너무 큰 승리를 거두어 유방을 과소평가하고, 제나라의 반란을 '배신'으로 간주해 감정적으로 대응한 것입니다. 이 결정은 초한 전쟁의 또 다른 패착이 됩니다. 그 결과 항우는 성양(城陽)에서 장기간 소모전을 치르게 되며 중원(관중)을 장악할 기회를 유방에게 헌납합니다.

팽성전투 패배 후 유방도 생애 최대의 위기에 직면합니다. 이 위기는 위표(魏豹)의 배신으로 시작된 형양공방전 사건입니다. 유방이 팽성에서 대패하고 혼란에 빠지자, 그동안 복속했던 제후들이 차례로 등을 돌렸습니다. 그중 가장 치명적인 인물이 바로 위왕 위표였습니다.

유방이 패잔병을 수습하며 가까스로 전열을 정비하려 할 때였습니다. 위표가 유방에게 찾아와 간청했습니다.

"폐하, 신의 조모께서 병환으로 위독하십니다. 잠시 위나라로 돌아가 병간호하게 해주시옵소서."

유방은 위표를 의심하면서도, 상황이 급박하여 어쩔 수 없이 허락했습니다. 그러나 위표는 국경에 도착하자마자 곧바로 본색을 드러냈습니다. 그는 위나라를 통과하는 황하(黃河)의 나루터를 모두 막아버렸습니다. 위나라가 위치한 산서성 남부는 유방의 본거지인 관중과 주력군이 싸우고 있는 형양 전선을 잇는 핵심 보급로이자 생명선이었습니다. 이대로 위표가 항우와 연합하면 유방은 관중-형양-팽성으로 이어지는 전선 전체가 끊기고, 항우와 위표의 협공에 포위당하는 최악의 상황에 놓일 위기에 처합니다.

절망 속에서 유방의 시선은 단 한 사람, 한신에게 향했습니다.

"한신을 좌승상(左丞相)에 임명한다! 그에게 정예병을 주어 즉시 위표를 정벌하게 하라! 이 싸움에 한나라의 운명이 걸렸다!"

좌승상에 임명된 한신은 위나라를 향해 군대를 이끌었습니다. 그는 병사들에게 하수의 주요 나루터마다 수많은 배와 깃발을 세우게 했습니다. 멀리서 보면 한나라 주력군이 그곳을 건너기 위해 집결하는 것처럼 보였습니다.

한신의 미끼에 걸려든 위표의 시선이 주력 나루터에 쏠려 있을 때, 한신은 정예 부대만을 은밀히 이끌고 상류의 하양(夏陽)으로 이동했습니다. 그곳에는 뱃사공들이 나무를 엮어 만든 초라한 뗏목들이 기다리고 있었습니다. 한신은 병사들을 재촉했습니다.

"병사들이여, 이 뗏목을 타고 건넌다! 적들은 우리가 주력 나루터에서 대규모 도하를 시도할 것이라 예상하고 있을 것이다. 우리는 고요한 그림자처럼 그들의 수도 안읍(安邑)을 기습한다."

나무 뗏목에 몸을 실은 한나라 정예병들은 거센 하수 물결을 헤치고 소리 없이 강을 건넜습니다. 위표가 상상조차 하지 못한, 허를 찌르는 기습 도하였습니다.

한신이 하수를 건너 위나라 수도 안읍을 급습했을 때, 위표는 방심하고 있었습니다. 그의 주력 군대는 여전히 하수 나루터 방어에 집중되어 있었습니다.

"적이다! 한신이 나타났다!"

위나라 군대는 순식간에 혼란에 빠졌습니다. 수도가 발칵 뒤집힌 것입니다. 한신은 단숨에 안읍을 장악했고, 마침내 도망치려던 위왕 위표를 생포하는 데 성공했습니다. 그렇게 위나라는 순식간에 한나라의 군현으로 편입되었습니다.

유방은 이 승리로 관중과 형양을 잇는 생명선을 확보했을 뿐만아니라, 북방의 초나라 편 제후국들을 격파하고 천하 통일의 발판을마련하는 교두보를 얻었습니다. 한신의 탁월한 기만전술이 한나라를절체절명의 위기에서 구한 결정적 순간이었습니다.

한신이 북방을 평정하고, 항우가 제나라 평정에 예상보다 많은시간을 소모하는 사이 유방은 서쪽 완읍, 형양을 중심으로 방어선을구축해 중원으로 들어오는 길목을 장악했습니다. 뒤늦게 유방의 위협적인 기세를 눈치챈 항우는 다시 남하하여 유방을 압박하지만, 유방 측은 '형양'이라는 요충지에서 강력한 방어에 들어갑니다.

유방은 형양에서 항우의 주력군과 정면 대결을 펼쳤습니다. 유방은 형양성을 굳게 지키고, 오창(敖倉)의 거대한 곡식 창고를 이용해장기 항전을 이어갔습니다. 항우는 여러 차례 형양을 공격했지만 함락시키지는 못했습니다. 그러나 항우가 유방의 보급로를 반복적으로공격했기에, 장기화된 전투에 형양성 안 유방의 상황은 점점 악화되었습니다.

기원전 204년, 형양은 이미 오래도록 포위된 성이었습니다. 항우의 군대는 사방을 봉쇄했고, 성 안에는 연기 대신 굶주린 한숨만 가득했습니다. 밤이 깊을수록 성벽 위의 횃불은 더 흔들렸고, 병사들의 눈동자에는 피로를 넘어 절망이 깃들어 있었습니다.

그 중심에는 유방이 있었습니다. 식량은 바닥났고, 사기는 꺼져가며, 초나라의 포위망은 점점 조여 오고 있었습니다. 아무리 책사 장량과 진평이 있어도, 지금 포위된 이 성은 파도에 무너지는 모래성 같았습니다.

바로 그때 한 장수가 조용히 유방 앞으로 나왔습니다. 얼굴은 굳었지만 눈빛은 오히려 맑았습니다. 그가 바로 홍문연에 목숨을 걸고 동행했던 다섯 장수 중의 하나인 기신(紀信)이었습니다.

"한왕 폐하, 목숨을 이어야 천하를 되찾습니다."

유방은 마지막 남은 지도자답게 태연함을 유지하려 했으나, 기신은 그 눈 속 깊은 고뇌를 보았습니다. 그는 무릎을 꿇었습니다.

"폐하, 지금의 형세로는 싸울 수 없습니다. 그러나 패할 수도 없습니다. 폐하께서는 반드시 살아서 나가셔야 합니다."

유방은 그의 눈을 바라보며 말했습니다.

"나만 살아서 나가면, 이 성의 장졸들은 어떻게 되는가?"

기신은 잠시 침묵했습니다. 그리고 말했습니다.

"폐하가 죽으면, 이 성의 사람들 모두 죽습니다. 그러나 폐하가 사

초한지 인생 공부

시면 다시 천하를 모을 수 있습니다. 저에게 마지막으로 한 번… 대신 죽게 해주십시오."

유방의 표정이 흔들렸습니다. 그는 지금껏 많은 삶과 죽음을 보아왔지만, 이렇게 담담하게 "내가 대신 죽겠다"라고 말해온 이는 처음이었습니다.

드디어 기신의 양동작전이 시작됩니다.

성 밖 초군의 감시는 촘촘했습니다. 낮은 물론, 밤에도 초나라 병사들은 횃불을 들고 성문 앞을 지키며 "한왕이 도망치지 못하게 하라!"라는 항우의 명령을 수행하고 있었습니다.

유방은 자신이 움직이는 순간, 성의 모든 시선과 공격이 자신에게 집중된다는 것을 알고 있었습니다. 그런 상황에서 형양의 여자들이 초나라와의 심리전의 열쇠가 됩니다.

그날 밤, 형양의 동문이 아주 천천히 열렸습니다. 그 틈으로 나온 것은 병사도, 장수도 아닌, 머리를 풀어 헤치고, 거친 장삼을 입은 부녀자 약 2천 명이었습니다. 그러나 그들의 몸에는 갑옷이 걸쳐져 있었습니다. 초군은 멀리서 횃불 아래 그 모습을 보며 술렁였습니다.

"저것은… 병사인가? 아니면?"

여자들은 어깨에 갑옷을 걸치고, 두 손으로는 횃불을 들었습니다. 그 모습은 밤중의 불빛 속에서 마치 철갑을 두른 병사들처럼 보였습니다. 2천 명이라 기록된 그 긴 행렬은 동문에서 뱀처럼 이어져 성 밖으로 흘러 나갔습니다.

누군가 초군 진영에서 외쳤습니다.

"한왕이 병력을 이동시키는 것 같다!"

항우 진영은 잠시 혼란에 빠졌습니다.

여자들이 내는 울음 섞인 소리, 아이를 업은 모습, 그러나 갑옷을 걸친 형체는 멀리서 보면 병사들의 유인, 혹은 부대 이동처럼 착각하게 했습니다. 시선을 한쪽으로 쏠리게 하는 데 성공한 기신은 부하들에게 명령합니다.

"폐하의 수레와 옷을 가져오라."

유방의 곤룡포를 입은 기신은 마치 진짜 유방처럼 허리에 검을 차고 수레에 올랐습니다. 그리고 성문 밖으로 향하면서 외쳤습니다.

"성 안에 식량이 다했으니, 나 한왕 유방이 항복한다!"

이 외침은 포위를 이중삼중으로 둘러싼 초군에게 번개처럼 퍼졌습니다. 항우의 진영은 술렁였습니다. 항우는 성 북쪽에서 포로 심문을 하고 있다가 그 소식을 듣습니다.

"한왕이 항복했다고?"

누구보다 기세가 강했던 그는 "유방이 굴복할 리 없다"라는 가신들의 지적을 흘려듣고 '기신이 진짜 유방'이라 믿습니다.

초군 장수들은 환호하며 기신의 수레를 성 밖으로 끌어내렸습니다. 항우가 직접 나와 그를 내려다보며 말했습니다.

"유방, 드디어 무릎 꿇었구나."

기신은 미소조차 짓지 않았습니다. 그때, 형양성의 남문에서는 단 몇 기의 기병만을 거느린 유방이 밤의 어둠을 타고 조용히 빠져 나가고 있었습니다. 기신과 여인들이 벌이는 소란이 초군의 시선을 완전히 빼앗아준 덕분이었습니다. 유방의 말발굽은 먼지를 일으키며 서쪽으로 향했습니다. 관중을 향해, 다시 대권에 도전할 수 있는 땅으로.

기신이 진짜 유방이 아니라는 사실은 유방이 형양에서 사라졌다는 소식과 함께 순식간에 드러났습니다. 항우는 그 자리에서 분노로 얼굴이 붉게 달아올랐습니다.

"감히 나를 속였느냐!"

기신은 끌려가면서도 담담했습니다. 그는 항우를 노려보거나, 비굴하게 빌지도 않았습니다. 오히려 초군 병사들에게 이렇게 말했다고 합니다.

"한왕은 천하를 얻을 인물이다. 그를 살리기 위해 죽는다면, 이것은 영광이다."

항우는 그가 타고온 수레에 그를 묶고 장작을 쌓아 "불태워 죽이라"라고 명했습니다. 불길이 치솟고 연기가 하늘로 오르는 동안, 기신은 비명 한 번 지르지 않고 장엄한 최후를 맞이했습니다.

사마천은 《사기》 속 〈항우본기〉에서 기신의 희생 장면을 극적이고 장엄하게 서사함으로써 그의 공로와 의리를 높이 평가했습니다.

(형양성이 포위되어 위급해지자) 기신이 황금빛 덮개를 씌운 수레(황옥차)를

타고, 왼쪽에 깃발(좌독)을 세운 채 성 밖으로 나가 외쳤다. "성 안의 양 식이 다 떨어졌으므로, 한왕(유방)이 항복하노라!" 이에 속은 초나라 병 사들이 환호하며 유방의 탈출을 허용했으나, 나중에 가짜임을 알게 된 항왕(항우)은 기신을 불태워 죽였다.

紀信乘黃屋車, 傅左纛, 曰:「城中食盡, 漢王降。」 項王燒殺紀信。

기신승황옥차, 부좌독, 왈 : 「성중식진, 한왕항.」 항왕소살기신.

《사기》에서 기신은 〈항우본기〉와 〈고조본기〉에 이름이 등장하는 몇 안 되는 일반 장수 중 하나입니다. 그러나 사마천의 기록 체계에 서 본기는 제왕급 인물 전용이었습니다. 때문에 기신처럼 본기에서 중요한 역할을 한 인물은 그 자체만으로도 사마천이 그의 역사적 공 헌을 높이 평가했음을 의미합니다.

기신의 죽음은 단순한 충성의 상징이 아니라, 초한 전쟁 전체의 향방을 바꾸는 결정적 전환점이었습니다. 유방은 그것을 발판 삼아 관중으로 복귀해 군세를 회복했고, 한신은 위나라를 넘어 대(代), 조 (趙), 연(燕)을 평정하며 유방을 위해 완전히 새로운 제2의 전선을 개 척합니다.

유방은 위표의 배신과 항양공방전에서 절체절명의 위기를 맞이 했으나, 충신들의 희생으로 위기를 도리어 기회로 전환했습니다. 형 양에서 유방은 치욕적인 야반도주를 해야 했지만, 목숨을 건졌다는 것 자체가 승리였습니다.

초한지 인생 공부

항우에게는 유방을 제거할 기회가 두 번이나 있었으나, 모두 그의 결단력 부족과 심리적 오만 때문에 지나가고 말았습니다.

첫 번째 기회는 기원전 206년의 홍문연이었으나, 유방을 낮잡아보며 방심했기에 제거하지 못했습니다.

두 번째 기회는 기원전 204년 형양 공방전이었습니다. 범증이 제나라가 아닌 유방을 먼저 없애야 한다고 충고했지만, 항우는 제나라에 대한 분노를 다스리지 못하고 우선 공격을 감행했습니다. 이 치명적인 실수가 더해져 유방은 탈출했고, 항우는 제나라와 유방 어느 쪽도 잡지 못했습니다.

이 모든 선택은 항우의 심리적 약점에서 비롯된 것이었습니다. 전장에서 거의 패배를 모르던 항우에게는 "언제든지 이긴다"라는 자기확신의 오만이 깊게 새겨져 있었고, 그 확신은 "지금이 아니어도 유방은 언젠가 잡힌다"라는 착각까지 만들었습니다. 또한, 그는 전략적 우선순위보다 그 순간의 감정에 더 지배되는 사람이었습니다.

사마천은 《사기》 속 〈항우본기〉에서 항우의 이런 치명적인 심리적 약점을 다음과 같이 묘사합니다.

(항우는) 스스로 그 공로를 자랑하고, 그 사사로운 지혜만을 믿어 옛것을 본받지 않았으며, 패왕의 업적이란 것을 힘으로써 천하를 경영하려고 했다.

自矜功伐, 奮其私智而不師古, 謂霸王之業, 欲以力征經營天下。

자긍공벌, 분기사지이불사고, 위패왕지업, 욕이력정경영천하.

이 한 문장에 항우의 교만, 편협, 감정적인 태도, 힘의 의존이라
는 네 가지 치명적 결함이 응축되어 있습니다.

이렇게 보았을 때 항우는 적에 의해 무너진 것이 아니라, 스스로
무너진 것입니다. 오만은 결단을 흐리고, 분노는 우선순위를 뒤틀며,
참모에 대한 불신은 지혜의 마지막 끈마저 끊어냅니다. 이 두 차례의
유방 주살 기회 상실은 초한 전쟁의 승패뿐만 아니라 항우 자신의
운명을 결정한 결정적 패착이었습니다.

13

천하를 셋으로 나누자는
위험한 유혹

괴통의 천하삼분지계, 반란과 충성 사이

　한신이라는 이름은 이제 초한 전쟁의 중심으로 떠올랐습니다. 그는 유방 휘하의 단순한 장군이 아니라, 전쟁의 판도를 뒤흔드는 '결정권자'로 움직였습니다. 한신은 진창전투에서 이중 기습 작전을 펼쳐 용장 장한을 무너뜨리고 관중을 장악하였으며, 이를 통해 유방은 가장 중요한 후방 기지를 완전히 손에 넣었고, 초한 전쟁의 첫 토대가 마련되었습니다.

　기원전 204년, 천하는 아직 누구의 것도 아니었고, 전장의 운명은 한 번의 판단으로 뒤집히던 시기였습니다. 한신은 불과 수만의 병력을 이끌고 조나라의 관문인 정형으로 향했습니다. 그곳에는 20만에 이르는 조나라 대군이 진을 치고 있었고, 험준한 산길과 좁은 협곡은 방어하는 쪽에 절대적으로 유리한 지형이었습니다. 조나라 조정에서는 이 전투를 이미 끝난 싸움처럼 여겼습니다.

　하지만 조나라의 모사 이좌거(李左車)만은 달랐습니다. 그는 한신의 명성을 두려워하며, 정면충돌이 아니라 보급로를 끊어 지구전으로 끌고 가야 한다고 주장했습니다.

"한나라군은 멀리서 왔으니 식량이 끊기면 스스로 무너질 것입니다."

이는 병법의 정수에 가까운 계책이었습니다. 그러나 조나라의 장수 진여(陳餘)는 이를 비웃었습니다. 그는 수적 우위에 대한 자만에 사로잡혀 있었고, 한신을 '운이 좋았던 장수' 정도로 여겼습니다.

동이 트기 전의 어스름한 새벽, 한신은 조용히 군을 움직였습니다. 그는 2천 명의 기병에게 붉은 깃발을 들려 조나라 성 근처의 길목에 매복시키고, 나머지 본대는 강을 등지고 진을 치게 했습니다. 강물은 등 뒤에서 묵묵히 흐르고 있었고, 그 너머에는 물러설 길이 없었습니다. 이 광경을 본 조나라 정찰병들은 비웃음을 터뜨렸습니다. 강을 등지고 싸운다는 것은 병법의 금기였기 때문입니다. 조나라 진영에는 조롱과 웃음이 번졌습니다.

"도망칠 길을 스스로 끊다니, 저자는 전쟁을 모르는 자다."

그러나 그것은 한신의 냉혹한 계산이었습니다. 그는 병사들에게 돌아갈 길이 없다는 사실을 각인시켰습니다. 살기 위해서는 오직 앞으로 나아가 적을 무너뜨리는 수밖에 없다는 선택지만 둔 것입니다. 곧 조나라 대군이 성문을 열고 쏟아져 나왔습니다. 수십 배에 가까운 병력이 밀려오자 전장은 순식간에 아수라장이 되었습니다.

퇴로가 사라진 한나라 병사들은 도망칠 생각을 버리고 싸웠습니다. 강물 앞에서 밀리면 죽음뿐이라는 절박함이 그들의 팔과 다리에 힘을 실어 주었습니다. 평소라면 물러났을 상황에서도 그들은 물러서지 않았고, 쓰러져도 다시 일어났습니다. 조나라군은 수적 우위에도 불구하고 예상치 못한 저항에 발걸음이 묶였습니다.

그때였습니다. 난전이 한창인 틈을 타, 매복해 있던 2천 기병이 텅 비어 있던 조나라 성으로 돌격했습니다. 주력군이 빠져나간 성 안에서 저항할 수 있는 사람은 거의 없었습니다. 잠시 후 성벽 위에 붉은 깃발들이 차례로 올라갔습니다. 그것은 한나라의 깃발이었습니다. 전투 중이던 조나라 병사들이 뒤를 돌아보는 순간, 성벽을 가득 메운 붉은 물결이 눈에 들어왔습니다. 그들은 한신의 본대가 이미 성을 점령했다고 믿었습니다.

"우리 성을 빼앗겼다."

이 한마디가 공포처럼 번졌습니다. 사기는 순식간에 떨어졌고, 질서는 무너졌습니다. 도망치는 자가 늘어나자 전열은 완전히 흐트러졌습니다.

한신은 이 혼란을 놓치지 않았습니다. 그는 곧바로 공세를 강화했고, 조나라군은 더 이상 싸울 힘을 잃었습니다. 수적 우위는 의미를 잃었고, 전장은 패주하는 병사들로 가득 찼습니다. 정형(井陘) 전투는 그렇게 끝났습니다.

이 전투는 단순한 승리가 아니었습니다. 강을 등지고 싸운 배수의 진, 적의 오만을 이용한 심리전, 그리고 전장을 하나의 무대로 계산한 치밀한 전략이 만들어낸 결과였습니다. 사마천이 기록한 것처럼, 이날 정형에서 한신은 병력의 많고 적음이 아니라 인간의 심리와 판단이 전쟁의 승패를 가른다는 사실을 천하에 증명했습니다.

사마천은 《사기》 속 〈회음후열전〉에서 한신의 배수진 전략을 다음과 같이 긍정적으로 평가합니다.

사지(死地)에 빠뜨린 후에야 살 수 있고, 망하는 땅(亡地)에 둔 후에야 실존할 수 있는 법이다.

陷之死地而後生, 置之亡地而後存。

함지사지이후생, 치지망지이후존.

전투가 끝난 뒤, 한신은 사로잡은 조나라의 책사 이좌거의 포승줄을 직접 풀고 상석에 앉혔습니다.

"선생의 지혜를 빌려 연나라와 제나라를 얻고 싶습니다."

이좌거는 한신의 겸손함에 감동하여 입을 열었습니다.

"지금 대왕의 군대는 승리에 도취했으나 사실은 지쳐 있습니다. 이 피로한 군대로 연나라의 견고한 성을 치는 것은 하책입니다. 대신, 조나라에서의 승전보를 연나라에 먼저 보내 위엄을 떨치십시오. 그후 사신을 보내 '우리는 당신들을 멸망시키러 온 것이 아니라 천하를 바로잡으려 한다'라고 설득하면 연나라는 바람 앞의 풀처럼 누울 것입니다."

한신은 그의 말대로 연나라에 정중하지만 단호한 서신을 보냈습니다. 조나라 20만 대군이 하루아침에 궤멸했다는 소식에 떨고 있던 연나라 왕은, 한신의 사신이 전하는 평화의 제안을 받자마자 싸우지도 않고 항복을 선언했습니다. 전쟁의 폭풍이 휩쓸고 간 자리에 설득의 비가 내려, 단 한 방울의 피도 흘리지 않고 제국의 지도를 바꾼 것입니다.

기원전 204년 말, 한신의 검은 깃발이 동방의 마지막 강대국 제나라를 향하고 있었습니다. 제나라가 구원요청을 하자 위기를 느낀 항우는 자신의 가장 용맹한 장수 용저(龍且)에게 20만 정예군을 주어 제나라를 구원하게 했습니다. 양측 군대는 유수(濰水)라는 거대한 강을 사이에 두고 대치했습니다.

용저는 항우를 닮아 용맹했으나 오만했습니다.

"한신은 빨래터 아낙에게 밥을 얻어먹고 가랑이 사이를 기어간 겁쟁이다. 내 어찌 그를 두려워하랴!"

용저의 오만함은 한신이 파놓은 치명적인 함정의 시작이었습니다.

전투 전날 밤, 한신은 병사들에게 수만 개의 모래주머니를 만들어 유수 상류의 물길을 막게 했습니다. 강물은 서서히 차올랐으나 하류의 수위는 눈에 띄게 낮아졌습니다. 다음 날 아침, 한신은 직접 군대를 이끌고 강을 건너 용저를 공격했습니다. 하지만 얼마 지나지 않아 패배한 척 급히 강을 다시 건너 도망쳤습니다. 이를 본 용저는 비웃으며 외쳤습니다.

"내 저놈이 겁쟁이인 줄 알았지! 강을 건너 추격하라!"

초나라의 20만 대군 중 절반가량이 강 한복판에 들어섰을 때 한신은 깃발을 흔들었습니다. 그 순간 상류를 막고 있던 모래주머니들이 터졌습니다. 거대한 폭포수 같은 강물이 노도와 같이 쏟아져 내려왔습니다. 강 한가운데 있던 초나라 병사들은 비명 한 번 지르지 못한 채 물귀신이 되었고, 강 너머에 고립된 용저는 한신의 정예 기병들에게 단칼에 목이 잘렸습니다. 20만 대군이 물거품처럼 사라진 순간이었습니다.

유수의 승리로 제나라가 평정됨에 따라 항우는 동쪽 날개를 잃었고, 유방은 관중에서 동방에 이르는 거대한 대륙의 3분의 2를 손에 넣었습니다. 이제 천하라는 바둑판 위에서 한신은 단순한 돌이 아니라 바둑판 자체를 흔들 수 있는 '거대한 지렛대'가 되었습니다.

당시의 사람들은 소곤거리며 목소리 낮추어 말했습니다.

"한신이 유방을 도우면 한나라가 흥하고, 항우를 도우면 초나라가 일어난다. 그가 어디로 기우느냐에 따라 천하의 주인이 결정될 것이다."

이 압도적인 위엄 속에서 한신은 유방에게 사신을 보내 조심스럽게, 그러나 뼈 있는 요구를 던집니다.

"제나라 백성들은 교활하고 변덕이 심하며, 남쪽으로는 초나라와 맞닿아 있습니다. 이들을 다스리기 위해 저를 '임시 왕(假王, 가왕)'으로 삼아주시기를 청하나이다."

서신을 읽어 내려가던 유방의 얼굴이 붉으락푸르락 달아올랐습니다.

"내가 여기서 죽느냐 사느냐를 두고 항우와 싸우며 그대만 기다리고 있는데, 구원하러 오지는 못할망정 왕 자리를 내놓으라니!"

분노를 참지 못한 유방의 입에서 욕설이 터져 나오려던 찰나였습니다.

옆에 앉아 있던 장량이 탁자 밑으로 발을 뻗어 유방의 발등을 세게 밟았습니다. 유방이 당혹감에 장량을 쳐다보자, 장량은 눈짓으로 사신을 가리키며 낮은 목소리로 속삭였습니다.

"대왕이시여, 지금 한왕(유방)의 형세가 불리한데 어찌 한신이 왕이 되는 것을 막으실 수 있겠습니까? 차라리 그를 진짜 왕으로 세워 마음을 얻으시고, 그로 하여금 제나라를 지키며 항우를 치게 하는 것이 상책입니다. 만약 지금 거절하신다면 한신은 곧바로 반기를 들 것입니다."

유방은 찰나의 순간에 상황을 파악했습니다. 그는 타고난 유연함으로 표정을 순식간에 바꾸며 호탕하게 웃어젖혔습니다. 사신이 당황할 정도로 그의 연기는 완벽했습니다.

"허허, 사나이가 제후를 평정했으면 마땅히 '진짜 왕'이 되어야지, 어찌 '임시 왕' 따위를 한단 말이냐!"

유방은 그 자리에서 장량을 사신으로 보냈습니다. 장량은 한신에게 달려가 유방의 인장을 전하며 그를 정식 제나라 왕으로 봉했습니다. 한신은 유방의 넓은 도량에 감격하며 군대를 정비해 항우를 압박하기 시작했습니다. 하지만 유방의 마음속에는 한신을 향한 차가운 칼날이 겨눠지기 시작한 순간이기도 했습니다.

이것이 훗날 비극의 씨앗이 될 '가왕' 사건의 시작이었습니다.

이러한 한신의 곁에는 책사 괴통(蒯通)이 있었습니다. 괴통의 정확한 출생 연대와 가계는 분명하지 않으나, 대체로 제(齊) 지역 출신의 설객(說客, 유세가)으로 전해집니다. 그는 진말·한초의 격변기를 온몸으로 겪으며, 전통적 병가사상과 종횡가(縱橫家, 춘추전국시대의 외교적 책략을 제시했던 유세가)의 현실주의를 함께 익힌 정치·군사 전략가로 성장하였습니다.

젊은 시절부터 그는 제 땅의 상공인, 호족, 낙인객들과 폭넓게 교유하며 형세와 민심을 읽는 법을 익혔습니다. 산동의 해연과 태산권을 등지고 내륙과 바다의 길목을 아우르는 제의 지리적 강점을 누구보다 잘 이해했고, 대군을 유지하는 데 필요한 곡창, 염업, 해상 교통의 가치에 밝았습니다. 이러한 현실 감각은 훗날 한신에게 제왕을 권하는 논리의 토대가 되었습니다.

진시황 사후, 호해와 조고로 이어지는 진의 전제와 폭정은 민심을 하락시켰습니다. 기원전 209년 진승과 오광의 봉기 이후 각지에서 군웅이 들고일어나자, 괴통은 성급히 한 편에 붙기보다 형세의 향배를 지켜보았습니다. 그는 군세의 다과보다 지속 가능한 병량과 민심의 귀속을 우선으로 따졌고, 명분만 큰 봉기는 오래가지 못함을 간파하였습니다. 제 지역에서도 전씨 잔존 세력과 지방 호족이 항거하였으나, 괴통은 그 틈바구니에서 무턱대고 벼슬을 구하지 않았습니다. 대신 유세가로서 각 진영과 접촉하며, 어디에 '살아 있는 길'이 있는지 정치 지리적 지도를 머릿속에 그려나갔습니다.

초한 전쟁이 본격화하자 괴통의 눈은 자연히 한나라군의 상승세와 한신의 북방 정벌로 향했습니다. 한신은 한나라 유방의 중용 이후 연나라와 조나라를 거쳐 제나라에까지 파죽지세로 정복했고, 제나라의 옛 도성 임치(臨淄)를 중심으로 광대한 영토와 수십만 병력을 거느린 실력자가 되었습니다. 이때가 바로 괴통이 무대 전면에 등장하는 순간입니다.

괴통은 전격적으로 한신을 찾아가 설득하였습니다. 핵심은 명료했습니다.

"지금 대인은 지리, 병력, 민심의 삼세(三勢)를 얻었으니, 한나라의 일개 장수로 스스로를 가둘 필요가 없습니다. 제의 곡창과 바다의 통로는 장수의 군량을 무궁하게 하며, 태산과 제수의 험준함은 방어에 유리합니다. 지금 자립하여 제왕으로 서고, 초·한의 대세를 관망하면서 천하의 변을 기다려도 늦지 않습니다."

사마천은 《사기》 속 〈회음후열전〉에서 괴통의 제안을 다음과 같이 기록하고 있습니다.

괴통이 한신에게 말했다. "지금 당신은 수천 리의 영토와 수십만의 병사를 거느렸으니, 차라리 스스로 왕이 되어 천하의 변고를 기다리는 것이 어떻겠습니까?"

蒯徹說韓信曰:「今足下地方數千里, 士卒數十萬, … 不如立為王, 以待天下之變。」

괴철세한신왈: 「금족하지방수천리, 사졸수십만, … 불여입위왕, 이대천하지변.」

괴통의 설득은 단순한 야심의 부추김이 아니었습니다. 그는 냉정하게 권력의 심리를 짚었습니다.

"공이 너무 크면 임금은 의심합니다. 대인이 공을 이루어도 능히 다스리기 어렵기에 머지않아 위기의 날이 옵니다. 충성으로만 스스로를 지키려 하면, 훗날 의심이 덮칠 때 구원할 논리와 힘이 없게 됩니다."

이 말은 한신의 내면 깊은 불안을 건드렸습니다. 그는 충의의 가치를 믿었으나, 동시에 거듭된 승전과 제나라 평정으로 생긴 자신의 무게를 누구보다 잘 알고 있었습니다. 유방이 자신을 무서워할지도 모른다는 두려움과 지금의 공을 제도화하고 안전판을 마련해야 한다는 현실 감각이 충성과 자립 사이의 갈등을 키웠습니다.

괴통은 더욱 세밀하고도 냉혹한 논리를 들이밀었습니다.

"대왕, 지금 제나라 땅은 단순히 전리품이 아닙니다. 이곳의 풍부한 경제 기반과 병참의 지속성은 대왕을 지탱하기에 충분합니다."

괴통은 탁자에 펼쳐진 지도를 가리켰습니다.

"게다가 동쪽으로는 바다가, 서쪽으로는 태산이 천연의 방어선이 되어줍니다. 북방의 잔여 세력들과의 충돌도 피할 수 있을 것입니다. 이는 곧, 대왕께서 독립적인 왕국을 세울 완벽한 전략적 지형이라는 뜻입니다."

한신은 자리에서 벌떡 일어났습니다.

"이보시오, 괴통! 지금 나에게 역모를 꾀하라는 것이오? 나는 한
왕(유방)에게 충성을 맹세했소!"

괴통은 태연하게 한신을 진정시켰습니다.

"대왕, 소인의 제안은 도덕을 거슬러 반역을 꾀하라는 것이 아닙
니다. 이는 냉혹한 안전 설계입니다. 지금 대왕의 공로가 하늘을 찌르
니, 한왕은 겉으로는 기뻐하나 속으로는 이미 의심하고 있습니다."

괴통은 유연한 외교 기법을 제시했습니다.

"왕으로서 서신 후에도, 외교는 유연해야 합니다. 초나라와 일시
적으로 연합할 수도 있으며, 한나라와 느슨한 연합 관계를 유지할 수
도 있습니다. 형세가 한쪽으로 기울면, 대왕께서는 곧 변통(變通)해야
합니다."

괴통은 한신의 눈을 똑바로 바라보며 마지막 말을 덧붙였습니다.

"지금은 영웅의 시대입니다. 대왕의 명성이 곧 죄가 될 수도 있는
시대입니다. 현실 권력의 의심 앞에서, 스스로를 지킬 수 있는 제도
적 장치를 서둘러 마련하지 않으면, 대왕께서는 조만간 화를 입게 될
것입니다! 왕의 자리에 오르는 것은 반역이 아니라, 생존을 위한 가
장 확실한 방패입니다!"

한신은 즉답을 피했습니다. 그는 충성의 의리와 현실의 자기보존
사이에서 심리적 균형을 잃기 시작했습니다. 괴통이 한신을 설득하

며 한 모든 말들은 그가 지리, 경제, 심리를 동시에 설계하는 유세가였음을 보여줍니다. 한마디로 괴통은 '형세의 설계자'였고, 그의 언설은 장수의 마음에서 출발하여 국가의 구조로 귀결되는 위험한 설득이었습니다.

괴통은 한신이 제나라를 평정해 독립 가능한 물적·지리적 기반을 갖추었을 때 과감히 접촉하여, 의심의 정치 속에서 장수가 스스로를 지킬 방법을 냉정하게 제시했습니다. 이 만남은 한신 개인의 운명을 흔들었을 뿐만 아니라, 유방 진영 내부의 신뢰 구조에도 균열을 예고하는 사건이었습니다.

괴통이 떠난 밤, 한신의 마음속에는 묵직한 파문이 일었습니다. 그는 장막 안에서 홀로 괴통의 말을 되새기며, 오랫동안 불을 끄지 못했습니다.

한신은 과거의 자신을 떠올렸습니다.

굶주림에 시달리다 노파에게 밥을 얻어먹었던 일, 거리의 건달에게 모욕을 당해 다리 밑을 기어가며 수치를 견디던 시절, 그는 그 모든 굴욕을 삼키며 스스로를 다스렸습니다.

"때를 기다리면 반드시 쓰임을 얻으리라."

그 인내가 지금의 자신을 만들었다는 사실을 누구보다 잘 알고 있었습니다. 그러나 지금 그는 천하의 명장, 수십만 군을 거느린 제나라 왕이었습니다. 그의 마음 한편에는 "이제 나를 다스릴 자는 없다"라는 자존감이 피어올랐습니다.

괴통의 말은 바로 그 자존을 비집고 들어왔습니다. 후일 괴통은 한신에게 더 구체적인 제안을 합니다.

"지금 천하는 크게 세 세력으로 나뉘었다고 볼 수 있습니다. 서쪽에는 한나라, 동쪽에는 제나라, 그리고 남쪽에는 초나라가 있습니다. 장군은 제나라를 기반으로 삼으십시오. 이렇게 되면 세상의 형세는 셋으로 나뉘어 완벽한 균형, 즉 '천하삼분지계(天下三分之計)'를 이루게 됩니다. 그때가 되면 한왕(유방)과 초왕(항우)이 서로 피 흘리며 싸우는 동안, 장군은 가장 안전한 위치에서 천하의 판세를 지켜보며 최종 승리자를 가려내는 심판관 역할을 할 수 있습니다."

한신은 또다시 아무 말도 하지 않았습니다. 그는 눈을 감고 괴통의 말을 곱씹었고, 가끔은 고개를 끄덕이다가 이내 한숨을 내쉬었습니다.

"내가 유방을 따라 천하를 평정했건만, 그는 나를 진심으로 믿고 있는가?"

그 질문은 대답 없는 회오리처럼 마음속을 맴돌았습니다. 그는 충신으로 남고 싶었습니다. 그러나 동시에, 이용만 당하고 버려질지도 모른다는 공포가 그를 괴롭혔습니다. 괴통의 말 한마디 한마디가 그 불안을 현실처럼 구체화시켰습니다.

사마천의 《사기》 속 〈회음후열전〉에서는 한신의 이러한 마음속 갈등을 다음과 같이 표현하고 있습니다.

임금이 욕을 당하면 신하는 죽고, 임금이 근심하면 신하는 수고해야 한다.

主辱臣死, 主憂臣勞。

주욕신사, 주우신로.

하지만 그 신념을 되뇌는 목소리 속에는 흔들리는 의문이 있었습니다.

'그렇다면, 임금이 신하를 의심할 때는 어떻게 해야 하는가?'

그는 스스로도 답을 내릴 수 없었습니다.

괴통은 사례를 들어 다시 유세합니다.

"월나라의 대신이었던 문종(文種)을 보십시오. 그는 망한 나라를 다시 일으켜 세우고, 구천 왕을 천하의 맹주(패자)로 만드는 엄청난 공을 세웠습니다. 그 덕분에 큰 명성을 얻었지만, 결국 자신은 비극적인 죽음을 맞았습니다. 이것이 바로 세상의 이치입니다. 들판의 사냥감이 모두 사라지고 나면, 더 이상 필요 없어진 사냥개는 삶아 먹히는 법입니다."

한신은 그날 이후 며칠 동안 괴통을 다시 부르지 않았습니다. 그러나 그의 마음속에서는 이미 괴통의 목소리가 떠나지 않았습니다. 전쟁터의 함성보다 더 크게, 속삭임이 귓가를 울렸습니다.

"충신으로 죽을 것인가, 왕으로 살아남을 것인가."

이 무렵 유방은 한신의 태도를 눈치채기 시작했습니다. 그는 보고를 받으며 한신을 의심하기 시작했고, 견고했던 둘 사이에는 서서히 균열이 가고 있었습니다.

"한신이 제 땅을 장악한 채, 명령에 늦게 응한다고 하니 그 뜻이 수상하다."

한편, 한신은 여전히 유방의 명령을 따르며 표면상 충성을 유지했지만, 그의 눈빛에는 더 이상 예전의 단단한 확신이 없었습니다.

괴통의 '천하삼분지계'는 실제 실행되지 않았지만, 그 말 한마디가 이미 한신의 마음을 갈라놓고 있었습니다. 그의 내면은 충성과 불안 사이에서 흔들렸습니다.

천하의 대세가 요동치던 시기, 두 명의 전략가가 같은 이름의 계책을 내놓았습니다. 하나는 한나라의 괴통, 다른 하나는 400년 뒤 삼국시대의 제갈량(諸葛亮)이었습니다. 그들이 내세운 것은 모두 '천하삼분지계'였습니다.

그러나 한 사람은 그 계책을 듣지 않아 몰락하고, 다른 한 사람인 유비는 제갈량의 제안을 받아들여 새로운 국가를 세웁니다. 그 차이는 단순한 전략의 차이가 아니라, 리더가 '말을 받아들이는 태도'에서 비롯된 운명의 갈림길이었습니다.

"임금이 근심하면 신하는 수고해야 하고, 임금이 욕을 당하면 신하는 죽어야 한다."

이 말은 한신의 진심이었지만, 동시에 시대의 냉혹함을 모르는 낭만적인 충성의 선언이기도 했습니다. 한신은 의리로 천하를 얻을 수 있다고 믿었고, 그 믿음 때문에 결국 의심 속에서 스스로 무너집니다. 유방은 그를 두려워했고, 한신은 그 두려움을 이해하지 못했습니다.

한신은 '나는 유방의 일등 공신이다'라는 자아상과 '유방은 나를 두려워하고 제거할지도 모른다'라는 불편한 진실 사이에서 심리학적 '인지적 부조화'를 겪었습니다. 이 고통을 해결하기 위해 그는 진실을 직시하기보다 '내가 충성을 다하면 괜찮을 거야'라며 상황을 왜곡해서 믿는 심리적 방어기제를 사용했습니다. 결국 이 부조화를 해소하기 위한 안일한 믿음이 그의 판단력을 흐리게 했습니다.

이에 비해 삼국지의 유비는 제갈량의 말을 귀로만 듣지 않고, 마음으로 받아들였습니다. 제갈량은 유비에게 말했습니다.

"지금 천하는 조조가 북을 차지하고, 손권이 동남을 지키며, 중앙은 혼란스러우니, 당신께서는 형주와 익주를 취해 서쪽에 근거를 두십시오. 그리하면 천하가 셋으로 나뉘어 균형을 이룰 것입니다."

유비는 그 계책을 받아들였고, 결국 조조 및 손권과 삼국지의 구도를 이루었습니다. 그는 당장 천하를 얻지 못했지만, 천하의 균형 속에 자신의 생존과 이상을 보존했습니다. 그리하여 유비는 후일 촉한을 세우는 초석을 세웠습니다.

결국 한신과 유비의 차이는 지략의 수준이 아니라 '태도의 차이'였습니다. 한신은 세상의 냉혹한 변화를 알고도 듣기를 두려워한 힘 있는 지도자인 반면, 유비는 아직 천하를 얻지 못했지만 듣기를 두려워하지 않은 지도자였습니다. 한신은 충성을 지켰으나 귀를 닫았고, 유비는 이상을 좇으면서도 귀를 열었습니다.

천하가 유방에게로 기울자 유방의 마음에는 새로운 불안이 싹텄습니다. 전쟁의 시기에는 한신이 필요했지만, 평화가 오면 한신은 위험한 존재가 될 가능성이 있었습니다. 그는 천하를 평정한 장수였고, 병사들은 여전히 그 이름을 두려워했습니다. 유방은 그를 신뢰했으나, 동시에 그를 경계했습니다.

한신 또한 유방의 의심을 느끼고 있었습니다. 그의 공이 너무 컸고, 그의 재능이 너무 빛났습니다. 그 빛이 왕의 그림자를 가릴까 두려워한 순간, 신뢰의 균열이 일었습니다. 괴통의 '천하삼분지계'를 거부하고 충성을 택했던 한신은, 그 충성심으로 인해 결국 고립되어 갑니다.

유방은 그가 반역할 뜻은 없다는 것을 알고 있었지만, "그럴 수도 있다"라는 가능성 자체를 두려워했습니다. 권력의 정점에 선 리더에게는 의심이 가장 치명적인 독이고, 그 독은 천천히, 그러나 확실히 제국의 중심으로 퍼져 갑니다. 한신이 쌓아 올린 전장의 업적과 냉정한 인내, 침착함은 권력자에게는 '위험한 침묵'으로 보였고, 그의 능력은 권력자에게는 점점 '불안의 씨앗'이 되어 가고 있었습니다.

14

패배의 감정을 힘으로 바꾸는 법

'내면의 분노'를 거대한 힘으로 전환한 전쟁의 신

천하의 유방도 두려워하게 만든 한신을 정상에 세운 능력이 과연 무엇이며, 한신의 내면은 무엇으로 움직였을까요?

한신의 젊은 시절은 가난과 멸시로 얼룩져 있었습니다. 사람들은 비웃었고, 아이들까지 그를 조롱했습니다. 하지만 한신의 눈빛은 그때 이미 멀리, 천하의 전장을 향하고 있었습니다. 그 굴욕의 순간은 그에게 상처가 아니라 원동력이 되었습니다. 그는 그 수치를 부정하지 않았습니다.

오히려 그것을 마음속 깊이 묻어두고, 다시 꺼내 쓸 날을 기다렸습니다. 그의 분노는 복수가 아니라 설계의 에너지로 바뀌었습니다. 그는 언젠가 자신을 조롱했던 이들이 잊은 채 살고 있을 때, 자신은 냉정한 전략으로 세상을 움직이는 장수가 되어 있을 것을 확신했습니다. 한신에게 굴욕은 단순한 수모가 아니었습니다. 그것은 자신을 단련하는 도구, 그리고 인내를 배우는 과정이었습니다.

누구나 분노를 느낍니다. 하지만 그 분노를 복수로 쓸지, 설계의 동력으로 쓸지는 인간의 존재 방향을 가르는 결정적인 갈림길이 됩니다. 한신은 그 길에서 복수를 포기하고 설계를 택했습니다.

그의 내면에 쌓인 수치는 훗날 전장을 제압하는 냉철함으로 변했고, 그 기억의 불씨는 그에게 천하를 움직이는 힘이 되었습니다. 한신의 내면에는 감정이 폭발하지 않고 흐르는 법을 아는 묘한 질서가 있었습니다. 그는 분노를 삼키는 대신, 그것을 분석했습니다.

첫 번째 단계는 단순한 '분노의 인식'입니다.

"나는 무시당했다."

그는 자신이 느낀 수치와 분노를 부정하지 않았습니다. 감정을 억누르지 않고, 오히려 명확히 바라보는 것. 그것이 한신의 첫 번째 승리였습니다.

두 번째 단계는 '감정의 지연'입니다.

보통 사람은 모욕받으면 즉각 반응합니다. 칼을 뽑거나, 말로 갚거나, 마음을 닫습니다. 그러나 한신은 달랐습니다. 그는 즉시 움직이지 않았습니다. 그의 분노는 불이 아니라 불씨로 남았습니다. 시간이 흐르면서 감정은 불타오르지 않고, 응축되어 힘으로 바뀌었습니다. 그는 싸움의 때를 기다리며 스스로를 다스렸습니다.

세 번째 단계는 '전략화'입니다.

그는 자신이 겪은 수치를 감정이 아닌 설계의 에너지로 바꾸었습니다. "그들은 웃었고, 나는 참았다. 이제 그 배경이 전장이 되면, 내가 이길 것이다." 그의 분노는 전술로 변했고, 모욕은 병참의 계산이 되었습니다. 그는 모든 감정의 파동을 지적 구조로 재조립하며, 전쟁을 감정의 폭발이 아니라 이성의 설계도로 만들었습니다.

마지막 단계는 '검증 루프'입니다.

그는 단 한 번의 대승을 기다리지 않았습니다. 작은 전투에서 먼저 자신이 설계한 전략을 시험했습니다. 적의 반응을 관찰하고, 병사들의 사기를 읽고, 실패는 다시 기록이 되어 다음 싸움의 재료가 되었습니다. 그렇게 한신은 검증을 통해 얻은 통찰을 반복적으로 다듬어 '자신감'이라는 이름의 확신으로 성장시켰습니다.

이 네 단계, 분노의 인식, 지연, 전략화, 검증은 단순히 한 장수의 성격이 아니라, 한 인간이 자신의 감정을 무기화한 과정이었습니다. 그는 감정에 휘둘리지 않았습니다. 오히려 감정을 구조화함으로써 냉정한 전장의 지휘자가 되었고, 이 과정은 훗날 진창의 기습전과 정형의 배수진 같은 역사적 승리의 심리적 매뉴얼로 작동하였습니다.

한신의 진창전투 때 일입니다. 그는 연막을 위해 쓰지 않는 낡은 잔도를 수리하여 이목을 집중시킨 뒤, 진창 쪽으로 조금씩 이동하며 우회 공격을 노렸습니다.

달빛도 없는 밤, 병사들은 숨을 죽이고 바위 사이를 기어갔습니다. 쇠붙이 소리 하나 새어나가지 않게 단단히 결속한 그들의 진격은,

폭풍전야의 정적과 같았습니다. 산에서 안개가 자욱한 협곡을 빠져 나올 때, 한신은 조용히 손을 들었습니다.

"지금이다."

그의 명령에 맞춰 병사들이 일제히 매복을 풀고, 허술한 진창 관문을 번개처럼 돌파했습니다. 초나라군은 잔도 수리 소식에만 집중하고 있었기에 이 돌격이 일어났을 때는 이미 모든 것이 끝나 있었습니다. 진창의 수비군은 한밤중에 포위되었고 새벽이 오기도 전에 깃발은 한나라의 검은색으로 뒤덮였습니다.

한신은 함성을 내지 않았습니다. 승리는 소리 없이 완성되었습니다.

이 전투의 본질은 냉정의 미학이었습니다.

그는 '체면'을 버리고 '성과'를 택했습니다. 승리를 위해서라면 정면돌파보다 우회하여 포위하거나, 연막을 친 뒤 기습하는 작전도 감행했습니다. 한신은 허세를 전술로 바꾸고, 침묵을 승리의 언어로 삼았습니다.

한신은 전투가 끝난 후에도 결코 흥분하거나 자만하지 않았습니다. 그가 가장 먼저 한 일은 전리품의 분배가 아니라 전과의 정리였습니다. 그는 병사 하나하나의 공적을 기록하게 하고, 화살을 쏜 횟수, 적의 깃발을 빼앗은 순간, 그리고 누가 먼저 돌파구를 열었는지를 꼼꼼히 따졌습니다. 심지어 이름이 알려지지 않은 말단 병사라도 공이 있으면 그 자리에서 상을 내렸습니다.

"전쟁은 칼끝으로만 이기는 것이 아니라, 믿음으로 이기는 것이다."

그의 목소리는 단호했고, 병사들은 그 단호함 속에서 공정함을 느꼈습니다.

반대로, 명령을 어기거나 허세로 병사들을 위험에 빠뜨린 자에게는 즉각적인 처벌이 내려졌습니다. 그는 "한 사람의 교만이 백 명의 생명을 위태롭게 한다"라고 말하며, 감정이 아닌 원칙으로 처벌했습니다. 그 단호함은 공포를 낳았지만, 동시에 신뢰를 만들었습니다. 병사들은 "이 군대에서는 감정이 아니라 규율이 통한다"라고 믿기 시작했습니다. 이제 군영에는 묘한 긴장감 대신 질서 있는 에너지가 흐르기 시작했습니다.

질투하던 장수들은 명확한 역할 분담으로 경쟁이 아닌 협력으로 돌아섰고, 병사들의 분노와 피로는 '다음 전투의 동기'로 바뀌었습니다. 한신은 승리의 열기 속에서도 늘 냉정했습니다. 그는 포상과 처벌을 나란히 세워 감정을 규율로 구조화했습니다. 감정은 금세 사라지지만, 규율은 다음 싸움의 힘을 남깁니다. 그리하여 그의 군대는 두려움으로 움직이지 않고, 신뢰로 움직이는 군대로 변했습니다. 한신의 리더십은 단순한 명령이 아니라, 공정한 기억의 시스템이었습니다.

초기의 한신은 결핍이 만들어낸 냉정한 인간이었습니다. 그는 굶주림 속에서 계산했고, 모욕 속에서 인내했습니다. 승부를 서두르지 않았고, 복수를 감정이 아니라 설계의 문제로 다뤘습니다. 이 시기의 한신에게 '분노'는 폭발이 아니라 연료였습니다. 그는 마음의 불을 차

초한지 인생 공부

갑게 태워서 전략으로 바꾸는 법을 알고 있었습니다.

그러나 한신은 신이 아니었습니다. 그도 인간이기에 승리가 쌓이자 그 냉정함은 서서히 금이가고 있었습니다. 이름이 천하에 울려 퍼지고, 유방조차 그의 공을 인정하자, 한신의 내면에선 새로운 위험이 피어났습니다. 그것은 패배에 대한 두려움이 아니라, 성공의 도취였습니다.

이제 그는 감정을 통제하는 것이 아니라 감정에 통제받지 않는 자처럼 보이려 했습니다. 과거에는 자신을 낮춰 세상을 읽었지만, 이제는 세상이 자신을 읽는다고 믿었습니다. 이 시점에서 한신은 가장 중요한 위험요인 관리의 원칙을 잊었습니다. 공은 나누어야 안전하다는 사실입니다. 그의 주위에는 괴통처럼 냉정하게 균형을 제시할 이들이 있었지만, 그는 그들의 조언을 예전만큼 귀담아듣지 않았습니다. 공이 커질수록 자존도 부풀었고, 자존이 부풀수록 그의 판단력도 흐려지고 있었습니다.

결국, 한신의 최대 위험은 적이 아니라 자기 내부의 팽창이었습니다. 초기의 결핍이 그를 절제하게 했다면, 후기의 충만은 그를 방심하게 했습니다. 그가 냉정함을 잃어가는 순간, 그의 전략은 계산이 아니라 감정이 되어갔고, 그의 감정은 마침내 유방의 의심과 괴통의 천하삼분지계의 유혹 사이에서 흔들렸습니다. 한신은 자기 내면의 균형을 점점 잃어갔고, 이것이 한신이 끝내 지켜내지 못한 마지막 전선이 되었습니다.

사마천은 《사기》 속 〈회음후열전〉에서 한신의 처세에 대한 아쉬움을 다음과 같이 기록합니다.

만약 한신이 도리를 배워 겸손하고 사양하며, 자신의 공로를 뽐내지 않고, 그 능력을 자랑하지 않았더라면, 한나라에서 주공, 소공, 강태공의 공적과 비견될 수 있었을 것이다.

假令韓信學道謙讓, 不伐己功, 不矜其能, 則庶幾其於漢家可以比周·召·太公之烈。

가령한신학도겸양, 불벌기공, 불긍기능, 즉서기기어한가가이비주·소·태공지렬.

15

제국의 보이지 않는 두 날개

소하와 역이기의 전략 심리학

초한 전쟁의 거대한 서사를 칼날과 함성으로만 기억한다면, 우리는 그 역사의 절반만을 보는 것입니다. 유방과 항우의 싸움이 눈에 보이는 칼과 병력의 전쟁이었다면, 소하와 역이기가 벌인 싸움은 보이지 않는 머리와 혀의 전쟁이었습니다.

먼지 자욱한 전장 너머, 제국의 맥박을 뛰게 한 진짜 승부처는 따로 있었습니다.

소하는 조직의 구조와 위험요인을 설계한 행정의 두뇌였습니다. 혼란 속에서도 질서를 세우고, 혼란스러운 군영을 하나의 체계로 묶어낸 사람이었습니다. 반면 역이기는 사람의 마음을 읽고 움직이는 언어의 장인이었습니다. 그는 단 한마디로 유방에게 천하의 길을 열어 주었고, 말의 힘으로 민심을 붙잡았습니다.

이 두 사람은 칼을 들지 않고도 전쟁에 이겼으며, 유방의 승리를 일시적 제압이 아닌 지속 가능한 제국의 형태로 바꿔놓았습니다. 그들의 전장은 피가 흐르지 않았지만, 그 안에는 냉정한 판단과 치밀한 설계, 그리고 사람의 마음을 다루는 심리의 기술이 숨겨져 있었습니다. 결국 한나라의 천하는 이 두 사람의 머리와 혀가 함께 만든 보이지 않는 전쟁의 승리 위에서 완성되고 있었던 것입니다.

소하는 패현 풍읍(豊邑) 사람으로, 법률에 정통하고 일 처리가 공정하여 누구나 그를 따랐습니다. 그는 젊은 시절부터 행정 실무를 맡아 묵묵히 일했으며, 직급은 낮았으나 그 판단과 책임감은 뛰어났습니다. 그가 아직 한직 관리였을 때, 유방은 지방의 소규모 관직에 있던 평범한 인물이었습니다.

그러나 소하는 일찍이 그의 기개와 성품 속에서 남다른 가능성을 보았습니다. 유방이 법을 어겨 곤경에 처했을 때마다 소하는 여러 번 그를 변호하고 감싸주었습니다. 관직에서 유방이 정장이 되었을 때도 소하는 항상 곁에서 조용히 일을 처리하며, 한결같은 충직함으로 그를 보좌했습니다.

진나라 시절, 중앙의 어사가 지방 정무를 점검하러 내려왔을 때 소하는 그와 함께 일하게 되었습니다. 그는 모든 사무를 법에 맞게, 이치에 맞게 처리했으며, 그 치밀함과 성실함에 어사마저 감탄했습니다. 어사는 소하를 중앙으로 불러 등용하려 했으나, 소하는 "고향에서 백성을 위하는 것이 제 도리입니다"라고 말하며 사양하고 자리를 지켰습니다.

유방이 군대를 일으켜 패공이 되었을 때, 소하는 여전히 그 곁에 남아 행정과 보급, 병력 운영을 도맡았습니다. 함양에 입성하던 날,

대부분의 장수는 금은과 비단이 가득한 창고로 달려가 약탈하려고 했습니다. 그러나 소하는 단 한 번도 그 길로 가지 않았습니다. 그는 곧장 진나라 승상부와 어사부로 달려가 법령과 도서, 지도와 기록을 모두 수거해 보관했습니다.

나중에 유방이 한왕으로 즉위하자, 그 모든 자료는 제국의 설계도가 되었습니다. 유방은 진나라의 세금 제도, 호적, 인구 분포, 산천의 형세까지 꿰뚫을 수 있었으며, 그 덕분에 천하의 실정을 파악할 수 있었습니다. 이것이 바로 소하가 진의 문서를 손에 넣은 결과였습니다.

소하는 전쟁이 아니라 질서와 지식으로 한 제국을 세운 사람이었습니다. 한신을 추천할 때도 그는 단호하게 말했습니다.

"지금 한신을 잃는 것은 만 명의 병사를 잃는 것보다 손실이 큽니다."

그 한마디로 유방은 한신을 대장군에 임명했고, 역사는 그날을 한 제국의 분수령으로 기록했습니다. 소하는 싸우지 않고 승리하는 방법을 알았습니다. 그의 무기는 칼이 아니라 법이었고, 그의 전장은 조용한 관청과 문서 더미 위였습니다. 그래서 사람들은 그를 '소상국'이라 부르며, 한나라의 숨은 초석으로 기억하게 되었습니다.

한나라 개국공신의 공을 분배하는 자리에서 조참 등이 소하의 공을 시기하던 날이었습니다. 그들은 한목소리로 불만을 터뜨렸습니다.

"소하는 전장에 나간 적도 없고, 피 한 방울 흘리지 않았습니다. 그런데 어찌 그가 우리보다 높은 자리를 차지한단 말입니까?"

그때 유방은 조용히 그들을 바라보다가, 낮은 목소리로 한마디를 던졌습니다.

"그대들은 모두 토끼를 잡는 사냥개와 같소. 소하는 그 사냥개들에게 토끼가 어디 있는지 알려 준 사람일 뿐이오."

순간 조정의 공기가 싸늘하게 식었습니다. 누구도 더 이상 소하의 공을 깎아내리지 못했습니다.

유방의 말은 겉으로는 소하를 칭찬하는 비유였지만, 그 안에는 냉정한 현실이 숨어 있었습니다. 전장에서 피를 흘린 공신들도, 천하를 얻은 순간 왕 앞에서는 결국 모두 '부리는 사냥개'에 불과하다는 의미였습니다.

소하는 묵묵히 고개를 숙였습니다. 그의 마음에 어떤 감정이 일렁였는지는 아무도 알 수 없었습니다. 그가 이룬 공은 분명 제국의 기초였지만, 유방의 입에서 흘러나온 한마디는 그 공을 한순간에 '사냥의 도구'로 바꾸어 놓았습니다. 이날 이후 조정의 신하들은 모두 침묵했습니다. 누구도 왕 앞에서 공을 자랑하지 않았고, 누구도 자신이 천하의 주역이라 말하지 않았습니다.

그날의 대화는 한 제국의 그림자를 드러내었습니다. 공을 세운 자는 자랑할 수 없고, 지혜를 쓴 자는 인정받지 못하며, 왕은 끝내 모든 이를 '필요한 만큼만 쓰고 버리는 존재'로 여겼습니다. 소하는 그 사실을 가장 먼저 깨달은 사람이었습니다. 그는 더 이상 입을 열지

초한지 인생 공부

않았고, 침묵 속에서 제국의 균형을 지키는 길을 택했습니다. 그의 침묵은 권력의 본질을 아는 자의 슬픈 지혜였습니다.

한나라 2년, 초나라를 정벌하기 위한 전쟁이 한창이었습니다. 유방은 각 제후들을 이끌고 동쪽으로 나아갔지만, 소하는 홀로 관중에 남아 태자를 보필하며 국정을 맡았습니다. 그는 법령을 정비하고 규약을 세웠으며, 종묘와 사직을 세우고 궁궐과 읍성을 정비했습니다. 모든 일은 반드시 보고하여 허락받아 진행했으며, 부득이하게 즉시 결단해야 할 때는 유방이 돌아왔을 때 그 결과를 숨김없이 보고했습니다.

소하는 관중의 호적과 인구를 세밀히 조사하고, 세곡을 거두어 운하를 따라 전장으로 식량을 보냈습니다. 유방의 군대가 패전으로 흩어질 때마다 그는 관중의 병력을 다시 징발하여 빈자리를 채웠습니다. 이처럼 유방의 군이 유지된 것은 소하의 조직력 덕분이었습니다. 유방은 그를 전적으로 신임하며 "관중의 일은 오직 소하에게 맡긴다"라고 말했습니다.

그러나 시간이 지나면서 유방의 마음에는 미묘한 불안이 자랐습니다. 그는 전쟁터에서 피를 흘리며 싸우는 자신에 비해, 궁중에서 모든 권한을 쥔 소하가 지나치게 강력해지는 것을 경계했습니다. 그런 가운데 어느 날, 조정의 신하 포생이 소하에게 은밀히 말했습니다.

"폐하께서 자주 사신을 보내 승상께 안부를 묻는 것은 겉으로는 위로 같지만, 속마음은 경계하심입니다. 이제 승상께서 직접 신하의 충심을 보이려면, 집안의 자손과 형제 중 장정들을 모두 군영으로 보내 폐하를 돕게 하십시오. 그러면 폐하께서 의심을 거두고, 오히려 더 신임하실 것이옵니다."

소하는 그 말을 들은 뒤 곧바로 결단을 내렸습니다.

"맞는 말이오. 의심은 말로 풀 수 없고, 행동으로만 풀 수 있소."

그는 즉시 자신의 집안에서 무장을 선발하여 유방의 군영으로 보냈습니다. 며칠 뒤 소식이 전해지자, 유방은 크게 기뻐하며 말했습니다.

"소하는 진정 나를 위해 충성을 다하는 자요."

이 일로 소하는 더욱 굳건히 신임을 얻었습니다.

그러나 그는 그 신임이 결코 단순한 믿음이 아님을 알고 있었습니다. 왕의 신뢰는 언제나 경계와 함께 오는 것이며, 충성은 언제나 의심의 그림자 속에서 증명되어야 했습니다. 그날 밤, 소하는 홀로 등잔불 아래에서 조용히 붓을 들었습니다. 그의 손끝은 흔들림이 없었으나, 마음속에는 한 줄의 생각이 스쳐 갔습니다.

'나라를 지키는 자는 칼이 아니라, 군주의 마음을 다스릴 줄 알아야 한다.'

한나라 11년 어느 날 유방은 사신을 보내어 승상 소하를 상국으로 제수하고, 식읍 5천 호를 더해 주었으며, 병사 500명과 도위 한 명을 붙여 그를 호위하도록 명했습니다. 조정은 잔치와 같았습니다. 대신들은 앞다투어 소하의 집으로 찾아와 축하의 인사를 올렸습니다.

초한지 인생 공부

"승상께서는 이제 만세의 공을 이루셨습니다!"

"이제 한나라에서 감히 그대와 겨룰 자가 없을 것이오!"

그러나 그 무리 속에서 단 한 사람, 소평(召平)만은 조용히 고개를 숙이고 조문을 표했습니다.

소하는 놀라 물었습니다.

"다들 축하를 전하는데, 경은 어찌하여 조문을 하시오?"

소평은 담담히 대답했습니다.

"이제 화가 여기서 비롯될 것이기 때문이오."

소평은 원래 진나라의 동릉후였으나, 나라가 멸망하자 벼슬을 버리고 장안성 동쪽에서 오이 농사를 지었습니다. 세상 사람들은 그의 오이를 '동릉과'라 부르며 존경과 조롱이 섞인 눈으로 보았습니다. 그 노인의 말은 조용했지만 날카로웠습니다.

"황상께서는 지금까지 밖에서 햇볕을 맞으며 전장을 누비고 계시옵니다. 그러나 승상께서는 궁 안에서 정사를 돌보며 편히 지내셨습니다. 그럼에도 이제 봉지를 더하시고, 호위병까지 받게 되셨으니, 그것은 황상의 총애가 아니라 의심의 시작입니다. 호위병은 그대를 지키기 위함이 아니라, 감시하기 위함입니다."

소하는 한동안 말을 잃고 노인을 바라보았습니다. 소평은 미소도 짓지 않은 채, 마지막 한마디를 남겼습니다.

"지금, 이 은총을 사양하십시오. 봉읍을 사양하고 그 재물을 나라의 군비로 내놓으신다면, 황상의 마음은 기뻐하고 의심은 거두어질 것이옵니다."

그날 밤, 소하는 깊은 생각에 잠겼습니다.

그날 받은 교서를 조용히 펴보며, 그 위에 적힌 "상국 소하"라는 글자를 오래 바라보았습니다. 그리고 다음 날 아침, 소하는 사신 앞에 나아가 공손히 절을 하며 말했습니다.

"신은 감히 폐하의 은혜를 모두 받을 수 없사옵니다. 봉읍은 사양하옵고, 그 재물은 전쟁을 위한 군량으로 바치겠사옵니다."

이 소식이 전해지자, 유방은 크게 웃으며 말했습니다.

"소하는 진정 나라를 위하는 자요! 내 마음이 밝아졌도다!"

그날의 한마디가 다시 소하를 살렸습니다.

그는 알고 있었습니다. 권력의 절정은 언제나 낭떠러지와 맞닿아 있음을. 그의 처세는 세상을 꿰뚫는 지혜였고, 그의 침착한 절제는 한 제국의 균형을 지탱하는 마지막 기둥이었습니다.

한나라 12년 가을, 천하가 막 안정되는 듯하였으나 또다시 불길이 일었습니다. 초나라의 옛 장수 영포가 반란을 일으켰다는 급보가 장안으로 날아들었습니다. 고조 유방은 직접 군을 이끌고 남쪽으로 향했습니다. 그는 출정길에서도 수차례 사신을 보내 소하의 동정을 살폈습니다.

"상국은 지금 무엇을 하고 있는가?"

이 짧은 물음 속에는 신뢰와 의심이 섞여 있었습니다. 소하는 궁궐에 남아 백성을 안정시키고, 군비를 충당하는 역할을 했습니다. 그

초한지 인생 공부

는 언제나 그랬듯 조용히, 그러나 확실하게 제국의 후방을 지탱했습니다. 그럼에도 황제의 눈에는 그 침착함이 오히려 불안으로 비쳤습니다.

그때 어떤 객이 찾아와 소하에게 은밀히 속삭였습니다.

"상국, 재앙의 그림자가 머지않았습니다. 그대의 지위는 이미 최고이고, 공로는 그 누구보다 크옵니다. 하지만 그것이 바로 화근입니다. 황제께서 자주 상국을 언급하시는 것은 신뢰해서가 아니라, 경계하기 때문입니다. 관중의 백성들은 상국을 따르고, 상국은 백성의 마음을 얻었으니, 황제께서 어찌 편안하시겠습니까? 이제 밭을 많이 싸게 사서 백성들에게 빌려주십시오. 그리하면 황제께서는 '그가 부귀를 탐하느라 백성의 신망을 잃었구나' 하며 비로소 안심하실 것이옵니다."

소하는 그 말을 듣고 잠시 눈을 감았습니다. 그의 얼굴에는 아무런 감정도 없었으나, 오래된 체념의 빛이 스쳤습니다.

그는 결국 그 계책을 따랐습니다. 며칠 뒤, 유방이 영포의 반란을 진압하고 장안으로 돌아오자, 수많은 백성이 길을 막아 상소를 올렸습니다.

"상국이 우리 밭과 집을 헐값에 빼앗아 갔습니다!"

유방은 웃으며 상소문을 펼쳤습니다.

"상국은 이런 식으로 백성을 돕는단 말이오?"

그는 손에 들린 상소문을 소하에게 건네며 말했습니다.

"스스로 백성에게 사죄하시오."

소하는 고개를 숙인 채 조용히 대답했습니다.

"폐하, 장안의 땅이 협소하여 백성들이 농사지을 터를 잃고 있사옵니다. 상림원(上林苑)에 버려진 땅이 많으니, 그곳에 백성들을 들여 농사를 짓게 하소서. 다만 볏짚은 거두지 말고, 짐승들의 먹이로 쓰게 하옵소서."

그 말이 끝나자 유방의 얼굴빛이 돌연 변했습니다.

"상국이 상인들에게 뇌물을 받았구나! 그들을 위해 내 상림원을 내놓으라니!"

분노는 번개처럼 터졌고, 곧 소하는 쇠사슬에 묶여 궁 밖으로 끌려 나갔습니다. 조정은 숨을 죽였고, 아무도 입을 열지 못했습니다.

그때 황궁의 경비를 맡은 왕씨가 조심스레 나와 물었습니다.

"폐하, 상국이 무슨 큰 죄를 지었기에 이토록 노하셨습니까?"

유방이 대답했습니다.

"그는 간사한 상인들과 결탁했소. 백성의 이름을 빌려 자신을 높이려 한 것이오."

그러자 왕씨는 주저하지 않고 반문했습니다.

"폐하, 상국은 진희와 영포의 반란 때도 관중을 지켜내었습니다. 그가 흔들렸다면 함곡관 서쪽은 지금 존재하지도 않았을 것이옵니다. 그런 자가 어찌 이제 와서 상인의 뇌물을 받겠습니까? 진시황은 간언을 듣지 않아 나라를 잃었고, 이사는 허물을 나누며 천하를 속였습니다. 폐하께서 그들을 본받으시겠습니까?"

유방은 아무 말도 하지 못했습니다. 그날 밤, 그는 사신에게 지절

(持節)을 들려 보내며 명했습니다.

"상국을 풀어 주어라."

쇠사슬이 풀리고, 소하는 맨발로 궁에 들어와 머리를 조아렸습니다.

"신이 폐하의 노여움을 두렵게 받들었나이다."

유방은 손을 들어 그를 일으키며 말했습니다.

"상국은 이러지 마시오. 상국은 백성을 위해 일한 것이오. 나는 허락하지 않았으니, 내가 오히려 걸(桀)과 주(紂) 같은 군주로다. 상국은 어진 재상이오. 내가 그대를 구금한 것은 백성들에게 나의 잘못을 알리고자 함이었소."

소하는 조용히 절을 올렸습니다. 그의 눈빛은 변하지 않았고, 오히려 한층 더 고요했습니다.

그날 밤, 그는 홀로 장안의 별빛을 바라보며 생각했습니다.

"임금의 신뢰란 바람과 같아 한순간 불어오고, 의심이란 그림자와 같아 절대 사라지지 않는 것이로다."

그 이후 소하는 집과 밭을 마련할 때도 항상 외딴곳에 마련하였고, 집을 지을 때도 담장을 높이 하지 않았습니다.

유방의 곁에는 수많은 영웅이 있었습니다. 하지만 그들 대부분은 결국 의심과 질투의 소용돌이 속에서 사라져갑니다. 그들은 영웅으로 시작했으나, 권력의 칼날 앞에서 비극으로 끝났습니다. 그러나 소하는 달랐습니다.

그는 결코 황제의 공을 넘어서지 않았고, 공로를 자랑하지 않았습니다. 명예보다 신뢰를 택했고, 권력보다 균형을 지켰습니다. 유방의 역린을 건드리지 않으면서도, 제국의 근간을 설계한 사람은 소하였습니다.

그의 처세는 한 제국의 이상적인 충신의 표본이 되었습니다. 그는 바람이 불면 허리를 굽히고, 비가 내리면 우산을 펴듯, 언제나 시대의 기류를 정확히 읽었습니다. 그의 인내는 충성이었고, 그의 침묵은 제국을 지탱하는 마지막 예법이었습니다.

사마천은 《사기》 속 〈소상국세가〉에서 소하를 다음과 같이 평가합니다.

> 지위는 모든 신하의 으뜸이었고, 명성은 후세에까지 미쳤으니, (주나라의 명신) 홍요·산의생 등과 그 공렬을 다툴 만하다.
>
> 位冠群臣, 聲施後世, 與閎夭·散宜生等爭烈矣.
>
> 위관군신, 성시후세, 여홍요·산의생등쟁열의.

사마천은 소하를 주나라를 세운 고대의 명신들과 동급으로 보았고, 그가 왕조 창업의 핵심 보좌인 역할을 했다고 높이 평가합니다.

다음은 한 제국의 변사로 활약한 역이기의 이야기입니다.

진류현 고양 출신의 역이기는 어려서부터 글을 즐겨 읽었으나 집안이 극도로 가난해 뜻을 펼 수 없었고, 결국 마을 성문을 관리하는 하급 벼슬로 생계를 이어가고 있었습니다. 그러나 사람들은 그를 평범하게 대하지 않았습니다. 고을의 현인과 호걸들조차 감히 그를 부리려 하지 않았으며, 사람들은 그의 기질을 이해하지 못해 "미치광이"라 부르기도 했습니다. 하지만 역이기는 속을 드러내지 않은 채, 시대가 요구하는 인물을 기다리고 있었습니다.

진승과 항량의 봉기가 일어나고 각지에서 장수들이 지나갈 때마다 역이기는 그들을 유심히 지켜보았습니다. 그러나 그는 그 장수들이 도량이 좁고, 성급하며, 작은 예절을 따지는 데 지나치게 몰두해 큰일을 맡을 인물이 아님을 간파했습니다. 그래서 그는 자신의 재능을 숨긴 채 조용히 때를 기다리며 마음속으로 판단했습니다. 그러던 어느 날, 패공 유방이 진류 지방을 공략하고 있다는 소식이 들려왔습니다.

유방이 병사를 이끌고 진류현을 지날 때, 역이기는 군문 앞까지 가서 명함을 내밀고 뵙기를 청하였으나 처음에는 유방이 그가 유생이라는 이유로 만남을 수차례 거부합니다. 그러나 역이기는 물러서지 않고 자신은 유생이 아니라 술꾼이니 만나달라며 거듭 요청하여 마침내 유방과의 조우가 성사됩니다.

역이기가 객사에 들어가자 그는 놀라운 장면을 보았습니다. 유방이 침상에 걸터앉아 두 여자에게 발을 씻기게 하며 그를 맞이하고 있었던 것입니다. 역이기는 들어가 길게 읍했지만 절을 하지 않고 곧

바로 물었습니다.

"족하께서는 진나라를 도와 제후를 치려 하십니까, 아니면 제후를 모아 진나라를 치려 하십니까?"

질문은 직설적이었고, 유방의 오만한 태도를 향해 날린 첫 화살이기도 했습니다. 유방은 화를 내며 역이기를 꾸짖었습니다.

"천하 사람들이 진나라의 폭정에 오래 고통받아 제후들이 모두 진나라를 치려 하는데, 어찌 진나라를 돕는다는 말이 나오는가!"

그러나 역이기는 물러서지 않았습니다. 그는 눈을 마주한 채 단호하게 말했습니다.

"진실로 무도한 진나라를 치고 천하의 여론을 모으려 한다면, 장자를 대하는 태도부터 바르게 해야 합니다. 지금처럼 거만하게 사람을 맞는다면 누가 따르겠습니까?"

그 말에 유방은 자신의 잘못을 인정했습니다. 그는 즉시 발을 씻기던 여자를 물리고 자리에서 일어나 의관을 바로 한 뒤, 역이기를 상석에 앉혀 사과했습니다. 유방은 허세나 체면보다 진심 어린 충고에 더 크게 반응하는 사람이었습니다. 이 순간, 역이기는 유방의 진짜 그릇을 확인합니다.

유방은 식사를 대접하며 앞으로의 계책을 물었고, 유방이 귀를 기울이자 역이기는 지금 '진류'라는 요충지를 차지하는 것이 천하 통일의 기회라 설명하였으며, 자신이 직접 그곳 현령을 설득하겠다고 자청하였습니다.

"진류는 지세가 매우 중요한 요충지이며, 여러 지역의 군대가 모이는 중심지입니다. 또한 성 안에는 수천만 석의 식량이 쌓여 있고, 성벽은 견고하여 방어도 튼튼합니다. 신은 예전부터 그곳의 현령과 안면이 있사오니, 장군을 위하여 먼저 설득해 보겠습니다. 만일 그가 제 말을 듣지 않는다면, 신이 직접 그를 제거하고 성을 장군께 바치겠습니다. 장군께서는 진류를 확보한 뒤, 그곳의 풍부한 식량을 기반으로 삼아 병사를 모으십시오. 병사가 많아지고 기반이 단단해진다면, 장군께서 천하를 종횡으로 달리더라도 감히 이를 막을 자는 없을 것이옵니다."

유방이 제안을 받아들이자 마침내 역이기는 진류로 출발하여 현령을 만납니다. 역이기는 현령과 마주 앉아 밤새 술을 마시며 설득했습니다.

"진나라는 이미 기울었네. 유방은 도량이 넓으니 지금 투항하면 부귀를 누릴 수 있네."

그러나 현령은 고개를 가로저었습니다.

"나는 진나라의 신하로서 죽을지언정 역적에게 성문을 열 수 없네."

설득 불가능함을 깨달은 순간, 역이기의 눈빛이 차갑게 가라앉았습니다. 모두가 잠든 깊은 밤, 역이기는 유생의 겉옷 아래 숨겨둔 칼을 뽑아 친구였던 현령의 목을 베었습니다. 지략가에게 필요한 것은 부드러운 혀뿐만 아니라, 때로는 피를 묻히는 결단력임을 그는 몸소 증명했습니다. 그는 현령의 머리를 품에 안고 성벽을 넘어 유방의 진영으로 달아났습니다.

날이 밝자 유방의 대군이 진류성을 겹겹이 포위했습니다. 성벽 위의 진나라 병사들이 전투를 준비하던 그때, 유방은 역이기가 가져온 현령의 머리를 장대 높이 매달아 보였습니다.

"너희의 장수는 이미 죽었다! 저항은 무의미하다. 성문을 여는 자는 살 것이요, 끝까지 싸우는 자는 이 머리처럼 될 것이다!"

지도자를 잃은 진류의 병사들과 백성들은 전의를 상실했습니다. 성문은 굉음과 함께 열렸고, 유방은 피 한 방울 더 흘리지 않고 진나라 최대의 병참 기지를 손에 넣었습니다.

역이기의 혀는 칼보다 날카로웠고, 그의 조언은 천하의 흐름을 바꾸었습니다. 그날 이후, 유방의 마음속에는 한 가지 믿음이 자리 잡았습니다. "천하의 강성은 병법이 아니라, 민심에 달려 있다." 역이기는 바로 그 민심의 문을 처음 연 사람이었습니다.

그 이후에도 역이기의 혀는 항우의 동맹 체제에 끊임없이 균열을 냅니다. 그는 유방의 사신으로서 여러 작은 제후국을 돌아다니며, 항우의 잔혹함과 유방의 너그러움을 대비시켜 설명했습니다. 특히 초나라의 동맹이었던 세력들이 중립을 지키거나 유방 편으로 돌아서게 만드는 '심리적 포위망'을 형성했습니다. 항우가 전장에서 무적이었음에도 서서히 고립된 이유는 역이기 같은 외교가들이 부지런히 돌아다니며 항우의 정치적 자산을 탕진하게 했기 때문입니다.

그 시기, 천하는 아직 두 갈래의 불길 속에서 요동치고 있었습니

초한지 인생 공부

다. 항우는 강동의 패자로 군림하며 칼끝으로 세상을 제압했고, 유방은 서쪽에서 민심을 얻어 제국의 근본을 세우려 했습니다. 그러나 두 세력의 균형은 언제 깨질지 모르는 살얼음판 같았습니다. 유방은 이 싸움에서 이기려면 무력만이 아니라, 더 넓은 '연합의 고리'를 만들어야 함을 알고 있었습니다.

그 중심에는 제나라가 있었습니다. 그때 역이기가 앞으로 나섰습니다.

"폐하, 신이 제나라로 가서 그들의 왕 전광(田廣)을 설득하겠사옵니다. 제나라를 얻는다면, 초의 동맥을 끊고 천하의 길이 열릴 것이옵니다."

유방은 잠시 그를 바라보았습니다. 손에는 붓 한 자루밖에 들려 있지 않았지만, 그 눈빛 속에는 전장을 건너는 장수의 결기보다 더 단단한 신념이 빛났습니다.

"그러나 저 제후들은 유세객을 믿지 않을 것이오."

유방이 고개를 저었으나, 역이기는 웃으며 말했습니다.

"사람의 마음은 칼로 얻는 것이 아니라, 말로 여는 것입니다."

그리하여 그는 홀로 제나라로 향했습니다.

가을바람이 언덕을 스치고, 먼 길 끝에 도착한 제나라 궁정에는 이미 냉소가 깔려 있었습니다. 전광은 왕좌에 앉아 그를 내려다보며 물었습니다.

"패공의 사자라 하였는가? 천하의 패자는 항우요, 유방은 패공일 뿐이다. 너는 어찌하여 그를 대신해 내 앞에 와 있는가?"

역이기는 조금도 주눅 들지 않았습니다. 그는 조용히 웃으며, 그러나 단호하게 말했습니다.

"천하는 이미 둘로 나뉘었으나, 항우는 다만 패자일 뿐이옵니다. 그는 힘으로 백성을 굴복시켰지만, 백성의 마음은 그에게 있지 않사옵니다. 그러나 유방은 달리 싸웁니다. 그는 칼을 버리고 법을 줄였으며, 억압을 풀어 백성의 숨결을 돌려주었사옵니다. 왕께서 지금 한나라와 손을 잡는다면, 천하는 반드시 제나라의 이름 아래 안정될 것입니다. 그리고 지금 한나라는 이미 오창의 곡식을 차지했고, 성고의 요새를 막았으며, 백마 나루터를 지키고 있습니다. 또 태항산으로 넘어가는 길목을 가로막고 비호의 입구까지 차단해 제나라로 들어오는 모든 통로를 통제하고 있습니다. 이런 형세에서 제후들 중 뒤늦게 한왕에게 항복하는 자는 모두 먼저 멸망할 것이 분명합니다. 왕께서 지금 항복을 결정한다면 제나라의 사직은 구할 수 있지만, 그렇지 않다면 멸망을 기다리는 것밖에 남지 않았습니다."

전광은 역이기의 말이 지나치지도, 부족하지도 않은 현실 진단임을 깨닫고 크게 감탄했습니다. 그는 역이기를 옆에 두고, 역하를 지키던 병력을 모두 불러들인 뒤 하루 종일 그와 함께 술을 마시며 마음을 풀었습니다. 전광은 이미 마음으로 항복을 결정하고 있었고, 역이기에게 전권을 맡긴 것이었습니다.

그러나 그날 밤, 전황은 완전히 뒤집혔습니다. 회음후 한신이 역이기가 수레의 횡목에 엎드려 제나라의 성 70여 개를 항복시키려 한다는 소식을 듣자, 자신의 공로가 가려질 것을 시기하여 기습적으로 제나라 국경을 넘으며 비극이 시작되었습니다. 제나라 왕 전광은 한나라 군대가 쳐들어왔다는 소식을 듣자 역이기가 자신을 속였다고 생각하고 이렇게 말했습니다.

"네가 한나라 군대를 멈출 수 있다면 살려 주겠지만, 그렇지 못한다면 너를 삶아 죽이겠다!"

분노와 공포가 섞인 외침이었습니다. 그러나 역이기는 흔들리지 않았습니다.

그 일은 자신과는 무관함을 말하며 큰일을 하는 사람은 사소한 일에 신경을 쓰지 않으며, 덕이 높은 사람은 다른 사람의 비난을 돌아보지 않는다고 역설했습니다.

그의 판단은 한순간도 변하지 않았고, 그의 태도 또한 조급하지 않았습니다. 전광은 이러한 역이기의 태연함을 보고 분노에 차 외쳤습니다.

"역이기의 말에 속았다! 이 자는 간자(奸者)로다!"

그날 밤, 제나라왕은 병사들에게 명을 내렸습니다.

"그를 주살하라. 그 혀가 천하를 어지럽혔다."

역이기는 포박된 채 제나라의 뜰에 끌려갔습니다.

사마천의 《사기》 속 〈역생육가열전〉에는 이 장면이 다음과 같이 기록되어 있습니다.

역이기는 이렇게 대답했다. "큰일을 하는 자는 작은 세밀함을 돌보지 않고, 큰 덕을 가진 자는 비난을 피하지 않는 법이다. 내가 너를 위해 다시 말하지 않겠다!" 마침내 제나라 왕 전광이 역이기에게 분노하여 가마솥에 삶아 죽였다.

酈生曰:「擧大事者不細謹, 盛德者不辭讓。而公不爲若更言!」 齊王遂亨酈生。

역생왈: 「거대사자불세근, 성덕자불사양. 이공불위약경언!」 제왕수팽역생.

그의 죽음은 허망했지만, 그가 던진 한마디는 유방의 제국 구상에 깊은 씨앗이 되었습니다.

유방은 훗날 그가 제안한 연합의 설계를 이어받아 천하를 통일했습니다. 역이기는 패배한 사신으로 죽었으나, 그 말은 승리한 제국의 언어로 남았습니다. 그의 피는 흙에 스며들었지만, 그가 남긴 '민심의 전략'은 이후 한나라 천하의 중심이 되었습니다. 역이기의 사상은 한마디로 전략적 합리주의라 할 수 있습니다. 그에게 전쟁의 본질은 칼끝이 아니라 사람의 마음에 있었습니다. 그는 언제나 말했습니다.

"천하를 얻는 첫걸음은 인심(人心)을 얻는 일이다."

그의 조언은 세 가지 원칙으로 요약됩니다.

첫째, 백성의 지지를 얻는 것이 곧 승리의 근본이라 보았습니다. 성을 함락시키는 것은 쉬우나, 사람의 마음을 얻는 일은 어렵다고 했습니다. 그래서 그는 무력보다 신뢰, 칼보다 관용을 강조했습니다.

둘째, 공신의 관리를 국가 안정의 핵심으로 삼았습니다. 전공이 커질수록 보상과 역할을 명확히 나누어야 한다는 그의 경고는 훗날 유방이 공신 숙청의 소용돌이에 휘말릴 때 되새겨야 할 통찰이었습니다. 역이기는 이미 그 위험을 보았고, 권력의 균형이 무너지는 순간 나라가 흔들린다고 내다보았습니다.

셋째, 그는 유세의 힘을 무력보다 높게 평가했습니다. 칼은 몸을 베지만, 말은 세상을 움직인다고 했습니다. 그에게 외교란 단순한 설득이 아니라 피 한 방울 흘리지 않고 천하의 판도를 바꾸는 지적 전쟁이었습니다.

이러한 역이기의 철학은 훗날 한제국의 기틀이 된 소하와 진평의 정치 전략으로 이어졌습니다. 그들은 무장들이 피로 세운 천하를 제도로 다스리는 나라로 바꾸었습니다. 그리하여 "문(文)으로 천하를 다스리고, 무(武)로 천하를 지킨다"라는 한제국의 정치 노선이 완성되었습니다.

그의 죽음은 조용했지만, 그가 남긴 말은 천하의 흐름을 바꾸었습니다. 유방은 뒤늦게 그의 사망 소식을 듣고 오랫동안 침묵했습니다. 그러고는 깊은 한숨과 함께 이렇게 말했다고 전해집니다.

"내가 천하를 얻을 때, 역이기의 입은 만 군보다 날카로웠다."

사마천은 《사기》 속 〈역생육가열전〉에서 역이기를 다음과 같이 묘사합니다.

역생 이기는 진류군 출신 사람이다. 그는 독서를 좋아했으나 집안이 가난하고 형편이 어려워 의식주를 해결할 마땅한 생업이 없었으므로, 마을 문을 지키는 하급 관리 노릇을 했다. 그러나 현의 현자나 호걸들이 감히 그를 함부로 부리지 못했으며, 현 안의 사람들 모두 그를 가리켜 '미친 선비(광생)'라 불렀다.

酈生食其者, 陳留高陽人也。好讀書, 家貧落魄, 無以為衣食業, 為里監門吏。然縣中賢豪不敢役, 縣中皆謂之狂生。

역생이기자, 진류고양인야. 호독서, 가빈낙백, 무이위의식업, 위리감문리. 연현중현호불감역, 현중개위지광생.

이 설명에서 보이듯, 그의 지적 광기는 세상과 불화할 수밖에 없는 고독한 천재의 그림자를 드러냅니다.

소하와 역이기는 유방이 천하를 세우는 과정에서 서로 다른 날개로 작동한 두 지성이었습니다. 한 명은 제국의 골격을 설계한 행정가였고, 다른 한 명은 제국의 방향을 설득한 언변가였습니다. 소하는 눈앞의 혼란 속에서도 질서를 세우는 사람으로, 말보다 행동으로 안정의 기초를 다진 인물이었습니다.

반면 역이기는 보이지 않는 공간에서 천하의 흐름을 움직였습니다. 그는 칼 대신 말을 쥐고, 인간의 마음을 설득하여 제국의 '사상'을 세운 사람입니다. 한 사람은 제도를 만들었고, 다른 한 사람은 명분을 세웠습니다.

초한지 인생 공부

그러나 두 사람의 근본에는 공통점이 있습니다. 둘 다 유방의 곁에서 '보이지 않는 승리'를 만들었으며, 무력보다 지혜를 신뢰했다는 점입니다. 또 그들의 말과 행동은 유방의 '생존 정치'를 떠받친 심리적 축이었습니다. 유방이 항우와의 싸움에서 살아남을 수 있었던 것은, 소하의 냉정한 계산과 역이기의 날카로운 설득이 균형을 이루었기 때문입니다.

다만, 두 사람의 결말은 달랐습니다. 소하는 권력 곁에서 신중히 물러나 장수를 누렸고, 역이기는 자신의 언변으로 세상을 움직였으나 결국 그 언변으로 인해 목숨을 잃었습니다.

그렇게 소하는 '말을 아낀 자'로, 역이기는 '말에 생을 건 자'로 기록되었습니다.

PART 4

권력의 자리,
인간의 두려움

"권력의 꼭대기엔 불안이 산다"

16

연인을 남기고 간 사내의
마지막 눈물

항우의 최후와 해하전투

초한 전쟁의 마지막 국면은 이미 피로와 긴장의 한계에 도달한 상태였습니다. 서쪽의 한나라 유방과 동쪽의 초나라 항우는 몇 해 동안 팽팽히 맞서며 중국 대륙 곳곳에서 전선을 넓혔습니다. 유방은 단순한 무력보다 체계적인 전략을 앞세웠습니다. 행정과 병참은 소하가 맡고, 책략과 외교는 장량과 진평이 주도했으며, 전장은 한신이 장악했습니다. 여기에 후방에서는 팽월이 초군의 식량과 보급선을 지속적으로 교란하며 항우의 초나라 전력을 견제하고 있었습니다.

이에 비해 항우의 초군은 전장에서의 용맹과 지휘력은 여전히 막강했지만, 시간이 갈수록 내부 균열이 드러났습니다. 항우는 연합 세력 관리와 장기 보급 체계에 약했고, 특히 믿었던 장수 영포가 이탈해 유방 쪽으로 돌아서면서 세력의 중심이 흔들렸습니다. 주요 장수들의 손실과 병참망의 붕괴는 초군의 근본을 약화시켰고, 더 이상 전국적 규모의 전선을 유지하기 어려운 상황이 되어가고 있었습니다.

결정적인 전환점은 기원전 203년, 양측이 일시적으로 휴전을 맺은 홍구(鴻溝) 화약이었습니다. 홍구라는 운하를 경계로 홍구의 서쪽은 한나라가, 동쪽은 초나라가 차지하기로 약속했습니다. 이 협약의 대가로 항우는 팽성전투에서 인질로 잡혀 있던 유방의 부친 태공과 아내 여후(여태후)를 돌려보냅니다.

항우는 이 조약으로 한과 국경을 나누고 철수하면서 잠시 숨을 고르려 했지만, 그때 유방의 막사로 두 명의 천재 지략가 장량과 진평이 다급히 들어왔습니다. 그들은 유방의 안일한 생각을 단번에 깨뜨리는 직언을 던졌습니다.

"대왕이시여, 지금 어디로 가려 하십니까? 한나라는 이제 천하의 절반을 얻었고 제후들 또한 우리에게 마음을 돌렸습니다. 하지만 초나라는 어떻습니까? 병사들은 굶주려 뼈만 남았고 식량은 바닥났습니다. 이것은 사람이 만든 기회가 아니라 하늘이 초나라를 망하게 하려는 징조입니다!"

유방이 주춤하자 그들의 목소리는 더욱 날카로워졌습니다.

"지금 항우를 놓아주는 것은 호랑이를 길러 스스로 화근을 남기는 것(養虎自遺患, 양호자유환)과 같습니다. 항우가 돌아가 안정을 찾으면 그는 다시 무서운 괴수가 되어 돌아올 것입니다. 지금 바로 저들의 뒤를 쳐야 합니다. 인의를 따지다 천하를 잃으시겠습니까?"

유방은 번개에 맞은 듯 정신이 번쩍 들었습니다. 그는 장량과 진평의 잔혹하지만 명쾌한 통찰을 받아들였습니다.

"내가 큰 실수를 할 뻔했구려!"

유방은 즉시 회군 명령을 취소하고, 초나라 군대의 뒤를 추격하라는 총공격령을 내렸습니다.

한신과 팽월이 초의 배후와 보급선을 연이어 공격하면서 전세는 빠르게 한나라 쪽으로 기울었습니다. 항우는 광범위한 전선을 하나의 지휘 체계로 통제할 수 없었고, 그 결과 병력과 사기, 그리고 식량이 급속히 소모되었습니다.

그때부터 항우의 전쟁은 사실상 패배를 미루는 형국이었습니다. 팽월은 초의 보급선을 끊고 각 지역의 군량을 빼앗았으며, 한신은 북로에서 압박을 가하며 항우의 기동 범위를 좁히고 있었습니다.

해하, 그곳에서 초와 한의 오랜 전쟁은 마지막 불꽃을 피우게 됩니다. 해하전투에서 항우는 10만 정예 기병을 이끌고 있었으며, 유방의 제후 연합군은 한신을 총사령관으로 하여 60만이 넘는 대군을 갖추고 있었습니다. 항우는 여전히 자신의 기동력과 돌파력을 절대적으로 신뢰하고 있었기 때문에, 전장의 중심에 있는 한신의 중군을 향해 정면 돌격을 감행했습니다. 그러나 이는 이미 한신이 설계한 함정의 한 부분이었습니다.

한신은 일부러 전열을 흐트러뜨리며 후퇴하는 척하기도 하고, 때로는 혼란스러운 모습을 의도적으로 연출했습니다. 이러한 움직임은 항우로 하여금 '적이 무너지고 있다'라고 판단하게 했고, 결국 항우는 깊숙이 추격하며 본대를 앞으로 끌어당기게 되었습니다. 이 시점이 바로 한신이 기다리던 순간이었습니다. 항우군의 진영이 좁은 전

초한지 인생 공부

장에서 길게 늘어지자, 미리 배치되어 있던 좌우의 제후군이 일제히 움직였습니다. 이들은 항우군의 측면과 후방을 동시에 공격하며 포위망을 완성했습니다.

이로써 항우군은 사면이 완전히 포위되었고, 전세는 순식간에 한신에게 기울었습니다. 물론 항우의 돌파력은 여전히 강했습니다. 그는 몇 차례 포위망을 뚫어내며 살아남으려 했고, 실제로 초군 일부를 이끌고 탈출하는 데 성공하기도 했습니다.

그러나 수적 열세와 사방에서 몰아치는 공격으로 인해 전열은 점점 흐트러졌고, 병력은 급격히 줄어들고 있었습니다. 결정적인 순간은 다음 날 밤 찾아왔습니다.

기원전 202년 늦은 겨울밤, 해하는 짙은 안개로 덮여 있었습니다. 한겨울의 냉기가 대지를 짓누르던 그 새벽, 항우는 전장에 남은 병사들을 둘러보았습니다. 그들의 갑옷은 먼지와 피로 얼룩져 있었고, 칼 끝에는 더 이상 빛이 어리지 않았습니다. 초군의 진영은 사방으로부터 들려오는 북소리와 함성에 포위되어 있었고, 하늘조차 숨을 죽인 듯 적막했습니다.

멀리 산등성이 위로 불빛이 번져 오르자, 항우는 직감했습니다. 해하를 둘러싼 고지마다 이미 한군의 깃발이 꽂혀 있었습니다. 그들은 단번에 덤벼드는 대신, 마치 거대한 덫처럼 원을 좁히며 초군의 숨통을 조이고 있었습니다.

한나라 한신은 정면 공격을 명하지 않았습니다. 대신 포위망을 좁히고, 보급로를 끊고, 밤낮으로 소규모 기습을 반복했습니다. 초군의 화살은 바닥나고, 말들은 굶주린 채 진흙탕 속에서 헤맸습니다.

그날 밤, 초진의 불빛이 잦아들 무렵, 뜻밖의 노랫소리가 어둠 속에서 울려 퍼졌습니다. 그 유명한 '사면초가(四面楚歌)'의 장면이 펼쳐집니다.

사방 들판에 서리가 내리는데 하늘은 높고 물은 말라, 추운 기러기 슬피 우는구나. 가장 고통스러운 건 변방을 지키며 밤낮으로 방황함이라. 단단한 갑옷 입고 날카로운 창 잡은 지 벌써 그 얼마인가. 십 년을 전쟁터에서 싸웠건만, 누구를 위한 군주인가.

四野飛霜 ; 天高水涸兮, 寒雁悲愴。最苦戍邊兮, 日夜彷徨 ; 披堅執銳兮, 曠日持久 ; 十年征戰兮, 誰爲其主。

사야비상 ; 천고수학혜, 한안비창. 최고수변혜, 일야방황 ; 피견집예혜, 광일지구 ; 십년정전혜, 수위기주.[*]

항우는 처음에는 꿈이라 여겼습니다. 그러나 잠시 뒤 사방에서 같은 노래가 이어졌습니다. 서쪽 언덕에서도, 북쪽 들판에서도, 남쪽 숲에서도 초가(楚歌)가 들려왔습니다. 그 소리는 바람을 타고 진중 깊숙이 스며들었고, 병사들의 눈빛이 하나둘 흔들리기 시작했습니다.

---

[*] 사마천의 《사기》 속 〈항우본기〉에는 '사면초가'의 상황 자체는 기록되어 있으나, 초나라 병사들이 부른 노래의 구체적인 가사 전문은 기록되어 있지 않습니다. 이 초가는 후대의 역사서에 문인들이 기록한 내용입니다.

"장군, 초가입니다. 한군이 우리 민가를 점령한 듯합니다!"

막사에 뛰어든 장수가 외쳤습니다. 항우는 한참 동안 말이 없었습니다.

해하의 들판 위로 바람이 스쳐 지나가며 초나라군의 깃발을 흔들었습니다. 하늘은 먹빛처럼 내려앉았고, 사방에서 들려오는 북과 피리 소리가 초나라 진영을 포위하고 있었습니다. 그러나 그것은 한나라군의 함성이 아니었습니다. 들려오는 것은 낯설고도 익숙한 선율, 초나라의 노래였습니다. 사방에서 동시에 울려 퍼지는 초가의 음률은 마치 비수처럼 초나라군의 심장을 파고들었습니다.

병사들은 검을 움켜쥔 채 서로의 얼굴을 바라보았습니다.

"어찌 한나라 진중에서 우리 초나라의 노래가 들리는가?"

누군가 떨리는 목소리로 물었지만, 누구도 대답하지 못했습니다. 그 노래는 단순한 노래가 아니었습니다. 한나라군이 일부러 초나라 포로들에게 노래를 부르게 하여, 초군의 마음을 무너뜨리는 심리전이었습니다. 사방이 초가로 메워진 그 순간, 항우의 얼굴에도 미묘한 빛이 스쳤습니다.

항우는 막사 안에 홀로 앉아 있었습니다. 그가 걸치고 있던 갑옷에는 먼지가 가득했고, 손가락 사이에는 마른 피가 굳어 있었습니다. 한때 천하의 패자라 불리던 사내의 눈빛은 여전히 강했지만, 그 깊은 곳에는 싸늘한 고요가 깃들어 있었습니다. 그는 막사 밖의 노래를 들으며 중얼거렸습니다.

"이 노래가 사방에서 들려오니, 초나라 사람은 모두 항복한 것 인가?"

그의 곁에서 우희가 조용히 술을 따랐습니다. 항우는 잔을 들어 한 모금 삼켰습니다. 싸늘한 술이 목을 타고 내려가자, 오래된 전장 의 냄새가 다시 코끝을 스쳤습니다. 그는 피로와 분노, 그리고 허무가 뒤섞인 표정으로 입가를 굳혔습니다.

"내가 천하를 얻고도, 사람의 마음을 얻지 못했구나."

이 한마디는 전장의 패배보다도 더 깊은 절망이었습니다. 항우는 지금 칼과 창이 아닌, 사람의 마음 앞에서 무너지고 있었습니다. 천 하를 제압한 힘도, 수많은 전공도, 백성의 마음이 떠나버리자 한순 간에 허무로 돌아갔습니다.

그때, 초군의 막사 곳곳에서 흐느끼는 소리가 들렸습니다. 병사 들은 고향의 노래에 눈물을 흘리며, 밤하늘을 바라보았습니다. 그들 은 여전히 항우를 믿었지만, 동시에 운명을 예감하고 있었습니다. 전 장은 고요했고, 그 고요 속에서 한 사내의 패업이 서서히 저물고 있 었던 것입니다. 그 밤, 항우는 천하의 패자가 아니라, 더 이상 나아갈 곳이 없는 한 인간이었습니다. 그리고 그 고요 속에서, 그의 마지막 전투는 시작되고 있었습니다.

막사 안에는 등불 하나가 희미하게 타오르고 있었습니다. 바람 이 문틈으로 스며들어, 불빛은 흔들리고 그림자는 길게 늘어졌습니 다. 항우는 그 불빛 아래에 앉아 있었습니다. 어깨는 무겁게 떨어지 고, 손에는 아직도 피비린내가 묻어 있었습니다. 술병이 비워질 때마다 그는 잔을 던지듯 들어 올렸고, 술은 그의 목을 타고 내려가면서 고통처럼 타올랐습니다.

우희가 초나라의 검무를 추는 동안 그는 눈길을 돌리지 못했습니다. 오늘 밤, 그 춤은 마지막이었습니다. 우희는 아무 말 없이, 항우를 향해 천천히 몸을 돌렸습니다. 발끝이 모래 위를 스치고, 붉은 소매가 공기를 가르며 떨렸습니다.

그 움직임 하나하나가 울음처럼 느리게, 그러나 단호하게 이어졌습니다. 항우는 말없이 그녀를 바라보다가, 이내 낮게 웃었습니다. 그 웃음은 쓸쓸했고, 술기운에 젖은 목소리가 떨렸습니다.

항우는 그때, 마지막으로 노래를 부르듯 읊조렸다고 《사기》 속 〈항우본기〉에서 다음과 같이 기록합니다.

"힘은 산을 뽑고 기세는 세상을 덮으나 때가 나를 돕지 않으니 추마도 나아가지 못하는구나! 추마가 나아가지 않으니 어쩌면 좋은가? 우야, 우야, 너는 어쩌면 좋은가?"

「力拔山兮氣蓋世。時不利兮騅不逝。騅不逝兮可奈何, 虞兮虞兮奈若何!」

「역발산혜기개세, 시불리혜추불서. 추불서혜가내하, 우혜우혜내약하!」

그의 목소리는 낮고 굵었습니다. 노래는 전장의 함성처럼 울려 퍼지다 어느새 흐느낌으로 변했습니다. 우희는 그 노래를 듣는 순간, 눈을 감았습니다. 그리고 조용히 답가를 부릅니다.

"한나라 병사들이 이미 땅을 점령하고, 사방에 초나라 노래소리가 들리네. 대왕의 의기가 다했으니, 천한 첩이 어찌 홀로 살아있으리오."

「漢兵已略地, 四方楚歌聲。大王意氣盡, 賤妾何聊生。」

「한병이략지, 사방초가성. 대왕의기진, 천첩하료생.」

답가를 마친 우희는 흐느끼는 병사들의 시선 속에서 막사를 빠져나왔습니다. 밖에서는 여전히 초가가 울려 퍼지고 있었고, 희미한 달빛만이 그녀의 길을 비추었습니다.

그녀는 막사에서 멀리 떨어진 숲속 깊은 곳으로 향했습니다. 그녀는 알고 있었습니다. 자신이 살아남는다면, 항우는 그녀를 보호하기 위해 전투를 망설일 것이고, 이는 곧 항우와 초나라군 전체의 몰락을 의미한다는 것을. 그녀의 존재 자체가 항우의 마지막 싸움에 족쇄가 될 터였습니다.

그녀는 조용히 검을 뽑았습니다. 칼날이 섬뜩하게 달빛을 반사했습니다. 그녀는 망설임 없이 검을 자신의 심장에 겨누었습니다. 순간, 숲속의 초가는 더욱 처절하게 울려 퍼지는 듯했습니다. 붉은 피가 눈 덮인 땅 위에 흩어졌고, 그녀의 몸은 그대로 무너졌습니다.[*]

항우는 홀로 남겨진 막사 안에서, 우희가 사라진 쪽만 바라보며

---

[*] 사마천은 《사기》에서 '우희가 스스로 자결했다'라는 직접적인 서술을 하지 않았지만, '別虞姬(우희와 이별하고)'라는 문장이 당시 맥락상 '죽음을 앞둔 이별'을 뜻한다는 해석이 일반적입니다.
우희의 답가에 대해서도 《사기》에 '화답했다'라는 사실만 기록되었을 뿐, 그 구체적인 내용은 후세 문인들이 문학적으로 남겨진 것입니다. 가장 유명한 것이 《당초유문(唐初虞文)》 등에 나오는 위의 문장입니다.

얼어붙은 듯 움직이지 못했습니다. 한참 후, 병사가 피 묻은 검을 들고 돌아와 우희의 비보를 전했습니다. 항우는 검을 받았지만, 눈물도 분노도 터뜨리지 못했습니다. 막사 밖에서는 여전히 초가가 울려 퍼지고 있었지만, 항우의 귀에는 이제 아무 소리도 들리지 않았습니다. 그의 눈에는 마지막 결심이 일렁이고 있었습니다.

그 밤, 항우는 더 이상 천하의 패왕이 아니었습니다. 그는 모든 것을 잃은 한 남자였습니다.

명예와 사랑이 충돌한 그 순간, 그의 세상은 이미 무너졌고, 오직 한 사람의 이름만이 남아 있었습니다. 우희. 그 이름은 그의 마지막 노래처럼, 패왕의 가슴속에서 조용히 사라지고 있었습니다.

새벽녘, 항우는 남은 800여 명의 정예기병을 추려 포위선 한 모서리를 찢는 돌파전을 감행했습니다. 단기에는 몇 겹을 뚫었으나, 외곽에 또 다른 포위선이 있어 기세를 충분히 살리지 못했습니다. 추격과 재포위가 반복되며 탈출 병력은 급감했습니다.

전투는 계속되고 항우는 음릉(陰陵)에 이르렀으나 길을 잃었습니다. 농부에게 길을 물었지만, 농부가 그를 속여 잘못된 방향으로 이끌었습니다. 이때 항우의 병력은 100여 명으로 줄었습니다. 그리하여 그는 밤길을 헤매다 결국 한나라 군대에 포위당합니다. 항우는 한밤중에 기습을 감행하여 수백 명을 베었지만, 산을 들어 올릴 만한 힘도 이제는 다했습니다. 그가 동성(東城)에 이르렀을 때, 그의 곁에 남은 기병은 겨우 28명뿐이었습니다.

오강으로 향하는 길은 피와 먼지로 뒤덮여 있었습니다. 해하는 한나라군에 이미 함락되었고, 항우에게 남은 병사는 극소수였습니다. 밤낮을 가리지 않은 퇴각 끝에, 그들의 발에는 진흙과 피가 뒤엉겨 있었고, 갑옷은 더 이상 빛을 잃었습니다. 그러나 그들의 눈빛만큼은 여전히 살아 있었습니다. 그것은 패배한 자의 눈이 아니라, 끝까지 항우와 함께하겠다는 맹세의 불꽃이었습니다.

항우는 앞서가던 말을 세우고 뒤를 돌아보았습니다. 뒤따르는 병사들의 얼굴에는 피로가 서려 있었으나, 누구 하나 등을 돌리지 않았습니다. 그때 항우는 묘하게 웃으며 말했습니다.

"내가 천하를 얻을 수도 있었으나, 하늘이 나를 버렸을 뿐이다."

그의 목소리는 바람에 실려 멀리 퍼졌습니다. 그것은 자기연민이 아니라, 운명을 꿰뚫어 본 자의 담담한 인정이었습니다. 병사들은 그 말에 아무도 대답하지 못했습니다. 그들은 알고 있었습니다. 패왕의 길은 이미 끝났으며, 이번이 바로 그의 마지막 전투라는 것을.

오강의 새벽은 이상할 만큼 고요했습니다. 전날 밤까지 요란하던 전장의 소음은 사라지고, 안개가 강 위를 천천히 덮고 있었습니다. 물은 잔잔했으나 그 속에는 피와 눈물이 섞여 있었습니다. 항우는 말을 멈추고 하늘을 바라보았습니다. 하늘은 어둡고 낮게 드리워져 있었으며, 그에게 마지막의 길을 예고하는 듯했습니다.

그는 단정히 내려 말을 쓰다듬었습니다. 준마 추(雅)의 털은 아직도 반짝였으나, 피로와 상처로 더 이상 달릴 수 없었습니다. 항우는 그 곁에 무릎을 꿇고 조용히 속삭였습니다.

초한지 인생 공부

"너는 내 평생의 벗이었다. 이제 가거라. 나의 끝은 이곳이다."

말의 눈동자가 흔들렸습니다. 마치 이별을 아는 듯 고개를 숙였고, 항우는 손바닥으로 말의 머리를 쓰다듬었습니다.

오강에 이르자, 잔잔한 물결이 하늘빛을 받아 은빛으로 빛났습니다. 그곳에는 조그마한 배 한 척이 떠 있었습니다. 강을 지키던 정장이 항우를 보고 달려 나와 무릎을 꿇었습니다.

"왕께서는 어서 강을 건너시옵소서. 동쪽으로 돌아가시면 다시 병사를 모을 수 있을 것이옵니다. 땅은 아직 넓고, 따르는 자도 남아 있습니다."

항우는 고개를 저었습니다.

"하늘이 나를 멸하려 하는데, 어찌 강을 건너 다시 몸을 보전하겠는가."

정장은 간절히 애원했습니다.

"강을 건너면 사실 것입니다. 남으면 죽게 되실 것입니다."

항우는 미소를 지었습니다.

"하늘이 나를 망하게 한 것이지, 싸움에서 진 것이 아니다. 강동의 자제 8천 명이 나를 따라 서쪽으로 왔으나, 지금 한 사람도 살아 돌아간 이가 없구나. 설령 그들의 아버지와 형들이 나를 불쌍히 여겨 왕으로 세운다 해도, 내가 무슨 낯으로 그들을 보겠는가. 살아서 부끄럽게 천하를 보는 것보다, 죽어서 내 이름을 남기는 것이 낫지 않겠는가."

그는 병사들을 바라보았습니다. 이제 수십 명뿐인 그의 병사들이 검을 세우고 그를 향해 절을 했습니다. 항우는 검을 뽑아 하늘을 향해 들었습니다.

"여기서 죽는다면, 초나라 사람으로 죽는 것이다."

그 말이 끝나자, 오강의 바람이 갑자기 세차게 불었습니다. 강물은 거꾸로 흐르는 듯 요동쳤고, 그 물결 위로 그의 갑옷 자락이 펄럭였습니다.

그는 마지막까지 웃었습니다. 그 웃음은 포기나 체념의 웃음이 아니었습니다. 그것은 천하의 끝에서조차 명예를 지키려는 사내의 결의였습니다.

이윽고 항우는 검을 들고 마지막 돌진을 명했습니다.

"따르라!"

그 외침과 함께 남은 병사들은 함성을 내질렀습니다. 그 소리는 울부짖음이 아니라, 자존의 마지막 결의였습니다. 그들은 죽음을 향해 달렸고, 항우는 그 선두에 섰습니다. 결국 항우는 적을 향해 돌진하다가 군세가 급격히 약해진 가운데 스스로 목을 찔러 자결합니다.

오강의 정장은 울부짖었습니다. 그는 항우의 시신 앞에서 무릎을 꿇고 눈물을 흘렸습니다. 강물은 조용히 흐르고 있었고, 새벽안개가 그의 몸을 감쌌습니다. 그 순간, 바람이 불어와 항우의 깃발이 마지막으로 펄럭였습니다. 그것은 마치 패왕의 영혼이 강을 건너 하늘로 오르는 듯한 광경이었습니다.

항우는 패배했으나, 굴복하지 않았습니다. 그의 죽음은 절망이 아니라, 명예의 증거 그리고 인간으로서의 마지막 존엄이었습니다. 그리하여 강물 위에 남은 것은 한 사내의 이름, 그리고 초나라의 종언을 알리는 바람뿐이었습니다. 그날 이후, 사람들은 오강의 물결이 출렁일 때마다 이렇게 말했습니다.

"저 물결에는 아직도 패왕의 그림자가 스며 있다."

결국, 해하전투는 유방과 한신이 치밀하게 준비한 포위·섬멸전의 전형이었으며, 항우는 뛰어난 개인 무용에도 불구하고 전략적 판단과 병력의 격차 앞에서 속수무책일 수밖에 없었습니다. 이 전투에서 초한의 승부는 최종적으로 갈렸으며, 항우의 몰락은 이미 예정된 순서였습니다.

여기에 진평과 장량이 설계한 이간과 심리전이 결정타가 되었습니다. 한나라군은 밤마다 초나라의 노래, '초가'를 사방에서 부르게 하여 초군에게 고향이 이미 한나라의 손에 들어갔다는 절망감을 심어주었습니다. 보급이 끊기고, 측면과 배후에서 연합군이 압박하며, 심리적으로는 고향의 상실을 실감하는 삼중의 압박 속에서 항우는 마침내 최후의 결전을 택할 수밖에 없었습니다.

항우의 마지막 선택은 심리학적으로 볼 때 '자기 동일성'의 극단적 유지입니다. 자아정체성이 무너지는 위기 속에서, 그는 '패배한 왕'이 아니라 '자신답게 죽은 인간'으로 남는 길을 택했습니다. 항우에게 죽음은 '내가 나로 끝날 수 있는 마지막 선택'이었습니다.

그는 현실의 권력은 잃었지만, 자기 세계의 주인이 되었습니다. 그는 외적 조건이 모두 무너진 상황에서도, 내적 선택권을 스스로 쥐고 있었습니다. 즉, 죽음을 통해 생의 통제력을 되찾은 것입니다.

사마천은 《사기》 속 〈항우본기〉에서 항우에 대해 이렇게 적었습니다.

> **3년 동안 마침내 다섯 제후를 거느리고 진나라를 멸하다. 지위는 비록 끝까지 가지 못했지만 근고(近古) 이래로 일찍이 있지 않았다.**
>
> 三年, 遂將五諸侯滅秦… 位雖不終, 近古以來未嘗有也。
>
> 삼년, 수장오제후멸진… 위수불종, 근고이래미상유야.

즉 사마천은 항우를 순임금과 우왕 같은 고대 성왕과 비교하지 않고, 오히려 비교할 만한 인물이 가까운 과거에도 없었다고 높이 평가합니다.

이 짧은 문장은 수천 년의 세월을 넘어 지금까지 항우를 살아 있게 만듭니다. 그는 패자였으나, 그 패배 속에 인간의 가장 순수한 열정과 자존이 깃들어 있었기 때문입니다. 항우는 천하를 얻지 못했습니다. 그러나 그는 천하의 모든 이에게 '패배의 품격'을 남겼습니다. 그의 죽음은 무너짐이 아니라, 하나의 완성된 서사였습니다.

초한지 인생 공부

17

공로가 칼이 되는 순간,
한신의 몰락

1인자의 공포가 2인자의 공로를 지우는 과정

　기원전 202년, 마침내 오강의 물결 위로 초패왕 항우의 포효가 잦아들었습니다. 그의 자결과 함께 천지를 진동시키던 초나라의 기세는 거품처럼 꺼졌고, 흩어진 초군의 잔병들은 검은 한나라 깃발 앞에 무릎을 꿇었습니다. 팽성과 구강, 그리고 항우가 호령하던 중원의 노른자위 땅들이 갈대가 눕듯 유방의 발아래 엎드렸습니다.

　유방은 군대를 이끌고 낙양(洛陽)에 입성했습니다. 패현의 건달 유방은 이제 그곳에 없었습니다. 오로지 천하를 제패한 한 사내가 서 있었을 뿐이었습니다. 그가 낙양 남궁(南宮)에 좌정하자 천하의 제후들이 구름처럼 몰려들었습니다.

　"대왕께서는 의로운 병사를 일으켜 잔학한 진나라를 멸했고, 신의를 저버린 항우를 치셨습니다. 이제 천하가 평온해졌으니 마땅히 황제의 자리에 오르셔야 합니다."

　유방은 관례에 따라 세 번을 사양했습니다.

　"나는 덕이 부족한 사람이다. 어찌 감히 그 자리에 앉겠는가."

그러나 장량과 소하, 그리고 제후들의 간곡한 청이 이어지자 그는 마침내 정월의 차가운 공기를 가르며 선포했습니다.

"제후들이 나라를 위해 이롭다고 하니, 내 천하의 안녕을 위해 명을 받들겠소."

유방은 처음엔 낙양을 도읍으로 삼으려 했습니다. 그러나 장량은 지도를 펼치며 '장안'의 중요성을 역설했습니다.

"낙양은 사방이 트여 공격받기 쉬우나, 장안은 금성탕지(金城湯池)와 같습니다. 그곳은 기름진 평야가 펼쳐져 있고 천연의 요새가 지켜주니, 대업을 잇기에 이보다 좋은 곳은 없습니다."

유방은 곧장 수레를 서쪽으로 돌렸습니다. 위수(渭水)가 흐르고 비옥한 대지가 숨 쉬는 곳, 장안이 새로운 제국의 심장이 되었습니다. 거친 건달로 태어나 천하를 방랑하던 사내는 이제 황금빛 면류관을 쓰고 제국의 아침을 맞이했습니다. 서한(西漢), 즉 400년 한나라 제국의 위대한 서막이 오르는 순간이었습니다.

그러나 천하를 얻은 뒤의 유방은 곧 새로운 위기, 즉 공신 세력과의 권력 균형 문제에 직면했습니다. 전란 중 자신을 도왔던 한신, 팽월, 영포, 장량, 소하, 조참 등은 각자 큰 공을 세웠으나, 그만큼 제후로서의 자율권도 강했습니다. 유방은 제국의 통일을 유지하기 위해 이들을 차례로 견제하기 시작합니다.

초나라와의 정쟁에서 승리의 환호가 채 가시기도 전에, 유방의 시선은 이미 전장을 벗어나 내부를 향하고 있었습니다.

그의 눈앞에는 더 이상 항우의 병사도, 초나라의 기세도 없었습니다. 대신 옛 전우들이 왕과 제후로 봉해져 각지에 성을 쌓고 있었습니다. 그중에서도 한신의 이름은 가장 눈부셨습니다. 그가 없었다면 해하의 포위망도, 초의 항복도 없었을 것입니다. 그러나 바로 그 공로의 찬란함이 유방의 마음속에서 서서히 그림자로 변해갔습니다.

"공이 클수록 칭송은 짧고, 경계는 길다."

유방은 그 진리를 너무도 일찍 깨달은 인물이었습니다. 그에게 한신은 더 이상 '함께 싸운 전우'가 아니었습니다. 그는 언젠가 제국의 중심을 흔들지도 모르는, 가장 큰 변수였습니다. 한신이 제나라를 평정하고 돌아왔을 때, 그 불안은 시작되었습니다.

군중이 "만세!"를 외칠 때 유방의 얼굴엔 미묘한 웃음이 떠올랐습니다. 축하의 말 뒤에 숨은 경계의 냄새를 한신은 알아채지 못했습니다.

"한신 장군이 천하의 절반을 평정하였소. 참으로 대단하오."

그러나 그 말끝의 어딘가, 유방의 눈빛은 '그 절반이 곧 나의 절반이다'라고 말하고 있었습니다. 인간의 심리 법칙은 전장에서의 승리 논리와 다릅니다. 군주는 외부의 적이 사라지면, 본능적으로 내부의 힘을 두려워합니다. 그것은 생존의 본능입니다. 유방에게 한신은 더 이상 동지가 아니라, 새로운 적이 될 가능성이었습니다. 한밤중, 유방은 잠들지 못한 채 장막 안에서 중얼거렸습니다.

"그 사내는 천하를 얻을 수 있는 자야. 하지만 그걸 모르는 게 다

행이지…"

그 순간부터 칭송의 축배는 의심을 넘어 확신으로 바뀌고 있었습니다. 한신의 이름은 제국의 자랑이었지만, 동시에 유방의 불안이었습니다. 그가 쌓은 공로의 탑이 높아질수록, 유방의 그림자는 길어졌습니다. 공의 무게가 공포로 바뀌는 이 장면은, 천하를 얻은 자가 겪는 필연의 심리적 아이러니를 가장 생생히 보여줍니다.

천하가 전란의 불길 속에 뒤틀려 있을 때, 한신의 이름은 마치 패업의 정점으로 치닫는 곡선처럼 치솟았습니다.

그는 처음부터 영웅으로 태어난 인물이 아니었습니다. 진나라 말기의 혼란 속에서 무명의 객장으로 떠돌며 밥 한 끼 구하기도 어려운 나날을 보냈습니다. 그러나 운명은 뜻밖의 순간에 고개를 들었습니다. 패공 유방이 봉기를 일으켰을 때, 그에게 한신을 추천한 이는 바로 소하였습니다.

"이 사내는 단 한 번의 기회를 주신다면, 천하를 평정할 인물입니다."

소하의 강력한 천거에 따라 한신은 대장군으로 임명되고, 그날 밤 막사 안에서 그는 묵묵히 검을 벼리며 말했다고 합니다.

"하늘이 내게 병법을 맡겼으니, 그 빚을 갚을 뿐이다."

이후 한신의 전장은 마치 신화처럼 이어졌습니다. 그가 위나라를 정벌할 때는 거짓 도하와 기습, 조나라를 칠 때는 배수진의 결전, 제나라 전역에서는 수공(水攻)의 기묘함으로 이름을 떨쳤습니다.

유방이 초한의 대치 속에서 패배할 때마다, 한신은 항상 다른 곳에서 전세를 뒤집었습니다.

팽성전투에서 유방의 군대가 크게 패했을 때, 천하는 다시 흔들리고 있었습니다. 초나라의 위세가 다시 살아났고, 위나라와 대나라, 조나라, 제나라가 차례로 한나라를 배반하였습니다. 모두가 패자의 편을 버리고 승자의 깃발로 달려가는 혼란의 시기였습니다. 하지만 그때 유방이 의지할 수 있는 유일한 인물이 바로 전쟁의 신 한신이었습니다.

유방은 조용히 한신을 불러 말했습니다.

"그대만이 다시 천하를 되돌릴 수 있소."

한신은 아무 말 없이 고개를 끄덕였습니다. 그리고 전장으로 향했습니다.

한신이 먼저 목표로 삼은 곳은 위나라였습니다. 기원전 205년, 팽성전투 패배 이후 혼란을 틈타 위왕 위표가 배신하였고, 그는 하수의 요충지 임진을 장악하고 한나라의 보급로를 끊었습니다. 이에 한신은 임진에 대군을 집결시켜 정면 도하를 시도하는 듯 위장하며 위표의 시선을 붙잡아 두었습니다.

그러나 밤이 되자 주력군을 이끌고 북쪽 하양으로 이동해, 나무 항아리를 엮은 뗏목으로 하수를 건너 기습을 감행했습니다. 한신의 군대는 순식간에 안읍 배후에 상륙했고, 방비가 풀린 위나라는 제대로 대응하지 못한 채 붕괴했습니다.

그해 가을, 위나라를 집어삼킨 한신의 칼날은 이제 북쪽의 대(代)

나라를 겨누었습니다. 대나라 왕을 대신해 국정을 맡고 있던 재상 하열(夏說)은 조나라와 연합하여 한나라의 북진을 막으려 했습니다. 그는 험준한 산세에 의지해 전열을 가다듬으며 한신을 기다렸습니다.

한신은 군대에 숨 돌릴 틈조차 주지 않았습니다.

"전쟁은 속도가 생명이다. 적이 조나라와 완벽히 결탁하기 전에 그 목을 쳐야 한다."

한신과 조참(曹參)이 이끄는 한나라 정예군은 대나라의 요충지인 알여(閼與)를 향해 노도와 같이 진격했습니다. 하열은 한신이 위나라를 평정하느라 지쳐 있을 것이라 오판했습니다. 하지만 한신의 군대는 지친 기색 없이 대나라의 국경을 넘었고, 미처 방어 진지를 구축하기도 전에 하열의 본진을 타격했습니다.

알여의 들판에서 양군이 격돌했습니다. 하열은 필사적으로 저항했으나, 이미 전설이 된 한신의 전술 앞에 대나라 병사들은 낙엽처럼 쓰러졌습니다. 한신은 적의 전열이 흐트러진 틈을 타 기병대를 투입해 하열의 중군을 분쇄했습니다. 혼비백산한 대나라 병사들은 사방으로 흩어졌고, 대나라의 실권자이자 재상이었던 하열은 도망칠 기회조차 얻지 못한 채 한나라 병사들에게 사로잡혔습니다.

대나라를 평정한 한신의 다음 표적은 20만 대군이 버티는 조나라였습니다. 한신은 좁디좁은 정형 골짜기에서 인류 전쟁사에 영원히 남을 도박을 감행합니다. 바로 강물을 등지고 진을 치는 배수진과 미리 매복시킨 기병들이 비어 있는 조나라 성을 점령하는 전술로 조나라를 점령한 것입니다. 이어 연나라에 항복을 받은 한신의 칼날은 동방의 대국 제나라로 향했습니다.

제나라와 초나라의 연합군이 유수를 사이에 두고 맞서자, 한신은 다시 한번 지형을 이용한 기만전을 펼쳤습니다. 그는 상류를 막아 강물을 가둔 뒤 일부러 퇴각하는 척해 적을 강 한가운데로 끌어들였고, 추격이 이어지자 둑을 터뜨려 적의 대군을 무너뜨렸습니다. 이 전투로 초와 제 연합군은 치명적인 타격을 입었고, 동방은 완전히 한나라의 세력권 안으로 들어갔습니다.

이 모든 전투가 끝나자, 한신은 유방에게 사자를 보내 제나라 왕의 자리를 요구하여 결국 제나라 왕으로 임명됩니다.

그러나 한신의 요구는 끝내 그를 삼켜 버리는 단초가 되었습니다. 그의 공은 너무 컸고, 그 빛은 너무 강했습니다. 그리고 그 빛이 유방에게 의심의 그림자를 가장 짙게 만들게 했습니다.

사마천은 《사기》 속 〈회음후열전〉에서 이러한 상황을 다음과 같이 기록합니다.

용맹과 지략이 군주를 떨게 하는 자는 그 몸이 위험하고, 공로가 천하를 덮는 자는 상을 받지 못한다고 하였다.
且臣聞勇略震主者身危, 而功蓋天下者不賞。
차신문용략진주자신위, 이공개천하자불상.

그 말은 곧 유방의 정치 신념이자, 공포의 논리였습니다.

항우가 멸망하고 천하가 고요해졌을 때, 유방은 비로소 왕좌에 앉았습니다. 그러나 그가 얻은 것은 평화가 아니라 두려움이었습니다. 수많은 공신이 자신의 곁에 서 있었고, 그들의 눈빛에는 충성보다 계산이 섞여 있었습니다.

한신은 천하를 평정한 대장군이었지만 이제는 유방의 불안을 자극하는 그림자가 되었습니다. 이제 그의 목표는 전쟁의 승리가 아니라, 권력의 균형을 유지하는 체제 설계로 옮겨갔습니다.

한나라 5년, 유방은 한신을 제나라 왕에서 초나라 왕으로 다시 이동시켜 하비(下邳)에 도읍을 정하게 했습니다. 겉으로는 영전이었으나, 속뜻은 견제였습니다. 유방은 이미 한신의 공을 두려워하고 있었고, 한신은 그 두려움을 알고 있었습니다. 그러나 그는 여전히 스스로의 충성을 믿고 있었습니다.

그 이듬해, 한신의 운명은 돌이킬 수 없는 방향으로 흘러갑니다. 어느 날, 조정에 한 장의 밀고문이 올라왔습니다.

"초왕 한신이 반란을 꾀하고 있습니다."

고조는 잠시 침묵했습니다. 그리고 곧 진평이 앞으로 나와 조용히 말했습니다.

"폐하, 직접 칠 수는 없습니다. 속임으로 잡으셔야 합니다."

진평의 계책은 정교했습니다. 유방은 천자가 순행한다는 명목으로 제후들을 불러모으는 행사를 열었습니다. 겉으로는 남쪽 운몽(雲

夢) 호수에서 제후들의 충성을 다짐받는 의식이었지만, 실상은 한신을 잡기 위한 덫이었습니다.

한편, 초나라에 머물고 있던 한신은 고조의 부름을 받고도 망설였습니다.

"병을 핑계로 빠질까… 아니면 직접 가서 뵈어야 할까."

그의 곁에 있던 부하가 조용히 말했습니다.

"장군, 유방과 원한이 있는 종리매(鐘離昧)의 목을 베어 바치십시오. 황제가 기뻐하실 것입니다."

한신은 잠시 그 말을 곱씹다가 친구 종리매를 찾아갔습니다. 종리매는 한신의 속뜻을 눈치채고 냉정하게 웃었습니다.

"한나라가 초를 치지 않는 이유는 내가 그대 곁에 있기 때문이오. 나를 죽여 황제에게 바친다면, 그대 또한 오래 살지 못할 것이오."

그리고 그는 칼을 빼 들어 스스로 목을 찔렀습니다.

"그대는 장자가 아니오!"

그의 마지막 말이 공기를 가르며 울렸습니다.

한신은 침묵한 채, 피에 젖은 종리매의 머리를 천으로 감쌌습니다. 그는 그것을 들고 진(陳, 지금의 허난성 회양 일대)으로 향했습니다. 황제의 진영에 도착하자, 고조는 환하게 웃으며 그를 맞이했습니다.

"왔는가, 한신."

그러나 그 웃음 뒤에는 이미 명령이 내려져 있었습니다. 순식간에 무사들이 들이닥쳐 한신의 팔을 꺾고 결박했습니다. 쇠사슬이 손목을 묶는 소리가 들렸습니다. 한신은 잠시 눈을 감고 말했습니다.

"정녕 사람들 말이 옳았구나. 날랜 토끼가 죽으면 훌륭한 사냥개를 삶고, 높이 나는 새가 없어지면 좋은 활은 치워 버린다. 적을 무찌른 신하는 반드시 죽는다더니…"

유방은 냉정히 대답했습니다.

"그대가 반역을 꾀했다는 상소가 있소."

한신은 고개를 들었습니다. 그날 이후, 한신은 쇠사슬에 묶인 채장안으로 압송되었습니다.

한때 천하를 제패했던 명장이, 이제 뒷수레에 실려 먼지를 뒤집어쓴 죄인의 행렬 속에 있었습니다. 제왕의 질투는 하늘에서 내린 불운이 아니라, 불공정이 만들어낸 인간의 반사신경이었습니다. 그리고 그것이 바로 제국을 흔드는 가장 은밀한 전쟁, 공로의 심리학이었고 그 희생의 주인공은 바로 한신이었습니다.

유방은 이렇게 말했다고 전해집니다.

"사람을 죽이지 않고도 권력을 빼앗을 수 있다면, 그것이 진짜 제왕의 길이다."

소하가 그 말을 들었을 때, 잠시 눈을 감았다고 합니다. 그는 이미 알고 있었습니다. 유방의 불안은 한신이 아니라 구조의 문제였음을. 그래서 그는 전쟁의 영웅들을 제후로 봉하고, 수도 출입을 제한하며, 각 제후의 병권을 분산시켰습니다.

진평은 그 틈에서 이간책을 섬세하게 세웠습니다. 제후들 사이의 정보가 단절되자, 그들은 더 이상 하나의 세력으로 뭉치지 못했습니다. 그 무렵 궁궐에서는 소문이 하나 돌았습니다.

"고조는 칼보다 종이를 무서워한다."

이는 곧 유방의 불안이 전쟁에서 구조로 옮겨갔다는 뜻이었습니다. 그는 이제 누군가를 죽이는 대신, 법을 새로 쓰고 제도를 바꾸며 사람을 고립시키는 방식으로 두려움을 다스려갔습니다.

"전장은 피로 다스리지만, 궁정은 의심으로 다스린다."

그 말은 곧 유방의 후기 통치철학을 요약하는 문장이 되었습니다.

한신은 아무 말도 하지 않았습니다. 다만 하늘을 한 번 올려다보고, 스스로에게 읊조렸습니다.

"내가 만든 천하가, 이제 나를 삼키는구나."

한나라 영토의 절반 이상을 평정한 한신을 바로 제거하기에는 부담이 컸던 유방은 장안에 이르러서야 그의 죄를 사면합니다. 그러나 한신의 모든 병권은 박탈되고, 초왕에서 회음후로 강등되며 결국 제국의 포로 신세로 전락합니다.

유방은 한신의 군사권을 회수하며 그를 길들였습니다. 한신은 반복적으로 자신의 권한이 제약당하는 경험을 통해, 유방의 시스템 안에서만 존재할 수 있다는 '학습된 무력감'에 빠졌습니다. 거록대전이나 정형전투에서 보여준 창의적인 돌파구는 유방이라는 심리적 거물 앞에서는 작동하지 않았고, 결국 그는 도망칠 기회가 있었음에도 운명에 자신을 내맡기는 수동적인 태도를 보였습니다.

사마천은 《사기》 속 〈회음후열전〉에서 극적인 이 장면을 다음과 같이 기술합니다.

교활한 토끼가 죽으면 좋은 사냥개는 삶아지고, 높이 나는 새가 다하면 좋은 활은 감추어지며, 적국이 무너지면 모신(책략을 내는 신하)은 죽는다.

狡兔死, 良狗烹;高鳥盡, 良弓藏;敵國破, 謀臣亡。

교토사, 양구팽; 고조진, 양궁장; 적국파, 모신망.

18

결정의 순간, 살아남는 자의 계략

진평의 책략에서 배우는 권력과 생존의 심리학

초한의 대지가 거대한 함성으로 뒤덮일 때, 승리의 향방을 가른 것은 늘 눈에 보이는 전투만이 아니었습니다. 유방이 대업을 이루는 과정에서 장량이 거시적인 전략의 밑그림을 그리고 소하가 마르지 않는 보급의 샘을 지켰다면, 제국의 앞길을 가로막는 치명적인 독초들을 정교한 비수로 도려낸 이는 바로 진평이었습니다.

진평은 유방의 가장 은밀하고도 날카로운 두뇌였습니다. 그는 정공법으로는 도저히 무너뜨릴 수 없었던 항우의 기세를 꺾기 위해 금을 뿌려 적의 군신들을 서로 의심하게 만드는 이간계를 펼쳤습니다. 항우의 오른팔인 범증과 충직한 장수들을 차례로 떼어낸 그의 계책은 초나라라는 거함을 내부로부터 서서히 침몰시켰습니다.

그의 활약은 전장에서 멈추지 않았습니다. 천하 통일 후, 제국을 위협하는 잠재적 화근이었던 한신을 기묘한 순행 작전으로 생포하고, 제후들의 분열 조짐을 차단하여 한나라 왕실의 종묘를 반석 위에 올려놓은 것 역시 진평의 몫이었습니다. 그가 내놓은 여섯 번의 기이한 계책은 이른바 '육출기계(六出奇計)'로 회자됩니다.

진평은 젊은 시절에 가난했습니다. 양무의 호유현에 살던 그는 밭이 고작 서른 마지기뿐이었고, 형 진백과 함께 힘겹게 생계를 이어 갔습니다. 그러나 형은 농사일을 도맡으며 동생에게 공부에 전념하라고 했습니다.

"집안이 비록 가난하더라도, 뜻은 높게 가져야 한다."

형의 말에 진평은 하루 종일 책을 붙잡고 글을 익혔습니다. 하지만 마을 사람들의 눈에는 그가 게으른 한량처럼 보였습니다. 그는 키가 크고 얼굴이 잘생겨 눈에 띄었고, 언제나 옷차림을 단정히 하며 거리로 나갔습니다. 어떤 이가 비아냥거리며 물었습니다.

"그렇게 가난한데, 도대체 뭘 먹고 살이 찐 거요?"

진평은 미소만 지었습니다. 그러나 그의 형수는 달랐습니다. 농사일도 안 돕고 집안일에도 손을 대지 않는 시동생이 못마땅했습니다.

"쌀겨로도 먹고 살 수 있겠지요. 이런 동생이라면 없는 편이 낫겠어요."

진평은 그 말을 들었지만, 아무 말 없이 책을 덮고 문을 나섰습니다. 그는 세상의 시선을 외면한 채, 자신이 준비하는 시간을 믿고 있었습니다. 어느 날, 마을의 부유한 장부가 상중에 사람들을 맞이하고 있었습니다. 진평은 예의를 지켜 늦게 찾아갔는데, 그 품격 있는 태도와 준수한 용모가 장부의 눈에 들어왔습니다. 장부는 그를 유심히 바라보다가 속으로 생각했습니다.

초한지 인생 공부

"저 사내는 가난하지만, 얼굴에 기개가 서려 있구나."

며칠 뒤 장부는 아들 장중에게 뜻을 밝혔습니다.

"내 손녀를 진평에게 시집보내겠다."

그의 손녀는 다섯 번이나 시집을 갔으나 남편이 갑자기 죽어, 고을 사람 중에 누구도 그녀에게 더는 장가들려 하지 않았습니다.

장중이 놀라며 만류했습니다.

"그 사람은 집도 가난하고 하는 일도 없다고 들었습니다. 마을 사람들이 다 비웃는 자에게 어찌 손녀를 주시렵니까?"

그러자 장부는 태연히 대답했습니다.

"사람이 저렇게 빼어난데도 평생 가난하게 살겠느냐? 세상은 겉으로는 가난을 비웃겠지만, 나는 그의 속에 담긴 기운을 보았다."

그리하여 장부의 손녀는 진평의 아내가 되었습니다. 그러나 진평의 집에는 폐백을 마련할 돈조차 없었습니다. 장부는 그에게 예물값과 잔치비용을 직접 빌려주며 당부했습니다.

"가난하다고 해서 예의를 잊지 말게. 형을 아버지처럼, 형수를 어머니처럼 섬겨라. 그리하면 복이 올 걸세."

그 후 진평은 인품과 예절로 처가의 신뢰를 얻었고, 집안은 서서히 안정되었습니다. 사람들은 "진평이 다섯 번이나 시집을 간 여인을 맞아 운이 트였다"라고 말했지만, 사실 그것은 운이 아니라 진평의 품성과 인내가 만든 전환점이었습니다.

진평은 처음에는 위나라 왕 위구(魏咎)를 섬겼으나 의견이 받아들여지지 않자, 이후 항우에게 가서 그를 섬겼습니다. 항우의 밑에서 장군 신무군으로 활약하며 은왕 사마앙(司馬卬)을 항복시키는 공을 세우고, 그 대가로 항우로부터 도위라는 벼슬과 황금 20냥을 상으로 받았습니다.

하지만 유방의 한나라 군대가 은나라 땅을 다시 점령하자, 화가 난 항우가 그 지역을 담당했던 장수들을 처형하려 했습니다. 진평은 자신도 죽임을 당할까 두려워 칼 한 자루만 챙긴 채 어둠을 틈타 탈출했습니다. 그의 목표는 오직 하나, 유능한 인재를 알아본다는 한왕 유방이 있는 곳이었습니다. 그러나 강가에 다다랐을 때, 그는 예상치 못한 또 다른 위기와 마주합니다.

강바람이 차갑게 불어오는 나루터, 진평은 서둘러 조그만 배 한 척에 몸을 실었습니다. 사공들은 노를 저으며 슬쩍슬쩍 진평의 눈치를 살피기 시작했습니다.

'이 사내, 범상치 않구나.'

진평은 훤칠한 키에 빼어난 외모를 지닌 미남자였습니다. 사공들의 눈에는 혼자 도망가는 저 잘생긴 귀공자가 비단옷 속에 분명 값비싼 금과 옥을 숨겨두었을 것이라는 탐욕이 피어올랐습니다.

"형씨, 혼자서 어딜 그리 바삐 가시나?"

사공 하나가 묘한 웃음을 지으며 물었습니다. 진평은 대답 대신 그들의 눈빛을 읽었습니다. 사공들은 이미 서로 눈짓을 주고받으며 노 대신 칼을 잡을 준비를 하고 있었습니다.

진평의 등 뒤로 식은땀이 흘렀습니다. 무력으로 저들과 싸우기엔 역부족이었고, 애걸복걸한다고 해서 탐욕에 눈먼 자들이 멈출 리 없었습니다. 그 순간, 진평의 머릿속에 번뜩이는 기지가 스쳤습니다.

'저들은 내 옷 속에 보물이 있다고 믿는다. 그렇다면 그 믿음을 통째로 깨버려야 한다!'

진평은 갑자기 자리에서 일어나 입고 있던 겉옷을 거칠게 벗어 던졌습니다. 사공들이 당황하여 멈칫하는 사이, 그는 망설임 없이 속옷까지 하나둘씩 벗어 내렸습니다.

"아이고, 강바람이 무척 덥구려! 내가 노 젓는 일을 좀 돕겠소."

진평은 실오라기 하나 걸치지 않은 완전한 알몸이 되었습니다. 그러고는 태연하게 사공들 옆으로 다가가 노를 함께 잡고 힘껏 젓기 시작했습니다.

사공들은 멍하니 진평의 알몸을 바라보았습니다. 달빛 아래 드러난 그의 몸 어디에도 금붙이나 옥구슬 하나 숨길 곳은 없었습니다. 그가 벗어 던진 옷가지 역시 텅 비어 있었습니다.

'쳇, 겉모습만 번지르르했지 정말 알거지였군.'

살기등등했던 사공들의 눈빛에서 탐욕이 순식간에 사라졌습니다. 죽여봐야 얻을 것이 없다는 것을 확인하자, 사공들은 살해 계획을 깨끗이 접고 묵묵히 노만 저었습니다.

진평은 알몸으로 노를 저으며 속으로 안도의 한숨을 내쉬었습니다. 선비로서의 체면과 수치심은 중요하지 않았습니다. 살아남아야 대업을 이룰 수 있다는 그의 냉철한 생존 본능이 승리한 순간이었습니다. 결국, 진평은 무사히 강을 건너 유방의 진영에 도착했습니다. 빈손이었지만 천하를 바꿀 지략만을 품은 채 말입니다.

사마천은 《사기》 속 〈진승상세가〉에서 이 장면을 다음과 같이 묘사합니다.

진평은 두려움을 느끼고, 곧 옷을 벗어 몸을 드러낸 채 (사공을 도와) 배 젓는 것을 도왔다.

平恐, 乃解衣躶而佐刺船。

평공, 내해의나이좌자선.

이 일화는 훗날 유방의 신하들이 진평을 "도덕성이 부족하다"라고 비난할 때도 언급되지만, 반대로 진평이 형식이나 체면보다 생존과 실리를 중시하는 대단한 책략가임을 증명한 사건입니다.

유방이 천하를 다투던 시절, 진평은 막 그의 진영에 들어온 무명의 인물이었습니다. 그러나 사람들은 그를 곱게 보지 않았습니다.

"그자, 지난날 여러 제후 밑을 전전했지 않았나? 게다가 이번에는 금을 받고 관직을 팔았다더라."

장수들 사이에는 이런 말이 나돌았고, 그 소문은 곧 유방의 귀에도 들어갔습니다.

유방은 처음에는 믿지 않으려 했습니다. 하지만 그가 근래에 부쩍 진평을 신임하자, 주변의 질투와 불신은 점점 커졌습니다.

"대왕, 진평은 간교한 자입니다. 금을 나누며 세력을 끌어모읍니다."

한 번 심어진 의심은 유방의 마음을 흔들었습니다. 그는 마침내 진평을 불러 세웠습니다.

"진평, 네가 장수들에게 금을 나누어 이간질한다는 소문이 있구나. 이게 사실이냐?"

막사 안의 공기는 무겁고, 침묵은 길었습니다. 진평은 담담히 고개를 들었습니다.

"폐하, 신이 처음 폐하를 뵈었을 때, 가진 것이 아무것도 없었나이다. 몸뚱이 하나로 들어왔기에, 사람을 만나고 병사를 모으려면 금이 필요했습니다. 그 금은 매관을 위한 것이 아니라, 신의 계책을 실현하기 위한 수단이었을 뿐이옵니다. 만약 제 계책이 쓸모없다면, 그 금은 그대로 있으니 봉하여 관청에 돌려주시면 됩니다. 신은 다만 물러가면 그뿐이옵니다."

그는 말을 마치며 고개를 숙였습니다. 변명도, 눈물도 없었습니다. 오직 담백한 사실만이 흙먼지처럼 막사 안에 가라앉았습니다. 유방은 한참을 바라보다가 문득 웃음을 터뜨렸습니다.

"그대, 참 이상한 자로다. 세상 사람은 다들 말로 자신을 변명하지만, 그대는 물러나겠다 하니 오히려 믿음이 생기는구나."

그날 유방은 진평에게 죄를 묻지 않고 오히려 그를 장군들을 감시하는 감호군중위(監護軍中尉)로 임명했습니다.

"장수들의 싸움을 지켜보되, 그 속을 읽어라. 그대의 눈으로 내 불안을 대신 보아라."

그 말 한마디에 진평의 지위는 단숨에 높아졌습니다.

그러나 진평은 자만하지 않았습니다. 오히려 더 조심했습니다. 그는 유방의 눈빛 속에 숨어 있는 불안을 읽었고, 그 불안을 없애주는 것이야말로 자신이 해야 할 일임을 깨달았습니다.

그는 이듬해부터 한신과 팽월, 영포 등 각 제후들의 동향을 세밀히 관찰하며, 이들 사이의 불신을 살짝 부추겼습니다.

"폐하, 한신은 충성스럽지만 지나치게 강하고, 팽월은 단순하지만 교만하옵니다. 그들의 공이 서로 겹치면 반란의 불씨가 될 수 있습니다. 차라리 그들의 세력을 나누어 균형을 맞추시지요."

유방은 고개를 끄덕였습니다. 그는 진평의 계책을 따라 공신들을 분리했고, 제국의 내부 균열을 미리 차단했습니다.

그날 이후, 진평은 단 한 번도 군대나 권세를 직접 쥐지 않았습니다. 대신 유방의 의심을 흡수하는 완충의 벽이 되었습니다. 유방의 불신은 다른 자들을 무너뜨렸지만, 진평은 그 불신 속에서 자신을 증명했습니다. 그의 지혜는 싸워 이기는 것이 아니라, 의심 속에서도 믿음을 만들어내는 법을 아는 것이었습니다.

형양전투는 한신의 군사력이 아니라, 진평의 지략이 만든 전환점이었습니다. 초나라의 항우는 형양성을 포위해 유방의 숨통을 죄고 있었고, 한나라의 보급로인 용도(甬道)마저 끊겼습니다. 성 안은 굶주렸고, 유방은 초조했습니다. 어느 날, 유방이 한숨을 내쉬며 진평에게 물었습니다.

"천하가 언제쯤 안정되겠는가?"

진평은 조용히 대답했습니다.

"항우는 사람을 공경하고 선비를 아끼나, 공을 세운 자에게는 인색합니다. 반면 대왕께서는 봉읍을 후하게 내리시나, 사람을 모욕하여 청렴한 선비를 얻지 못하십니다. 초나라에는 예가 있으되 은혜가 없고, 한나라에는 은혜가 있으되 예가 없습니다. 이 두 단점을 버리고 장점을 취하신다면, 천하는 이미 손안에 있사옵니다."

유방은 잠시 말이 없었습니다.

진평은 이어서 이렇게 말했습니다.

"초나라에도 허점이 있사옵니다. 항왕의 측근이라 할 만한 자는 아부 범증, 종리매, 용저, 주은 등 몇 사람뿐입니다. 황금 수만 근을 내어 그들의 사이를 이간하면 항왕은 반드시 의심에 빠질 것입니다. 항우는 의심이 깊고 참언을 잘 믿는 사람입니다. 내부에서 의심이 생기면 스스로 붕괴할 것이옵니다."

유방은 그 말에 무릎을 쳤습니다.

"좋다! 그대의 말이 천금의 계책이로다."

그는 황금 4만 근을 내주며 말했습니다.

"그대 뜻대로 하라. 들어간 금이든, 나간 금이든 묻지 않겠다."

진평은 즉시 밀정을 초나라 진영 곳곳에 심었습니다. 그리고 소문을 내기 시작합니다.

"종리매를 비롯한 초나라의 장수들이 공을 세우고도 땅을 분봉받지 못해 항우에게 원한을 품고 있다. 그들은 조만간 유방과 손을 잡고 항우를 멸망시킨 뒤, 초나라 땅을 나누어 왕이 되기로 약속했다더라."

종리매는 항우와 같은 고향 출신으로, 전장에서 수많은 공을 세운 핵심 장수였습니다. 하지만 평소 의심이 많았던 항우는 이 소문을 듣자마자 종리매를 멀리했습니다. 종리매는 자신이 왕의 눈 밖에 난 이유도 모른 채 전장에서 고립되었고, 이는 초나라 군대의 지휘 체계에 균열을 일으켰습니다.

진평의 결정적 이간책은 항우의 사자가 한나라 진영을 방문했을 때 발휘됩니다. 진평은 화려한 성찬을 내오며 사자를 환대하다가 그가 범증이 아닌 항우의 사자임을 확인하자마자 보잘것없는 음식으로 상을 바꾸며 범증과 내통하는 척 연기했습니다. 이 소식을 들은 항우는 범증을 불신하였고, 평생을 바쳐 헌신한 자신을 의심하는 태도에 분노한 범증은 항우를 떠났습니다. 이 간단하면서도 치밀한 이간계로 항우는 자신의 유일한 천재적 책사를 잃었고, 이 사건은 초한 전쟁의 결정적 전환점이 되었습니다.

진평의 이간계는 한 번의 책략으로 초나라의 심장을 갈라놓았습니다. 칼 한 자루 들지 않았으나, 그의 한마디는 수십만 병사보다 무

초한지 인생 공부

서운 칼날이었습니다.

진평의 육출기계 중 최고 계략은 유방의 목숨을 구한 흉노족 왕 묵돌선우의 부인 연지(閼氏)에게 보낸 편지입니다.

기원전 200년, 한 고조 유방은 32만 대군을 이끌고 북방의 패자 흉노를 정벌하러 나섰습니다. 하지만 이는 묵돌선우의 치밀한 함정이 었습니다. 유방은 정예 기병만을 이끌고 앞서나가다 백등산(白登山)에서 40만 흉노 기병에게 겹겹이 포위되고 말았습니다. 칠일 밤낮을 먹지도 못하고 추위에 떨며 화살 세례를 견뎌야 했던 유방은 절망했습니다. 그때, 유방의 곁을 지키던 진평이 산 아래 흉노의 진영을 살피더니 묘안을 내놓았습니다.

진평은 묵돌선우를 직접 설득하는 대신, 그의 아내이자 실권자인 연지의 심리를 공략하기로 했습니다. 그는 은밀히 사람을 보내 연지에게 보물과 함께 한 폭의 그림, 그리고 기묘한 서신을 전했습니다.

그림 속에는 천하절색(天下絶色)의 미녀가 그려져 있었습니다. 진평은 서신에 이렇게 적었습니다.

"한나라 황제는 지금 위급한 상황이라, 항복의 대가로 천하에서 가장 아름다운 여인들을 선우께 바치려 준비 중입니다. 만약 이 포위망이 뚫리지 않는다면, 곧 그 미녀들이 선우의 침소에 들게 될 것입니다."

연지는 그림 속 인물의 눈부신 미모를 보고 가슴이 철렁 내려앉 있습니다.

'저런 미인들이 선우의 곁에 오게 된다면, 내가 받는 총애는 순식간에 사라지겠구나!'

불안해진 연지는 곧장 묵돌선우에게 달려가 속삭였습니다.

"한나라 황제도 하늘이 돕는 군주인데, 우리가 너무 몰아붙여서 좋을 것이 없습니다. 설령 그 땅을 얻는다 해도 우리 풍습과 달라 다스리기 어려우니, 이쯤에서 길을 열어주어 은혜를 베푸는 것이 낫지 않겠습니까?"

연지의 집요한 설득 속에, 묵돌선우는 포위망의 한 귀퉁이를 열어주었고 유방은 구사일생으로 탈출합니다.

사마천은 《사기》 속 〈진승상세가〉에서 이 계책을 다음과 같이 기록합니다.

고제(유방)가 진평의 기이한 계책을 써서, 사람을 몰래 보내 연지(선우의 아내)에게 선물을 주었다. 연지가 이에 선우를 설득했다. 그 계책은 비밀스러워 세상 사람들이 아무도 듣지 못했다.

高帝用陳平奇計, 使人間行, 秘遺閼氏。閼氏乃說單于… 其計祕, 世莫得聞。

고제용진평기계, 사인한행, 비유알씨. 알씨내설선우… 기계비, 세막득문.[*]

---

[*] 사마천이 '비밀스러워 알 수 없다'라고 한 부분. 즉 진평의 계책은 전해 내려오지 않습니다. 본문 중 연지에 관한 질투 유발 심리술은 후대 주석서인 《사기색은(史記索隱)》에 등장하는 내용입니다.

초한지 인생 공부

기원전 195년 유방의 병세가 깊어지던 말년, 궁정은 이미 차가운 긴장으로 가득했습니다. 황제가 쓰러지기만 하면, 다음 순간에는 권력의 방향이 어디로 향할지 아무도 예측할 수 없는 때였습니다. 이때 어떤 인물이 은밀히 유방의 귀에 속삭였습니다.

"번쾌는 여씨 일족입니다. 만약 폐하께서 하루아침에 세상을 떠나신다면, 번쾌는 틀림없이 군대를 이끌고 와 척부인과 조왕 여의의 일족을 제거할 것입니다."

유방은 이 말을 듣자마자 낯빛이 변했습니다. 생사의 갈림길에서 가장 가까운 무장조차 믿지 못하게 만드는 것이 권력의 본성입니다.

번쾌는 유방과 함께 생사를 건 싸움을 버텨온 개국 일등 공신이었습니다. 홍문연에서 유방을 구하기 위해 몸을 던져 항우 앞에 뛰어들었던 사내, 진희의 반란과 각종 전투에서도 맨 앞에 서서 목숨을 걸었던 무장, 유방이 절대적으로 신임하던 '칼을 들면 가장 먼저 달려오는 사람'. 그런데 바로 그 충성심이, 권력 말기의 불안 속에서는 '위협'으로 보였습니다. 유방은 격노하며 진평을 불렀습니다.

"강후(絳侯, 진평)는 수레를 타고 가 번쾌를 대신해 군권을 맡아라. 그리고 군중에서 번쾌의 목을 베어라."

명령은 냉철했고, 결단은 잔혹했습니다. 그러나 진평은 이 명령 뒤에 숨어 있는 진짜 그림을 알고 있었습니다. 지금 번쾌를 죽이면, 번쾌와 가족관계인 여태후가 어떻게 반응할지, 여씨 일족이 어떤 힘을 발휘할지, 그리고 황제가 죽은 뒤 나라가 어떤 혼란에 빠질지. 그 누구도 감당할 수 없는 일이 벌어질 게 분명했습니다.

진평은 결국 번쾌를 죽이지 않고 체포해 장안으로 압송합니다. 얼마 뒤 유방이 세상을 떠나자, 권력의 중심은 즉시 여태후의 손으로 넘어갔습니다. 그리고 번쾌에게 씌워졌던 억울한 누명은 너무나 쉽게 풀렸습니다.

여태후는 말했습니다.

"번쾌는 폐하와 함께 나라를 세운 공신입니다."

그녀는 번쾌를 석방하고, 이전의 작위와 식읍을 모두 되돌려 주었습니다.

진평은 번쾌의 처형 명령을 받은 순간, 눈앞의 명령보다 나라 전체의 균형과 미래의 혼란을 먼저 본 사람입니다. 황제의 분노를 그대로 집행하면 여태후와 여씨 세력이 즉각 반발하여 조정이 피로 물들 것이 분명했고, 유방 사후의 권력 공백 속에서 한나라는 돌이킬 수 없는 내전에 빠졌을 것입니다.

진평은 이 위험을 단숨에 계산해 내고, 명령을 겉으로 따르되 실제로는 나라를 위한 최선의 선택을 했습니다. 이 단 한 번의 판단만 보아도 그는 상황의 표면이 아니라 '보이지 않는 파장'을 읽는 정치가였으며, 감정보다 구조를 우선하는 냉정한 전략가였음을 알 수 있습니다.

제국의 주인이 사라진 자리에는 여태후라는 또 다른 권력이 서 있었습니다. 한나라의 궁정은 피 냄새와 침묵이 뒤섞인 전환기를 맞이했으며, 그 중심에 진평이 있었습니다. 그는 승상으로서 천하를 지탱했지만, 동시에 누구보다도 '말을 삼가는 자'였습니다. 진평은 겉으로는 조용히 고개를 숙였습니다.

"태후의 뜻이 곧 조정의 뜻이옵니다."

진평의 목소리는 부드럽고 단호했습니다. 여태후의 눈빛 속에는 안도감이 스쳤습니다. 그녀는 그가 복종하는 충신이라 여겼습니다. 그러나 아무도 모르는 밤, 진평은 홀로 등불 아래에 앉아 조용히 조정의 인사 명단을 손으로 그려 보았습니다. 한 줄은 여씨, 한 줄은 유씨, 그리고 그 사이를 잇는 몇 사람의 이름. 그것이 바로 그가 유지하던 보이지 않는 균형표였습니다.

그는 결코 여태후의 명을 거스르지 않았습니다. 대신, 여태후의 과격한 결정을 늦추는 기술을 썼습니다.

"태후, 이 일은 잠시 후에 처리하심이 어떻겠습니까? 백성의 마음을 살피는 데 도움이 될 것이옵니다."

이 짧은 한마디로 그는 수많은 유씨 황족의 피를 지켰습니다.

진평의 처세는 《사기》에 한 줄의 기록으로 남아 있습니다.

진평은 말을 하지 않음으로써 자신의 공을 지켰다.

陳平其計秘, 世莫得聞。

진평기계비, 세막득문.

그 침묵은 겁이 아닌 계산된 언어의 부재였습니다. 그는 여태후가 듣고 싶은 말만 하되, 그 말 속에는 늘 한 치의 여백을 남겼습니다.

여태후가 의심을 품으면, 그 의심의 화살은 언제나 그를 향했습니다. 그러나 이상하게도, 여태후는 그를 절대 해치지 않았습니다.

어느 날, 궁정 회의 자리에서 외척 여씨들이 기세등등하게 조정의 자리를 장악하려 들었습니다. 모두가 숨을 죽일 때, 진평은 무표정하게 고개를 끄덕였습니다.

"태후의 뜻이 옳사옵니다."

그 말 한마디에 여씨들의 얼굴에는 미소가 번졌지만, 진평은 속으로 이미 계산을 마쳤습니다. 그들의 오만이 오래가지 못하리라는 것을 알고 있었습니다.

그는 이 시대를 '건너는 법'을 알고 있었습니다. 모든 왕이 신하들을 의심했으나, 그 누구도 그를 제거하지 못했습니다. 진평은 권력자의 의심을 흡수하는 피뢰침이었습니다.

시간이 흘러 문제(文帝)의 시대가 열리자, 궁정은 다시 온기가 돌았지만, 진평은 그 속에서도 여전히 긴장의 끈을 놓지 않았습니다. 그는 여태후 시절의 폭풍을 견뎌낸 유일한 정치인이었고, 이제는 제국의 안정을 지탱하는 마지막 손이 되었습니다.

문제는 온화했지만, 동시에 예민한 군주였습니다. 사람의 마음을 읽는 데 탁월했고, 신하의 말 한마디 속에서도 의심의 실마리를 찾곤 했습니다. 그러나 그런 왕조에서조차 진평은 살아남았습니다. 그는 결코 앞서 나서지 않았습니다. 대신 늘 한 발 뒤에서 왕의 뜻을 읽고, 그 뜻이 폭주하지 않도록 완곡하게 조정했습니다.

어느 날 문제는 조용히 진평에게 물었습니다.

"승상, 내가 다스리는 나라가 과연 평안하겠는가?"

진평은 고개를 숙인 채 답했습니다.

"폐하의 마음이 평안하시면 나라 또한 평안해집니다."

그 짧은 대답 안에는 칭송도, 간언도, 명확한 조언도 없었습니다. 그러나 문제는 미묘하게 안심했습니다. 그 말 속에서 자신의 불안을 달래주는 거울 같은 평온함을 느꼈습니다.

진평은 왕의 뜻을 거스르지 않았습니다. 그러나 그대로 따르지도 않았습니다. 예를 들어 문제의 초기 통치기, 세금을 크게 줄이려는 조치가 나오자 여러 신하가 찬성했습니다. 하지만 진평은 아무 말도 하지 않았습니다. 그러자 문제가 물었습니다.

"모두가 좋다 하는데, 승상만 말이 없구나."

그는 미소를 지으며 대답했습니다.

"모두가 좋다 하면, 그 안에 분명히 허점이 있을 것이옵니다."

그 한마디로 문제는 생각을 바꾸었고, 진평은 칭송 대신 존경과 두려움을 함께 얻었습니다.

그는 단순히 왕의 눈치를 본 신하가 아니었습니다. 왕이 자신을 통제한다고 느끼게 하면서, 실제로는 왕의 감정을 조율한 자였습니다. 왕이 화를 내면 그 화의 방향을 돌려놓고, 의심이 생기면 자신이 그 의심의 표적이 되었습니다.

문제는 종종 밤늦게 그를 불러 이렇게 말했습니다.

"승상은 참 이상하오. 내 마음을 읽는 듯하오."

진평은 고개를 숙인 채 웃었습니다.

"폐하의 뜻이 곧 천하의 뜻이옵니다."

그는 마지막까지 직언하지 않았고, 한 번도 왕의 마음을 거스르지 않았습니다. 그러나 그 침묵과 순응 속에, 진평은 왕이 결코 홀로 폭주하지 않도록 보이지 않는 제동장치가 되어 주었습니다. 그리하여 왕은 진평을 두려워하면서도 제거하지 못했습니다.

그의 권력은 말이 아니라, 침묵 속의 설계로 완성된 것이었습니다. 진평은 칼을 쓰지 않았지만, 그의 판단 하나로 제국의 균형이 유지되었습니다. 그것이 바로 진평의 마지막 지혜, 권력의 가장 깊은 자리에서 이룬 조용한 통치의 예술이었습니다.

진평의 가장 큰 능력은 '판단'이 아니라 '간파'였습니다. 그는 리더의 말보다 먼저 표정과 호흡의 길이를 읽었습니다. 유방이 웃으며 잔을 올릴 때 입가의 주름이 깊어지면 '의심'이 올라오고, 여태후의 눈빛이 미세하게 흔들리면 '결단의 망설임'이 남아 있음을 알아차렸습니다. 이렇게 감지한 불안의 징조를 그는 곧장 흡수하여 안정의 언어로 돌려주었습니다.

"지금 크게 움직이실 때가 아니옵니다. 잠시 기다리시면 스스로 굴러들어 올 것입니다."

"그 공신은 높이되, 가까이 두지 않는 편이 나라에 이롭습니다."

이런 말은 과격한 명령이 아니라 온도를 낮추는 문장이었습니다.

한신의 자존이 군주의 불안을 증폭시켰다면, 진평의 유연함은 그 불안을 완화시켰습니다. 한신은 전장에서 승리를 쌓을수록 존재의 크기가 커졌고, 그 크기는 곧 군주에게 체제 위험요인으로 보였습니다. 반면 진평은 공을 세워도 자신을 드러내지 않고, 결정의 공을 군주에게 귀속시켰습니다. 같은 결과를 만들어도 "내가 했다"가 아니라 "폐하의 뜻이 그러하니 그렇게 되었다"로 설계했습니다. 그 설계는 결국 그에게 신뢰의 시간을 벌어 주었습니다.

그는 평생 충성과 처세의 경계선, 즉 권력의 미세한 줄 위를 걸었습니다. 충성이라 단정하면 때로 우직해지고, 처세라 규정하면 곧 기회주의가 됩니다. 진평은 그 어느 편에도 완전히 기울지 않았습니다. '진심으로 충성하지도, 진심으로 반역하지도 않는' 회색지대의 균형 감각이 곧 그의 생존 기술이었습니다.

요약하자면, 진평은 제국의 '불안 관리인'이었습니다. 불안의 방향을 밖이 아닌 안으로 돌리지 않고, 또한 안이 아닌 제도와 시간으로 흘려보내는 기술. 그 정교한 조율이 한 제국에서 그의 수명을 연장했습니다. 정치가 사람의 마음을 다루는 기술이라면, 진평은 그 기술을 가장 조용하게, 그러나 가장 완벽한 방식으로 완성한 인물이었습니다.

사마천은 《사기》 속 〈진승상세가〉를 마무리하며 진평이라는 인물을 이렇게 종합적으로 평가합니다.

항상 기묘한 계책을 내어 얽히고설킨 어려움을 구하고 국가의 환난을 떨쳐냈으며… 종묘를 안정시키고 영예로운 이름으로 생을 마쳤으니 어진 재상(현상)이라 일컬어질 만하다. 지혜와 책략이 있는 자가 아니라면 누가 이 자리에 합당하겠는가?

常出奇計, 救紛糾之難, 振國家之患… 定宗廟, 以榮名終, 稱賢相。非知謀孰能當此者乎?

상출기계, 구분규지난, 진국가지환… 정종묘, 이영명종, 칭현상. 비지모숙능당차자호?

19

자신을 드러내지 않는 자들의 힘

조참, 주발이 보여준 고도의 자기 제어술

초한 전쟁의 거대한 먼지가 가라앉고 한 제국의 깃발이 장안의 하늘 높이 솟았을 때, 세상은 비로소 평화가 찾아왔다고 믿었습니다. 하지만 그것은 거대한 착각이었습니다. 전쟁터의 창칼은 녹슬어 창고에 쌓였으나, 황궁의 보이지 않는 권력의 칼날은 오히려 전장보다 더 날카롭게 벼려지고 있었습니다.

천하를 얻은 유방의 눈은 정복자의 희열 대신 깊은 의구심으로 번뜩였습니다. 한때 생사를 함께했던 공신들은 이제 제국의 안녕을 위협하는 '잠재적 적'으로 변해 있었습니다. 한신은 포박되었고, 팽월과 영포는 반란의 의심을 내포한 경계 대상이었습니다. 통일 직후의 한나라는 외부의 적을 물리친 뒤 내부의 공신들을 하나둘 도려내는 비정한 '숙청의 계절'을 지나고 있었습니다.

이런 피비린내 나는 혼돈의 소용돌이 속에서, 폭풍의 눈처럼 묵묵히 살아남아 제국의 기틀을 끝까지 지켜낸 두 명의 거인이 있었습니다. 바로 조참과 주발입니다.

그들은 한신의 천재적인 기예를 탐내지 않았고, 장량의 화려한 변설을 흉내 내지 않았습니다. 조참은 '말을 아끼고 법도를 지키는 침묵'으로 자신을 지켰으며, 주발은 '나무처럼 투박하고 정직한 우직함'으로 황제의 의심을 잠재웠습니다. 한 명은 소하의 뒤를 이어 제국의 행정을 완성했고, 또 한 명은 훗날 여씨 일족의 전횡을 막아내며 유씨 천하를 되찾아오는 결정적인 복병이 되었습니다. 칼로 싸우지 않고, 말로 다투지도 않았으나, 끝내 침묵과 인내로 제국을 실질적으로 지탱했던 두 사람. 이제 화려한 영웅들의 그늘에 가려져 있었으나 가장 단단했던 조참과 주발의 이야기를 시작하려 합니다.

이 시기의 한나라 조정은 거대한 살얼음판과 같았습니다. 말 한 마디가 삶과 죽음을 가르고, 한 걸음 잘못 디디면 곧 역모로 몰렸습니다. 그 때문에 조참과 주발은 말을 아꼈고, 걸음을 늦췄습니다. 그들은 권력의 흐름을 거스르지 않았고, 오히려 흐름 속에서 몸을 낮췄습니다. 그들의 생존은 단순한 운이 아니었습니다.

조참은 본래 패현의 평범한 관리였습니다. 그는 진나라 시절 옥사(獄事)를 맡던 하급 관리였고, 소하는 인사를 담당하는 주리(主吏)였습니다. 둘은 모두 행정 실무에 능해 현지에서는 이름난 관리였습니다. 그러나 세상이 변하고, 패현의 관리였던 유방이 진나라의 폭정을 거스르며 깃발을 들었을 때, 조참의 운명도 바뀌었습니다.

유방이 패공으로 거병하자, 조참은 가장 먼저 그 곁에 섰습니다. 당시 그의 신분은 중연(中涓)으로 황제의 시종과 같은 직책이었으나, 그는 단순한 수행원이 아니었습니다.

진나라의 폭정이 극에 달해 대지가 비명을 지르던 기원전 209년, 패현의 하급 관리였던 조참은 붓을 던지고 칼을 잡았습니다. 그는 유방을 도와 봉기한 이래, 군대를 지휘하면서 한 치의 흐트러짐도 없는 서슬 퍼런 군기를 보여주었습니다.

조참의 첫 목표는 호릉(胡陵)과 방여(方與)였습니다. 진나라의 감공(監公)이 이끄는 수비군은 수적으로 우세했으나, 조참은 당황하지 않았습니다. 그는 전장의 소란 속에서도 차갑게 지형을 읽었습니다.

"군기는 장수의 자존심이다. 깃발이 흔들리면 마음이 흔들리는 법이다!"

조참은 직접 유방의 군기를 높이 세우며 선봉에 섰습니다. 그의 침착한 지휘 아래 한나라 군대는 노도와 같이 진격했고, 오만했던 진나라의 감공 군은 조참의 칼날 앞에 낙엽처럼 쓰러졌습니다. 방여에서 일어난 반란군 역시 조참이 이끄는 정예병의 기세에 눌려 순식간에 평정되었습니다.

기세를 몰아 조참은 동쪽의 요충지인 설현(薛縣)으로 향했습니다. 진나라 관군이 설현 성벽에 의지해 완강히 저항하자, 조참은 부대를 나누어 사수(泗水)를 건너게 했습니다. 차가운 사수의 강물을 건넌 조참은 설성 서편에 견고한 진을 쳤습니다. 배수진과도 같은 형세 속에서 조참은 단 한 번의 머뭇거림도 없이 성문을 타격했습니다. 전장에는 조참의 호령만이 가득했고, 연달아 터진 승전보는 패공 유방의 이름을 천하에 알리는 신호탄이 되었습니다. 그가 지나간 자리에 진나라의 깃발은 남아나지 않았습니다.

그의 행적은 늘 조용했지만 확실했습니다. 풍읍이 반란을 일으켜 위나라로 투항하자, 조참은 주저하지 않고 곧장 공격하여 반역 세력을 제압했습니다. 그 공으로 유방은 그에게 칠대부(七大夫)의 작위를 내렸습니다. 하지만 그는 공을 자랑하지 않았고, 전공의 대가로 더 큰 보상을 요구하지도 않았습니다. 그저 자신에게 주어진 명령을 완벽하게 수행하는 것, 그것이 조참의 신념이었습니다.

패공 유방의 깃발 아래, 조참의 군대는 마치 하나의 거대한 조직처럼 움직였습니다. 그가 동군(東郡)의 위나라군을 치기 위해 성무(成武) 남쪽 들판에 섰을 때, 적들은 조참의 진영에서 뿜어져 나오는 기이한 정적에 압도당했습니다. 함성보다 무서운 것은 질서였는데, 조참은 그 질서로 위나라군을 단숨에 분쇄하며 대승을 거두었습니다.

진격은 멈추지 않았습니다. 성양 남쪽, 조참의 앞을 가로막은 자는 진나라의 마지막 자존심이라 불리는 왕리였습니다. 그는 육국을 통일한 불패의 명장 왕전(王剪)의 손자이자 왕분(王賁)의 아들로, 가문의 명예를 어깨에 짊어진 인물이었습니다. 전설적인 가문의 정예병과 맞붙었음에도 조참의 눈빛은 흔들림이 없었습니다.

"가문의 이름이 군대를 지켜주는 것이 아니다. 오직 엄정한 군율과 죽음을 두려워하지 않는 기세만이 승리를 가져온다!"

조참이 직접 군기를 휘두르며 돌격하자, 한나라 군대는 한 치의 흐트러짐도 없이 적진을 파고들었습니다. 왕리의 군대는 견고한 방패벽이었으나, 조참의 파상공세에 균열이 생기기 시작했습니다. 결국

초한지 인생 공부

명장의 후예인 왕리는 조참의 지략과 용맹 앞에 무릎을 꿇었고, 진나라의 마지막 보루는 그렇게 무너져 내렸습니다.

싸움이 끝난 뒤의 풍경은 더욱 놀라웠습니다. 승리에 도취한 병사들이 민가를 약탈하는 것이 난세의 상식이었으나, 조참의 부대에서는 결코 용납되지 않았습니다.

"백성을 해치는 자는 적보다 먼저 내 칼을 받을 것이다!"

조참은 엄명을 내려 주민들을 보호하고 질서를 유지했습니다. 피비린내 나는 전쟁터에서 백성들은 처음으로 '두려움'이 아닌 '안도'를 느꼈습니다. 조참이 이끄는 검은 깃발이 성문에 꽂힐 때, 백성들은 문을 걸어 잠그는 대신 그를 환영했습니다.

초한 전쟁의 함성이 잦아들 무렵, 한나라는 내부로부터 터져 나오는 반란의 불꽃으로 다시 들끓기 시작했습니다. 제나라의 상국으로 부임한 조참은 행정가로서의 붓을 잠시 내려놓고, 다시금 묵직한 갑옷을 걸쳤습니다.

진희의 부장 장춘(張春)이 제나라의 경계에서 반란을 도모했을 때, 조참은 당황하지 않았습니다. 그는 제나라의 병력을 신속하게 정비하며 병사들에게 명했습니다.

"반란은 들불과 같으니, 번지기 전에 그 뿌리를 잘라야 한다!"

조참은 한 치의 오차 없는 용병술로 장춘의 군대를 압박했습니다. 장춘은 제나라의 기세에 눌려 퇴로를 찾았으나, 조참이 놓은 촘촘한 포위망을 벗어날 수 없었습니다. 조참은 이 전투에서 반란군을 궤멸시키며 동방의 안정을 다시금 증명했습니다.

천하가 평정된 뒤, 조참은 더 이상 전장을 누비는 장수가 아니었습니다. 그는 한나라 조정의 중심으로 옮겨와, 고조 유방의 신임을 받으며 정무를 맡게 되었습니다. 전장에서 검을 들던 손으로 이제는 법령과 제도를 다스렸습니다.

그의 전투 방식이 '정공법'이었다면, 그의 정치 역시 '정심(正心)'이었습니다. 재상으로서의 조참은 무엇보다 '드러내지 않음'을 미덕으로 삼았습니다. 그는 공을 자랑하지 않았고, 언행을 절제했습니다.

"이제 소하의 시대는 끝났다. 조참이 자신의 법을 세우겠지."

그 기대와 불안이 뒤섞인 궁정의 공기가 서늘하게 흐르고 있었습니다. 그때 조참은 천천히 입을 열었습니다.

"나는 전임자 소하의 법과 제도를 따르겠습니다. 그가 만든 제도는 이미 백성의 마음에 뿌리내렸습니다. 내가 그것을 바꾼다면, 혼란이 일어날 것입니다."

조정의 관료들은 놀랐습니다. 어떤 이는 속으로 비웃었고, 어떤 이는 안도했습니다. 그러나 그 말이 끝난 순간, 한 제국의 공기가 달라졌습니다. 전쟁이 끝난 나라에 처음으로 평화가 찾아왔기 때문입니다.

그는 소하가 남긴 관료와 행정 체계를 손대지 않았습니다. 기존의 법령은 수정되지 않았고, 세금도 그대로였습니다. 그의 이름으로 발표된 새로운 법조문은 단 한 줄도 없었습니다. 조참은 말했습니다.

"정치는 농사와 같소. 자주 밭을 뒤집으면 싹이 자라지 않소. 이

　　　　　　　　　초한지 인생 공부

제 흙을 건드리지 말고, 햇볕과 바람에 맡길 때요."

그의 정치에는 혁신도, 개혁도 없었지만, 백성들은 처음으로 숨을 돌릴 수 있었습니다. 세금이 오르지 않았고, 관청의 명령이 줄었으며, 관리들의 얼굴에는 여유가 생겼습니다. 시장에는 곡식 냄새가 풍기고, 아이들이 다시 길거리에서 뛰놀았습니다.

이러한 조참의 성품을 알 수 있는 것이 사마천의 《사기》 속 〈조상국세가〉에 기록된 다음의 일화입니다.

한나라의 기틀을 닦았던 승상 소하가 세상을 떠나고, 그 뒤를 이어 조참이 승상의 자리에 올랐습니다. 하지만 도성 장안의 관리들과 백성들은 고개를 가로저었습니다. 새로 부임한 승상이 정사는 뒷전인 채, 매일 손님들을 불러 모아 술판을 벌였기 때문입니다.

승상부에서는 아침부터 밤까지 악기와 웃음 소리가 끊이지 않았습니다. 참다못한 관리들이 조참을 바로잡기 위해 그를 찾아왔습니다.

"승상, 지금 나라 안팎으로 살필 일이 태산인데 어찌 매일 술만 드십니까!"

하지만 조참은 화를 내기는커녕, 빙그레 웃으며 그들에게 큰 술잔을 내밀었습니다.

"허허, 귀한 분들이 오셨구려. 일단 이 술 한 잔부터 받으시게."

간언하려던 관리들은 조참이 권하는 술을 거절하지 못하고 한 잔, 두 잔 마시다 결국 취해버렸습니다. 조참은 그들이 속마음을 꺼내기도 전에 술에 취하게 만들어 웃으며 돌려보내곤 했습니다.

이 소식은 젊은 황제 혜제의 귀에까지 들어갔습니다. 혜제는 조참이 자신을 무시하는 것 같아 서운함과 분노를 동시에 느꼈습니다. 결국 혜제는 조참의 아들이자 궁중 관리인 조선을 통해 조참에게 꾸중을 전했습니다. 하지만 조참은 오히려 아들을 매질하며 쫓아버렸습니다. 화가 난 혜제가 조참을 궁으로 불러들였습니다.

"승상은 어찌하여 정사를 돌보지 않고 매일 술만 마시며, 내 뜻을 전한 아들까지 매질하였소!"

조참은 정중히 관을 벗고 엎드려 사죄한 뒤, 차분한 목소리로 황제에게 물었습니다.

"폐하, 감히 여쭙겠습니다. 폐하께서 보시기에 폐하와 선대 황제이신 고조(유방) 중 누가 더 성스럽고 영명하십니까?"

혜제는 잠시 멈칫하더니 답했습니다.

"내가 어찌 고조께 비길 수 있겠소."

조참이 다시 물었습니다.

"그렇다면, 제가 전임 승상이었던 소하보다 유능해 보이십니까?"

혜제가 고개를 저으며 말했습니다.

"그대는 소하에게 미치지 못하는 듯하오."

조참은 비로소 고개를 들고 눈을 빛내며 말했습니다.

"지당하신 말씀입니다. 성군이신 고조와 현명한 소하께서 이미 천하를 평정하고 완벽한 법령을 만들어 놓으셨습니다. 폐하께서는 그저 자리에 앉아 계시고, 저희 같은 신하들은 이미 정해진 법을 어기지 않고 잘 지키기만 하면 됩니다. 지금 백성들에게 필요한 것은 새로운 법이 아니라, 안정 속에서 쉬는 것입니다. 제가 매일 술을 마시는 것은 함부로 법을 고쳐 백성을 혼란에 빠뜨리지 않기 위함입니다."

"승상의 뜻이 무엇인지 이제 알겠구려."

혜제는 그제야 조참의 깊은 뜻을 깨닫고, 더 이상 승상의 일에 관여하지 않았습니다.

사마천도 《사기》 속 〈조상국세가〉에서 조참을 다음과 같이 높게 평가합니다.

그가 청정함을 유지하며 다스리니, 백성들은 그 덕분에 평안하고 한결같을 수 있었다.

載其淸靜, 民以寧一。

재기청정, 민이녕일.

조참은 겉으로는 나태해 보였지만, 사실은 국가 초기에 가장 필요한 것이 '무위(無爲)', 즉 불필요한 간섭을 줄여 백성을 편안케 하는 것임을 알고 있었습니다.

사람들은 때로 그가 변화를 싫어하고 무능하다고 평가합니다. 그러나 백성들은 그 시절을 '가장 평온했던 시대'로 기억했습니다. 그의 이름을 따로 외치는 이는 없었지만, 한 제국의 뿌리는 바로 그 조용한 무위의 리더십 위에서 자라고 있었습니다.

그의 무위는 방임이 아니었습니다. 그것은 의도된 침묵이었고, 정교한 행정 기술이었습니다. 그는 전쟁이 끝난 뒤의 백성이 '명령'이 아니라 '쉼'을 원한다는 것을 알았습니다. 그래서 그는 다스리지 않음으로써 다스렸고, 멈춤으로써 제국을 움직였습니다. 사람들은 나중에 이 시기를 이렇게 회상했습니다.

"조참이 정무를 맡았을 때, 나라는 마치 깊은 산속의 샘처럼 고요했으나, 그 고요 속에서 천하가 숨 쉬었다."

그는 단지 '흔들리지 않게 하는 법'을 아는 제국의 조절자였습니다.

조참처럼 무위의 지혜를 알았던 또다른 인물, 주발은 한 제국의 수많은 장수 가운데에서도 '칼을 가장 빨리 뽑고, 동시에 가장 빨리 넣은 장수'로 기억됩니다. 그는 천하를 얻는 전쟁의 최전선에서 싸웠으나, 천하를 다스리는 정치의 장에서는 언제나 한발 물러서 있었습니다.

초한 전쟁의 열기가 가장 뜨겁던 때, 주발은 유방의 휘하에서 전장을 누볐습니다. 그의 칼은 번번이 적의 목을 벴지만, 공을 과시하지 않았습니다. 전투가 끝나면 그는 먼저 말에서 내려 수하의 상처를 살폈고, 포로를 살렸으며, 승전의 보고서에도 자신의 이름을 뒤로 밀었습니다. 그는 '공이 있되 그 공을 입에 담지 않는 장수'였고, 그 침묵이 곧 그의 무기였습니다.

강후 주발은 패현 출신으로, 본래 평범한 농가의 가장이었습니다. 그는 젊은 시절 누에를 치고 피리를 불며 생계를 이어갔고, 마을 사람들의 상사를 도우며 성실한 인물로 알려졌습니다. 하지만 단단한 활을 당길 만큼 힘이 세고 담이 큰 장수형 인물이었습니다.

기원전 209년, 패현의 거리는 봉기의 함성으로 가득했습니다. 주발은 운명처럼 패공 유방의 손을 잡았습니다. 그는 화려한 지략을 뽐내는 참모가 아니었습니다. 주발은 조참과 같은 '중연'으로, 유방의 가장 가까운 곳에서 그를 지키는 그림자였습니다.

주발의 칼날이 처음으로 빛난 곳은 호릉과 방여였습니다. 그는 말이 없었으나 전장에서는 누구보다 사나웠습니다. 진나라 군대가 성벽 뒤에 숨어 저항할 때, 주발은 몸소 사다리를 타고 올라 적의 대오를 무너뜨렸습니다. 이어 풍읍과 탕군을 공략할 때도 선봉에 서서 성문을 부수는 망치 역할을 자처했습니다. 주발이 이끄는 부대가 지나는 곳마다 한나라의 영토는 넓어졌고, 패공의 신뢰는 깊어만 갔습니다.

천하 통일 후에도 주발의 행보는 계속되었습니다. 제국을 흔드는 거대한 반란이 일어났을 때, 주발은 다시금 말에 올랐습니다. 특히 진양에서 벌어진 전투는 그의 용맹함이 정점에 달한 순간이었습니다. 진양성 아래, 적의 정예 기병들이 흙먼지를 일으키며 돌진해 올 때 모두가 그 기세에 주춤했습니다. 하지만 주발은 미동도 하지 않았습니다.

"적의 기세가 높을수록 우리의 칼날은 더 깊숙이 박힐 것이다!"

주발은 직접 창을 휘두르며 적의 기병 속으로 뛰어들었습니다. 그의 투박하지만 정교한 칼질에 적의 말발굽 소리는 비명으로 변했습니다. 적의 장수들을 차례로 베어 넘기며 진양성을 함락시킨 주발의 모습은, 세련된 지략가는 아니었지만 결코 무너지지 않는 '한나라의 방패' 그 자체였습니다.

유방이 초기 군세를 확장할 때, 주발은 성을 공격할 때마다 목숨을 걸고 성벽을 가장 먼저 타는 선등(先登)의 공을 세우기로 유명했습니다. 하읍을 공격할 때, 주발은 화살비 속에서도 가장 먼저 성벽을 타고 올라가 성문을 열었습니다.

사마천은 《사기》에 주발이 세운 공적 중, 이 '가장 먼저 성벽에 오른 공로'를 별도로 기록하며 그의 용맹함을 강조했습니다.

주발은 장사를 공격할 때 가장 먼저 성에 올랐으며, 영양을 공격할 때도 가장 먼저 도착했다.

攻長社, 先登。攻穎陽, 先至。

공장사, 선등. 공영양, 선지.

당시 군대에서 '선등'은 가장 위험하지만 가장 큰 명예로 여겨졌습니다. 주발은 말로만 명령하는 장수가 아니라 몸소 사선을 넘는 장수였던 것입니다.

또한 주발은 항우와의 전쟁 중, 조나라의 장수들과 맞붙었을 때 압도적인 무력을 과시했습니다. 주발은 하구에서 적군을 몰아치며 직접 적의 장군 한 명을 베고, 67명의 적병을 사로잡는 전공을 세웠

초한지 인생 공부

습니다. 또한, 적의 기병을 지휘하던 장수를 단칼에 베어 넘겨 적진을 와해시켰습니다. 주발은 대규모 군대를 지휘하는 능력뿐만 아니라, 난전 속에서 적의 지휘관을 직접 타격하는 일기당천(一騎當千)의 무예를 갖추고 있었습니다.

유방의 죽음 직전, 가장 믿었던 고향 친구 노관이 반란을 일으켰을 때 유방은 주발을 총사령관으로 보냈습니다. 주발은 연나라로 진격하여 노관의 군대를 격파했습니다. 이때 그는 연나라의 승상과 장수들을 줄줄이 생포했으며, 단 한 번의 정벌로 상곡(上谷)의 18개 현을 단숨에 평정했습니다. 이는 주발이 단순한 돌격대장이 아니라, 수만 명의 대군을 운용하여 지역 전체를 장악하는 전략적 지휘관으로 완전히 성장했음을 보여주는 대목입니다.

그의 싸움은 언제나 치열했으나, 결코 공을 내세우지 않았습니다.

"어서 말하시오, 나는 말 돌리는 걸 싫어하오."

그의 거친 말투 속에는 진심 어린 솔직함이 배어 있었습니다.

그는 무력으로 천하를 평정한 뒤에도 권력의 유혹을 뿌리쳤습니다. 유방 사후, 효혜제를 보필하던 주발은 태위로 임명되었으나, 여태후가 권력을 장악한 뒤에는 군영에조차 들어가지 못했습니다. 그러나 그는 분노하지 않았습니다. 진평과 뜻을 모아 오랜 세월을 견디며 때를 기다렸습니다.

결국 여씨 일족이 유씨 황실을 몰살하려 하자, 주발은 마침내 칼을 들었습니다. 태위로서 진평과 협력해 여씨 세력을 멸살시키고, 유방의 아들인 효문제를 왕에 세웁니다. 그는 제국의 피바람을 멈춘 장본인이자, 권력의 균형을 다시 세운 숨은 영웅이었습니다. 주발의 삶은 전쟁의 칼 끝에서 시작되었지만, 그 마지막은 피바람을 멈추게 한 칼집의 고요함이었습니다. 그는 싸워서 나라를 얻었고, 멈춤으로써 나라를 지켰습니다.

이런 주발에게도 위기는 있었습니다.

"강후 주발이 모반을 꾀한다."

그것은 단 한 줄의 익명 상소였습니다. 그러나 그 한 줄은 번개처럼 조정을 흔들었습니다.

문제는 즉시 정위(廷尉)에게 수사 명령을 내렸고, 장안의 관리들이 주발을 체포했습니다. 조사관들이 닥치자, 노장 주발은 아무 말도 하지 못했습니다. 늙은 장수 주발은 어둠이 짙게 깔린 감옥 안에서 떨고 있었습니다. 그의 손에는 쇠사슬이 채워져 있었고, 등 뒤로는 차가운 돌벽의 냉기가 스며들었습니다. 한때 백만 군을 거느리며 제국의 반란을 진압했던 사내가, 이제는 한낱 죄인으로 묶인 채 모욕을 견디고 있었습니다.

그의 입은 굳게 닫혔고, 시선은 바닥만 향했습니다. 옥리는 조롱 섞인 웃음을 지으며 그를 몰아붙였습니다.

"백만 대군을 거느렸던 분이, 이제는 말 한마디도 못 하십니까?"

주발은 치욕을 삼키며 인내하면서, 침묵하고, 위기를 벗어날 방법을 모색합니다. 그리고 마침내 지인을 통해 천 근의 황금을 옥리에게 전달했습니다.

잠시 후, 옥리는 주발에게 한 장의 문서를 건넸습니다. 조서의 뒷면에는 작은 글씨가 쓰여 있었습니다.

'공주를 증인으로 삼으시오.'

공주는 바로 왕의 딸이자, 주발의 장남 승지(勝之)의 아내였습니다. 그제야 주발의 눈에 희미하게 빛이 돌았습니다. 그는 급히 황제에게서 받았던 포상과 재물을 모두 꺼내어, 며느리인 공주에게 보냈습니다.

"이것이 나의 마지막 호소요. 태후께 전해 주시오."

공주는 즉시 박태후(薄太后)를 찾아갔습니다. 태후는 말을 다 듣기도 전에 분노로 붉어진 얼굴로 문제에게 달려갔습니다. 그녀는 두건을 벗어 문제의 발밑에 던지며 외쳤습니다.

"강후 주발은 예전에 황제의 옥새를 손에 쥐고 북군의 병력을 이끌고 있었소이다. 그때도 반란을 일으키지 않았는데, 지금 시골의 작은 성 하나로 무슨 반란을 일으킨단 말입니까!"

문제는 아무 말도 하지 못했습니다. 그는 이미 주발의 옥중 진술을 읽었고, 그 안에는 어떤 변명도 없었기 때문이었습니다. 잠시 후, 문제는 고개를 숙이며 조용히 대답했습니다.

"조사가 끝나면… 곧 풀어 주겠소."

그날 저녁, 사신이 부절(符節, 고대 중국·한반도에서 중앙 왕권이 관료·사신에게 권한을 부여할 때 주는 신표)을 들고 감옥으로 달려왔습니다. 쇠사슬이 풀리는 소리가 감옥 안에 울려 퍼졌습니다. 주발은 무거운 발걸음으로 감옥 밖으로 나왔습니다. 하늘을 올려다보며 그는 쓴웃음을 지었습니다.

"내가 일찍이 백만 군을 거느렸는데, 오늘에서야 옥리 하나의 권세가 이토록 무섭다는 걸 알았구나."

그는 그렇게 말하고는 천천히 봉국으로 돌아갔습니다. 그의 걸음은 느렸으나 당당했고, 눈빛은 여전히 맑았습니다.

유방은 죽음을 앞두고 소하와 조참 이후의 제국을 걱정하며 이렇게 말했다고 합니다.

"주발은 중후하지만 말투가 투박하고, 학문은 부족하다. 그러나 유씨 가문을 안정시킬 사람은 반드시 주발일 것이다."

이 예언은 유방 사후 여태후와 여씨 일족이 권력을 찬탈하려 했을 때 현실이 되었습니다. 주발은 태위(군대 총책임자)의 신분으로 북군을 장악하여 여씨 일족을 소탕하고, 유방의 아들인 문제를 옹립하여 한나라의 정통성을 되찾았습니다.

여씨 일족을 몰아낸 뒤, 주발은 명실상부한 제국의 1인자가 되었습니다. 그는 우승상(右丞相)에 임명되어 최고의 권력을 누렸습니다. 주발이 승상이 되어 위세를 떨칠 때, 한 객이 그에게 충고했습니다.

"군께서는 여씨를 멸하고 황제를 세운 거대한 공을 세우셨습니다. 하지만 지금처럼 황제의 총애를 독차지하고 높은 자리에 머무는 것은 오히려 재앙의 씨앗이 될 수 있습니다."

주발은 이 말을 듣고 가슴 깊이 깨달았습니다. 그는 즉시 황제에게 나아가 승상의 인을 반납하며 사직을 청했습니다.

주발은 자신이 무공에는 뛰어나나, 복잡한 국정을 다스리는 지략은 진평보다 못하다는 것을 인정했습니다. 그는 스스로 승상 자리에서 물러나며 진평이 단독 승상이 되도록 길을 터주었습니다. 훗날 황제가 정책에 관해 물었을 때 대답하지 못해 진땀을 흘렸던 사건 이후, 그는 자신의 한계를 더욱 겸허히 받아들이고 영지로 돌아가 조용히 여생을 보냈습니다.

사마천은《사기》속 〈강후주발세가〉에서 다음과 같이 묘사하였습니다.

강후 주발이 처음 베옷을 입은 서민이었을 때는 소박하고 투박한 사람이었으며, 그 재능도 평범한 수준에 불과했다. 그러나 운명에 떠밀려 고제(유방)를 따르며 천하를 평정했다. 마침내 훈공을 세운 신하의 반열에 올랐고, 강후가 재상이 되어 여씨 일가를 내쫓고 유씨 왕실을 안정시켰으니, 그를 일컬어 '사직을 지킨 신하'라고 함은 정말로 참된 말이로다!

絳侯周勃始爲布衣時, 鄙樸人也, 才能不過凡庸。迫本從高帝, 定天下。卒及勳功之臣, 絳侯爲宰相, 黜呂氏, 安劉氏, 稱『社稷之臣』, 誠哉!

강후주발시위포의시, 비박인야, 재능불과범용. 박본종고제, 정천하. 졸급훈공지신, 강후위재상, 출여씨, 안유씨, 칭『사직지신』, 성재!

사마천은 주발이 겉으로 보기에는 무뚝뚝하고 유식해 보이지 않았으나, 국가가 위기에 처했을 때 보여준 그 우직한 충성심과 결단력이 결국 한나라의 운명을 구했다고 보았습니다. 그래서 그에게 '사직을 지킨 신하'라는 최고의 찬사를 보낸 것입니다.

자신을 지워 시대를 넘어선 조참과 주발의 생존 철학은 화려한 공적을 앞세우기보다 '비움'과 '절제'를 통해 자신들의 운명을 완성한 것입니다. 이들은 권력의 정점에서 자신을 드러내기보다 지우는 기술을 선택함으로써, 잔혹한 숙청의 칼날을 피해 대업을 마무리할 수 있었습니다.

조참의 통치 기술은 '공은 임금에게, 과실은 나에게'라는 한 문장으로 요약됩니다. 그는 전임 승상 소하의 제도를 손대지 않고 그대로 따르는 '소가규수(蕭規曹隨)'를 선언하며 자신의 존재감을 지웠습니다. 백성이 편안해지면 이를 선대 제도의 효험으로 돌려 군주의 권위를 세웠고, 일이 어그러지면 승상의 부주의를 탓하며 스스로 책임을 짊어졌습니다. 이러한 구조는 군주의 의심을 스스로 흡수하는 방패가 되었고, 권력의 화살이 조정 밖으로 새어 나가지 않도록 막아냈습니다.

주발의 생존법은 가역적인 권력 사용에 있었습니다. 그는 꼭 필요한 임계점에만 군권을 쥐었고, 임무가 끝나면 미련 없이 칼을 내려놓았습니다. 여씨 일족이 정권을 장악했을 때는 때를 기다리며 인내했고, 나라를 구할 최후의 순간에만 단호히 칼을 뽑았습니다. 효문제를 옹립한 뒤 즉시 군권을 돌려주고 물러난 그의 결단은 권력에 어떠한 '미련'도 남기지 않았습니다. 이처럼 개입의 시점을 엄격히 통제한 덕분에 그는 끝내 살아남아 제국을 지탱하는 바위가 되었습니다.

두 사람이 공유했던 내면의 심리 모델은 다음과 같은 원칙으로 정리됩니다.

첫째, 존재감의 최소화입니다. 그들은 말과 이름을 줄여 스스로가 적의 표적이 되는 면적을 축소했습니다.

둘째, 공적의 분산입니다. 그들은 모든 성과를 제도, 선대, 혹은 동료들과 나누어 군주의 질투가 자신에게 집중되는 것을 원천 차단했습니다.

셋째, 귀속의 설계입니다. 두 사람은 최종 성과를 군주의 안목과 결단 덕분으로 돌려 왕권의 체면을 세워주었습니다.

넷째, 시점의 통제입니다. 그들은 개입 시기를 최후의 순간에만 맞춤으로써, 단 한 번의 결단으로 여러 불안 요소를 일거에 제거하고 자신의 안전을 도모했습니다.

'보이지 않음'은 '무능'이 아니었습니다. 조참은 고요함으로 군주의 의심을 흡수했고, 주발은 철저한 절제로 정치적 폭발을 뒤로 미루었습니다. 이들은 '자신을 지우는 고도의 기술'을 통해 시대의 거친 변곡점을 무사히 넘어섰으며, 결국 역사는 그들을 '진정한 승자'로 기록하고 있습니다.

20

2인자들의 심리학

범증과 장량, 역사를 움직인 그림자들

　사마천의 《사기》가 기록한 수많은 영웅 중에서도, 범증과 장량은 서로의 운명을 비추는 거울과 같았습니다. 한 명은 부서지지 않는 강철 같은 신념으로 주군을 지키려다 꺾였고, 한 명은 형체 없는 바람처럼 머물다 때가 되자 미련 없이 흩어졌습니다.

　역사는 언제나 승자의 함성과 영웅의 이름을 대지에 깊게 새깁니다. 그러나 그 영웅의 한 걸음 뒤, 시대의 빛을 비추며 운명의 변곡점을 설계했던 자들의 고독한 마음은 기록의 행간 속에 희미하게 남을 뿐입니다. 초나라의 범증과 한나라의 장량. 두 사람은 각기 다른 주군을 섬겼으나, 찰나의 순간에 천하의 주인을 바꾸려 했던 시대의 조율사였습니다. 전장은 언제나 칼 부딪치는 소리와 비명으로 소란스러웠으나, 그 소음 너머를 응시하던 그들의 내면은 서늘할 만큼 고요했습니다.

　항우가 '아부'라 부르며 예우했던 노병 범증은 항우의 곁에서 천하의 판을 읽었습니다. 그는 홍문연에서 유방의 목을 쳐야 한다고 외치며 옥결을 세 번이나 들어 올렸던 냉혹한 현실주의자였습니다. 그의 충성은 단단했으나, 그는 자신의 지략이 닿지 못한 시대의 한계를 등 뒤로 한 채, 등창이 터지는 고통 속에서 불꽃처럼 타오르다 한 줌의 재로 화했습니다.

반면 장량은 유방의 뒤에서 천하의 줄을 당기면서도, 결코 그 줄에 묶이지 않았습니다. 그는 유방이 함양의 화려함에 취하려 할 때 죽비 같은 경고를 날렸고, 한신이 왕을 요구할 때 유방의 분노를 억누르게 했습니다. 장량에게 천하는 복수와 이상을 실현하는 무대였을 뿐, 권력 그 자체는 목표가 아니었습니다.

천하가 유방의 발아래 엎드렸을 때, 장량은 모든 보상을 거절하고 벽곡(辟穀, 곡기를 끊고 신선의 도를 닦는 일)을 선언하며 역사의 무대 뒤로 사라졌습니다. 그는 지략으로 승리를 빚어냈으나, 그 결실을 탐내지 않음으로써 스스로 그림자가 되어 살아남았습니다.

사마천은 그를 두고 '용모는 부인처럼 가냘팠으나, 그 지략은 천만 대군을 압도했다'라고 기록합니다.

범증은 유방이 패상에 진을 치고 천하를 도모할 야심을 보이자, 항우에게 기회를 놓치지 말고 즉시 공격하여 후환을 없앨 것을 강력히 진언했습니다. 그러나 항우는 유방의 사과와 자신의 무력에 대한 자만심 때문에 결단을 내리지 못하고 방관했습니다. 결과적으로 이 주저함은 유방을 제거할 수 있었던 최적의 기회를 날린 결정적 실책이 되었습니다.

그 무렵, 유방의 진영에서는 장량이 조용히 병풍 뒤에 앉아 있었습니다. 그는 부하들에게 말했습니다.

"주공은 재주가 많지 않으나, 사람을 쓸 줄 아신다. 우리가 도와야 천하가 움직일 것이다."

그때 그의 눈빛은 맑고 깊었습니다. 그는 천하의 판세를 읽되, 권력의 향기에는 가까이 가지 않았습니다. 한 사람은 충성의 불 속에서 스스로를 태웠고, 한 사람은 지략의 물 위에서 자신을 씻어냈습니다. 그들은 모두 '영웅의 그림자'였지만, 그 그림자 없이는 그 어떤 영웅도 존재할 수 없었습니다. 빛은 찬란했지만, 그 빛을 온전히 드러내기 위해선 그림자가 필요했습니다. 범증과 장량, 이 두 사람의 마음이야말로 영웅들의 시대가 남긴 가장 깊은 자취였습니다.

범증은 늘 천하의 판도를 멀리서 바라보는 자였습니다. 그의 눈은 항우보다 더 멀리까지 보았고, 마음은 더 무거웠습니다. 세월이 흘러 병든 몸을 이끌고 초나라로 돌아가던 길, 범증은 하늘을 올려다보며 깊은 한숨을 내쉬었습니다. 바람이 그의 흰 수염을 스치고, 낡은 갑옷이 삐걱거렸습니다.

"내가 항우를 돕지 않았다면, 천하가 이리되었을까…"

그의 목소리는 허공으로 흩어졌습니다. 오직 허무와 슬픔만 남았습니다. 충성의 끝에서 그는 깨달았습니다. 충성은 군주를 위해 바치는 것이 아니라, 자신의 신념을 위해 견디는 것임을. 그는 마지막 순간까지 항우를 원망하지 않았습니다. 단지 인간의 한계를 슬퍼했을 뿐입니다. 그리고 그의 그림자는 초나라의 들판 위에서 길게 늘어져,

초한지 인생 공부

천하의 마지막 충신으로 남았습니다.

장량은 언제나 조용한 사람이었습니다. 그가 남긴 말보다 침묵이 더 깊은 울림을 주었습니다. 유방이 천하를 손에 넣고 한 고조로 즉위했을 때, 조정은 환희로 가득했지만 장량의 눈빛은 이상하리만치 고요했습니다. 그는 이미 알고 있었습니다. 모든 전쟁이 끝난 뒤, 더 무서운 것은 인간의 마음이라는 것을요.

유방은 잔치 자리에서 장량을 불렀습니다.
"자네 덕분일세, 군사 장량! 내 한나라가 이렇게 섰으니 자네의 공은 천하가 아오."
그러나 장량은 미소만 지었습니다. 그 미소 속에는 오래된 피로와 함께 말할 수 없는 거리감이 숨어 있었습니다. 그는 조용히 일어나 술잔을 내려놓았습니다.
"폐하, 신의 일은 여기까지입니다. 천하가 평정되었으니, 이제 사람의 마음을 다스릴 때이옵니다."
유방은 의아한 표정으로 그를 바라봤지만, 장량의 눈빛은 이미 먼 곳을 향하고 있었습니다.

밤이 깊어 가고, 궁 안의 등불이 하나둘 꺼져갔습니다. 장량은 마지막으로 자신이 쓰던 대나무 두루마리를 꺼냈습니다. 그 안에는 수십 년간의 전략과 모략이 적혀 있었습니다. 그는 그것을 천천히 불 속에 던지며 중얼거렸습니다.

"천하의 일은 이미 끝났다. 이제 남은 것은 나 자신이다."

불꽃이 크게 일자 두루마리가 서서히 재로 변했습니다. 장량은 그 불빛을 잠시 바라보다 고개를 숙였습니다. 그 순간, 그의 마음에는 이상한 평온이 스며들었습니다. 그는 권력의 중심을 떠나 스스로 그림자가 되었습니다. 그것이야말로 진정한 지략의 완성이었습니다.

훗날, 사람들은 말했습니다.

"범증은 충성으로 타올랐고, 장량은 지략으로 사라졌다."

그러나 장량의 사라짐은 패배가 아니었습니다. 그것은 완성된 자의 퇴장이었습니다. 그는 천하를 움직이던 손을 거두고, 마침내 자신을 다스리는 길로 들어섰습니다.

범증과 장량, 두 사람은 서로 다른 길을 걸었지만 결국 같은 벽 앞에 다다랐습니다. 그것은 권력이라는 이름의 벽이었습니다. 범증은 충성을 다했으나 주군의 마음에 닿지 못했고, 장량은 모든 것을 내다보았으나 권력의 냉기를 피해 스스로 걸어 나갔습니다.

범증은 주군의 결단 부족에 울었고, 장량은 주군의 불안을 먼저 읽었습니다. 그러나 두 사람 모두 리더와 참모의 관계가 언젠가는 균열할 수밖에 없다는 사실을 알고 있었습니다. 리더는 권력을 지키기 위해 의심해야 하고, 참모는 신뢰를 지키기 위해 침묵해야 합니다. 그 간극 속에서 신뢰는 서서히 금이 가고, 결국 서로의 그림자만이 남습니다.

범증의 그림자는 전장에서 쓰러진 충성의 상징이 되었고, 장량의 그림자는 궁 밖으로 사라진 지혜의 흔적이 되었습니다. 두 그림자가 교차한 자리에 역사는 묻습니다. 충성과 지략, 그 어느 쪽이 더 오래 남는가? 그러나 정답은 없습니다. 그들은 모두 영웅을 만든 자들이었고, 그만큼 외로웠습니다.

범증과 장량의 관계를 심리학적으로 들여다보면, 그들의 선택은 단순한 충성과 지략의 차이가 아니라 '의존과 통제'의 구조 안에서 갈라진 길이었습니다. 범증은 감정적 충성의 화신이었고, 장량은 전략적 거리를 유지한 인물이었습니다. 전자는 몰입으로 인해 자멸했고, 후자는 자기보존으로 생존했습니다. 이는 리더-참모 관계의 두 극단을 상징적으로 보여줍니다.

범증은 항우에게 전적으로 자신을 의탁했습니다. 그는 항우의 눈빛 하나에도 의미를 찾고, 주군의 망설임 속에서도 믿음을 놓지 않았습니다. 이처럼 강한 감정적 몰입은 심리학적으로 '의존형 리더십' 관계라 할 수 있습니다.

정신분석 관점에서 보면, 범증은 주군에게 '부모적 대상'을 투사한 존재였습니다. 즉, 자신이 존재할 이유를 주군의 인정 속에서 찾았던 것입니다. 그러나 항우의 결단 부재는 그 투사의 균열을 불러왔고, 그때부터 범증의 정체성은 서서히 무너져 내렸습니다. 그는 '충성'이라는 이름으로 사실상 자기 존재를 잃어버렸던 사람입니다.

반면 장량은 냉정했습니다. 그는 유방을 도왔지만 그에게 기대지 않았습니다. 권력의 정점에서조차 한 걸음 물러서며 자신만의 내적 균형을 유지했습니다. 이것이 바로 '전략적 거리'의 심리입니다. 권력 동기 이론에 따르면, 진정한 전략가는 권력을 '소유'하려 하지 않고 '조율'하려 합니다. 장량은 바로 그 조율의 고수였습니다. 그는 유방의 불안을 감지하자 곧 자신의 그림자를 거두었습니다. 권력의 불신이 시작되면, 신하의 지혜는 위험요소가 되기 때문입니다.

"충성은 어디까지 인간의 감정으로 가능하며, 어디서부터 전략이 되어야 하는가."

사람들은 늘 영웅의 얼굴만 기억합니다. 그러나 초한의 무대에서 승패를 가른 것은 칼끝의 섬광만이 아니었습니다. 범증과 장량, 두 사람의 그림자는 군주의 영광이 어떻게 만들어지고, 또 무엇을 잃게 되는지 그 결말을 증언합니다.

사마천의 《사기》는 두 책사의 마지막을 극명하게 대비시키며, 권력의 정점에서 인간이 택할 수 있는 두 가지 종착지를 보여줍니다. 범증의 마지막은 '배신감으로 얼룩진 분노'였고, 장량의 마지막은 '세속을 초월한 자유'였습니다.

기원전 204년, 진평의 반간계에 빠진 항우는 범증이 유방과 내통한다고 의심하여 그의 권한을 박탈했습니다. 평생을 바쳐 항우를 '패왕'으로 만들려 했던 범증에게 이것은 죽음보다 더한 모욕이었습니다. 범증은 분노를 억누르며 항우에게 작별을 고했습니다.

그는 초나라로 돌아가는 길에 분노와 억울함으로 인해 등창이 터졌고, 고향에 이르기도 전에 객사했습니다. 그가 말한 '천하의 대세'는 항우의 패배를 예언한 저주이자, 자신의 충성이 물거품이 된 것에 대한 절망적인 선언이었습니다.

천하 통일 후, 유방은 장량에게 제나라의 3만 가구를 봉지로 주겠다고 제안했습니다. 하지만 장량은 유방의 배려조차 거절하며 권력의 중력권에서 스스로 벗어났습니다. 장량은 유방에게 이렇게 말하며 물러났습니다.

"저는 세 치 혀로 황제의 스승이 되었고, 만 가구의 제후에 봉해졌으니, 이는 일개 평민으로서 정점에 오른 것입니다. 이제는 모든 속세의 일을 버리고 전설 속 신선인 적송자(赤松子)를 따라 노닐고 싶습니다."

장량은 실제로 곡기를 끊는 벽곡과 도인법을 수행하며 조용히 살았습니다. 여태후가 그를 걱정해 억지로 음식을 권하기도 했지만, 그는 이미 마음을 비운 상태였습니다. 사람들은 그가 정말 신선이 되어 사라졌다고 믿을 만큼 그의 노년은 고요하고 신비로웠습니다.

사마천은 《사기》 속 〈유후세가〉와 〈항우본기〉에서 두 사람을 다음과 같이 묘사합니다.

나는 그(장량)가 체구가 당당하고 기이하고 위대할 것이라 생각했는데, 그 초상화를 보니 모양새가 부인이나 여자 같았다. 유방(고조)도 말했다. "군막 안에서 책략을 짜내어 천 리 밖의 승부를 결정짓는 것, 그것이 바로 장자방(장량)을 두고 하는 말이다."

余以爲其人計魁梧奇偉, 至觀其圖狀, 狀貌如婦人女子。「運籌帷幄之中, 決勝千
里之外, 子房之謂也。」

여이위기인계괴오기위, 지관기도상, 상모여부인여자. 「운주유악지중, 결승천리지
외, 자방지위야.」

**범증이 여러 번 항우에게 눈짓을 하고, 그가 차고 있던 옥결(결단을 상징
하는 반지 모양의 옥)을 들어 보인 것이 세 번이나 되었으나, 항우는 침묵
할 뿐 응하지 않았다.**

范增數目項王, 擧所佩玉玦以示之者三, 項王默然不應。

범증삭목항왕, 거소패옥결이시지자삼, 항왕묵연불응.

두 사람에 대한 사마천의 평가는 결국 '아무리 뛰어난 책사라도
그 지혜를 알아보고 쓸 줄 아는 주군을 만나야 완성된다'라는 준엄
한 교훈을 담고 있습니다.

PART 5

제국의 유령,
숙명의 비극

"승리의 끝에서 비극은 다시 시작된다"

21

칼끝에 비친 자존심,
한신의 토사구팽

전쟁 천재가 간과한 질투와 권력의 본성

　기원전 201년. 한나라가 천하를 거의 장악한 뒤, 한신은 초 왕으로 봉해졌으나 그 위세와 능력이 유방에게 불안으로 작용하기 시작했습니다. 유방과 그의 참모들은 한신의 영향력이 커지는 것을 경계했고, 마침내 반역을 핑계로 한신을 체포하여 장안으로 압송한 후, 초왕의 지위와 군권을 박탈하고 회음후라는 초라한 직함만 부여합니다.

　한신은 자신이 세운 거대한 공로에 비해 형편없는 대우를 받는다고 여겼습니다. 그는 병을 핑계로 조회에 나가지 않았고, 늘 원망과 울분을 품고 지냈습니다. 하루는 번쾌가 그를 극진히 예우하며 깍듯하게 말했습니다.

　"대왕께서 어찌 제 집에 오셨습니까?"

　하지만 한신은 대문 밖을 나오며 탄식했습니다.

　"살아생전 번쾌 같은 놈들과 동등한 반열에 서게 되다니, 참으로 부끄러운 일이구나!"

　　　　　　　　　　　　　　　　　　　　　　　　초한지 인생 공부

이 시기에 한나라는 내부적으로 다음과 같은 흐름을 보였습니다. 유방은 제후 왕들을 재편하고 권력을 집중시켰습니다. 전국 각지에서 반란과 봉기가 여전히 산발적으로 발생했으며, 이를 진압하는 것이 국가의 중요한 과제였습니다. 공신들, 왕족들, 제후들 간의 권력 경쟁이 본격화되었습니다. 이는 중앙 권력의 경계가 더 삼엄해지는 원인이 되었습니다.

유방이 제국의 기틀을 잡아가는 사이, 북방에서는 흉노의 위협이 급격히 커졌습니다. 묵돌선우가 이끄는 흉노 군세는 이미 거대한 기병국가로 성장해 있었고, 한나라의 북방 방비는 불안했습니다. 유방은 친히 정벌에 나섰으나, 백등산(白登山)에서 포위당해 진평의 계략으로 아슬아슬하게 살아나옵니다. 이 사건은 유방에게 깊은 교훈을 남겼습니다.

"군사적 명장보다 체제를 장악한 자가 천하를 지킨다."

이후 한나라는 화친정책을 취하며, 장안에서 내부 정비에 집중합니다. 한신은 이 시기에도 군대를 맡지 못한 채, 정치적 감시 속에서 실질적 연금 상태로 지냅니다. 그는 명예는 남았으나 권한은 사라진 '제국의 포로'가 되었습니다.

그러나 한신이 회음후로 강등된 후에도 그는 '나는 아직 쓸모 있다'라는 심리적 기대를 품고 있었습니다. 그러나 유방 측에서는 여전히 그의 잠재적 위협을 제거하려 했기에 정세는 긴장 상태를 유지하고 있었습니다. 한신은 군사권이 박탈된 상태에서 자신의 위상을 지키려 했지만, 정치적 감시는 그를 더 옭아매고 있었습니다. 즉, 한신이 군권을 상실한 기원전 201년 이후부터는 한신이라는 강력한 영웅이 힘을 잃고 몰락해 가는 동시에, 한나라가 내부 권력 구조를 재편하고 반란 및 제후들의 위협을 통제하며 국가체제를 정비해 나간 시기였습니다. 한신의 몰락은 결국 한나라 체제가 더 이상 영웅 개인이 아닌 제도와 권력이 중심이 되는 구도로 전환됨을 보여주는 시기였습니다.

한신은 전장의 냄새가 사라지고 모든 군권이 박탈된 공허 속에서 눈을 떴습니다. 전날까지 그를 둘러쌌던 함성도, 깃발도, 피비린내도 사라졌습니다. 이제 천하는 하나가 되었고, 황제의 깃발만이 남았습니다.

그러나 이상하게도 그는 평화를 느끼지 못했습니다. 오히려 고요가 그를 옥죄었습니다. 그는 자신의 손을 내려다보았습니다. 수없이 검을 쥐고 싸웠던 손, 수많은 적의 피로 얼룩졌던 손. 이제 그 손은 쓸모를 잃은 듯 무겁게 늘어져 있었습니다.

"이제 칼을 휘두를 적이 없다는 것이, 나를 가장 불안하게 만든다."

그는 속으로 그렇게 중얼거렸습니다. 전장에서는 적이 분명했습니다. 칼끝이 향할 곳이 있었고, 두려움 속에서도 명확한 생의 방향이 존재했습니다. 그러나 지금의 평화는 그에게 방향을 빼앗아 갔습니다. 왕은 그를 더 이상 필요로 하지 않았고, 신하들은 그의 이름을 두려워했습니다. 이제 그가 일으킬 수 있는 것은 '전쟁'이 아니라 '의

초한지 인생 공부

심'뿐이었습니다.

그날 밤, 그는 장막 안에서 오래된 검을 꺼냈습니다. 칼날 위에는 희미한 달빛이 비쳤습니다. 한신은 그 위에 자신의 얼굴이 비치는 것을 보았습니다. 그것은 한때 천하를 휘두르던 장수의 얼굴이 아니라, 이제는 자신이 만든 공의 그림자에 짓눌린 사내의 얼굴이었습니다. 그는 천천히 칼 끝을 손가락으로 쓸어내렸습니다. 피 한 방울이 떨어졌습니다.

그 붉은 점이 바닥에 스며드는 모습을 보며, 그는 문득 깨달았습니다.

"칼을 내려놓는다는 것은, 나 자신을 잃는다는 것과 같구나."

그는 이미 알고 있었습니다. 자신이 더 이상 싸우지 않는다면, 살아도 살아 있는 것이 아니라는 것을.

한신은 홀로 연못가를 걸었습니다. 달빛이 잔잔한 수면 위에 떨어졌고, 그 속에 자신의 얼굴이 흔들렸습니다. 승리로 세상에 자신을 증명했던 그였지만, 이제 그 증명은 아무 의미가 없었습니다. 그의 이름은 여전히 높았으나, 그 이름이 불릴수록 의심도 함께 커졌습니다.

그는 느꼈습니다. 왕이 자신을 의심한다는 것을. 그러나 그보다 더 깊은 것은 자신을 잃어가는 공허감이었습니다. 칼을 휘두르던 날에는 두려움이 없었지만, 이제는 아무것도 하지 않는 것이 두려웠습니다. 그 두려움은 패배의 공포가 아니라, 존재가 사라지는 공포였습니다. 그는 자신이 만든 천하의 한 모퉁이에서 고요히 웃었습니다.

"내가 천하의 절반 이상을 평정했건만, 내 마음 하나 다스리지 못하는구나."

한신이 회음후로 강등되기 얼마 전 초가을의 제(齊) 땅, 한신은 장막 안에서 괴통과의 대화를 회상합니다. 그는 조용히 지도를 바라보고 있었습니다. 검은 깃발은 여전히 그의 이름을 상징했지만, 그 깃발이 펄럭이는 속도만큼 왕의 의심도 자라나고 있었습니다. 그때 문이 열리고 괴통이 들어섰습니다. 젊지만 눈빛이 날카로웠고, 그 속에는 단 한 줄기 결단이 숨어 있었습니다.

"장군, 지금이 마지막 기회입니다."

괴통은 서두르지 않고 천천히 말했습니다.

"장군께서 지금 움직이지 않으면, 조정의 의심이 덮칠 것입니다. 이 기회를 놓치면, 장군님은 칼을 쥐고도 죽음을 피하지 못할 것입니다!"

사마천의 《사기》 속 〈회음후열전〉에서는 한신이 괴통의 마지막 제안을 다음과 같이 말하며 거절했다고 기록합니다.

"나는 듣건대, 남의 수레를 타는 사람은 그 사람의 근심을 함께 하고, 남의 옷을 입는 사람은 그 사람의 걱정을 마음에 품으며, 남의 밥을 먹는 사람은 그 사람의 일을 위해 죽는다고 들었소."

「乘人之車者載人之患, 衣人之衣者懷人之憂, 食人之食者死人之事。」

「승인지차자재인지환, 의인지의자회인지우, 식인지식자사인지사.」

그는 영웅으로 시작했고, 영웅으로 끝나야 한다고 믿었던 사내였

초한지 인생 공부

습니다. 패하고 욕을 먹어도, 한신의 내면에는 "나는 충을 저버리지 않았다"라는 자존심이 자리 잡고 있었습니다. 괴통의 제안은 현실적이었지만, 한신은 끝내 현실을 이길 수 없는 인간이었습니다.

그날 밤, 바람은 막사를 흔들었고, 촛불을 꺼뜨렸습니다. 한신은 신념이라는 밧줄로 스스로의 손발을 동여매며, 결국 잠재적 죄수가 되어 가고 있었던 것입니다. 스스로의 신념과 자존심을 지키려다 풍전등화의 위기에 놓인 것입니다.

기원전 196년 무렵. 진희가 거록군의 태수로 임명되던 날, 그는 회음후 한신을 찾아와 마지막 작별 인사를 올렸습니다. 두 사람은 오래전부터 전우로서, 또 동지로서 신뢰를 나누던 사이였습니다. 한신은 그를 따뜻하게 맞이했으나, 눈빛은 어딘가 멀리 닿아 있었습니다. 조용히 주변 사람들을 물리고 나서 그는 진희의 손을 꼭 잡았습니다.

"그대와 나, 언젠가 다시 만날 날이 있을 것이오."

그 말에 진희가 고개를 갸웃하자, 한신은 뜰을 천천히 걸으며 하늘을 올려다보았습니다. 구름이 천천히 흘렀고, 한신의 목소리는 낮게 울렸습니다.

"그대가 가는 곳은 천하의 정예가 모인 자리요. 폐하께서 그대를 신임하시지만, 믿음이란 세 번의 말로도 무너질 수 있소. 한 번이면 웃음으로 넘기겠지만, 두 번이면 의심이 생기고, 세 번이면 반드시 진노하실 것이오. 그때 내가 나서서 그대를 돕는다면, 우리가 다시 천하를 흔들 수 있지 않겠소."

진희는 그 말을 듣고도 쉽게 답하지 못했습니다. 그러나 오래전부터 한신의 기개를 믿었던 그는 마침내 고개를 숙였습니다.

"삼가 명을 따르겠소."

그로부터 시간이 흘러, 불길한 예언은 현실이 되었습니다. 한나라 10년, 진희가 거록에서 반기를 들자, 황제 유방은 직접 토벌군을 이끌고 떠났습니다. 그 소식이 장락궁에 전해졌을 때, 한신은 병을 핑계로 움직이지 않았습니다. 그는 몰래 심복을 보내 진희에게 말했습니다.

"군대를 일으키면 내가 안에서 호응하겠소."

당시, 장안의 밤은 차갑고도 고요했습니다. 하지만 회음후 한신의 저택 담장 너머로는 정적을 깨는 은밀한 그림자들이 쉴 새 없이 오갔습니다. 한신의 눈빛은 다시 전장을 누비던 시절의 날카로움을 되찾았습니다.

"거짓 조서를 뿌려라. 감옥을 열고 죄수들을 무장시켜라. 여태후와 태자를 잡아 제국을 멈추게 할 것이다."

한신의 계획은 세밀했습니다. 하지만 운명의 여신은 그를 등졌습니다. 한신에게 죄를 지어 목숨이 위태로워진 한 수하의 동생이 어둠을 뚫고 궁궐로 달려갔습니다. 그가 여태후의 귀에 쏟아낸 밀고는 장안의 공기를 단숨에 팽팽한 긴장감으로 바꿨습니다.

궁 안에서 여태후와 소하가 마주 앉았습니다. 여태후가 의심의 칼을 갈고 있을 때, 소하는 침착하게 해결의 틀을 짰습니다.

"직접 잡으려 하면 호랑이가 날뛸 것입니다. 그를 제 발로 걸어 들어오게 해야 합니다."

첫 번째 수는 허보(虛報)였습니다. "진희가 주살되었고 전쟁은 끝났다!"라는 소식이 축배의 노래처럼 장안에 퍼졌습니다.

두 번째 수는 신의를 통한 압박이었습니다. 소하는 직접 한신에게 전갈을 보냈습니다.

"장군, 병중이라 하시나 천하가 평정된 이 경사에 장군께서 빠지신다면 황상께서 서운해하실 것입니다. 잠시라도 들어와 축하의 예를 표하심이 마땅하옵니다."

한신은 망설였습니다. 가슴 한구석에서 경고의 종소리가 울렸습니다. 하지만 자신을 발탁하고 대장군의 자리에 올렸던 '생명의 은인' 소하의 간곡한 권유는 거절하기 어려운 독배였습니다.

"이제는 칼이 아니라 예가 나를 지키리라."

스스로를 다독인 한신은 무장을 해제한 채 장락궁을 향해 무거운 걸음을 옮겼습니다.

장락궁의 육중한 문이 열리는 순간, 한신은 직감했습니다. 공기는 차갑게 식어 있었고, 화려한 복도는 지나치게 조용했습니다. 문마다 겹친 검은 그림자들은 환영객이 아니라 포식자의 눈빛을 하고 있었습니다. 소하는 여전히 정중한 태도로, 그러나 평소보다 낮은 목소리로 속삭였습니다.

"장군, 잠시 종실에서 대기하시옵소서. 곧 승전을 기리는 예를 시작하겠나이다."

그 말이 허공에 흩어지기도 전이었습니다. 어둠 속에 매복해 있던 무사들이 뱀처럼 유연한 비단 끈을 던졌습니다. 한때 수십만 대군을 호령하던 한신의 손목이 속절없이 결박되었습니다. 한신은 크게 숨을 들이켰으나, 칼을 찾던 손은 빈 허리춤에서 멈추었습니다. 이곳은 창과 칼이 맞붙는 전장이 아니라, 정교하게 짜인 궁정의 거대한 덫이었습니다.

종실은 이름처럼 금속의 서늘한 기운이 벽을 타고 흐르는 울림이 깊은 방이었습니다. 문밖에서 들려오는 여태후의 목소리는 낮았으나 얼음처럼 차가웠습니다.

"한신, 그대의 공이 크나 그 공을 담은 마음이 너무 크면 나라가 기우는 법입니다. 이곳은 제후의 공을 재는 자리가 아니라, 제국의 불안을 씻어내는 자리입니다."

포박된 한신의 입가에 기묘한 미소가 번졌습니다. 죽음을 앞둔 장수의 눈에 지난 세월이 주마등처럼 스쳐 지나갔습니다.

사마천은 《사기》 속 〈회음후열전〉에서 한신의 마지막 말을 다음과 같이 기록하고 있습니다.

"내가 괴통의 천하삼분지계 계책을 쓰지 않은 것이 후회스럽구나. 결국 아녀자(여후)에게 속임을 당했으니, 이 어찌 하늘의 뜻이 아니겠는가!"

「吾悔不用蒯通之計, 乃爲兒女子所詐, 豈非天哉!」

「오회불용괴통지계, 내위아녀자소사, 기비천재!」

초한지 인생 공부

형정의 명령이 떨어졌고, 찰나의 침묵이 장락궁 전체를 무겁게 짓눌렀습니다. 곧이어 어둠 속에서 칼날이 번뜩였고, 짧은 파열음이 종실을 울렸습니다.

그의 몸은 무너져 내렸지만, 표정만큼은 흐트러지지 않았습니다. 전설적인 명장 한신은 그렇게 제국이 만든 침묵의 방에서 전설로 박제되었습니다.

잠시 후, 장락궁의 종실에서 여태후는 차가운 얼굴로 명했습니다.

"한신의 삼족을 멸하라."

얼마 뒤 고조가 돌아와 소식을 들었습니다. 그는 한동안 말이 없었습니다. 그리고 천천히 눈을 감으며 말했습니다.

"한신이 죽을 때 무슨 말을 남겼소?"

여태후가 대답했습니다.

"괴통의 계책을 쓰지 못한 것이 한이랍니다."

유방은 한동안 침묵했으나, 곧 분노에 차서 명했습니다.

"괴통을 잡아들이라."

괴통은 끌려왔고, 그에게 내려진 형벌은 팽살(烹殺, 삶아 죽이는 형벌)이었습니다.

그는 끓는 가마솥 앞에서도 평정했습니다.

"아, 원통하다. 이렇게 허무하게 삶아 죽게 된다니…."

그러자 유방이 말했습니다.

"네가 한신에게 모반을 가르치고도 무엇이 원통하단 말이냐!"

괴통은 고개를 들고 조용히 대답했습니다.

"폐하, 진나라가 사슴을 잃자 천하의 모든 사람이 그것을 쫓았습니다. 그때 재주가 많고 발 빠른 자가 먼저 잡는 것이 세상의 이치입니다. 도척의 개가 요임금을 보고 짖었다 하오니, 그것이 요임금이 불의했기 때문이겠습니까? 개는 단지 자기 주인이 아닌 자를 보면 짖을 뿐입니다. 저는 오직 한신만 알았을 뿐, 폐하를 알지 못했습니다. 하지만 폐하, 세상에는 여전히 날카로운 칼을 품고 폐하처럼 천하를 노리는 자들이 많습니다. 단지 그들의 힘이 부족하여 행동으로 옮기지 못할 뿐입니다. 그들을 모두 이렇게 삶아 죽이실 생각이십니까?"

유방은 잠시 말을 잃었습니다. 괴통의 말은 변명이 아니라 진실의 거울이었습니다. 잠시 침묵하던 그는 마침내 명했습니다.

"괴통을 풀어주도록 하라."

가마의 불길이 꺼졌고, 괴통은 천천히 몸을 돌려 떠났습니다.

그의 눈빛에는 원망이 아니라 쓸쓸한 통찰이 서려 있었습니다. "임금이 신하를 믿지 않으면, 신하 또한 임금을 구하지 못한다"라며 과거를 회상했습니다. 그리고 유방은 한참을 침묵하다가 중얼거렸습니다.

"역시 한신이로구나. 끝까지 스스로를 탓하는 자였지."

그날 밤, 장락궁의 등불은 오래도록 꺼지지 않았습니다. 천하를 얻은 자들의 시대는 그렇게 저물고, 가장 빛났던 영웅의 그림자는 차가운 장락궁 바닥 위에 길게 드리워졌습니다.

한신은 전 생애를 '천하의 질서를 바로 세우는 무인'이라는 자의
식으로 살았습니다. 그의 정체성은 '전장의 승리'와 '신의'에 의해 지
탱되었습니다. 그러나 천하가 평정된 뒤, 그의 자리는 사라졌습니다.
그는 '싸우는 인간'으로서만 존재할 수 있었고, 평화의 시대에 자신
의 존재 의미를 재정의하지 못했습니다. 심리학적으로 보면, 이는 자
아정체성이 하나의 역할에 과도하게 의존한 경우입니다.

한신은 '새로운 역할'로 자기를 확장하지 못했고, 따라서 권력의
재편 속에서 심리적으로 붕괴했습니다. 괴통의 '천하삼분지계'는 현
실적인 생존 전략이었습니다. 그러나 한신은 그것을 거부합니다. 그
는 자신의 이상적 자아, 즉 '의(義)를 지키는 장수'라는 이미지에서 벗
어나는 것을 부끄러워했습니다. 그에게는 '살아서 변절하는 것'보다
'죽음으로 충의를 증명하는 것'이 자기 일관성을 유지하는 유일한 길
이었습니다.

그는 '완전한 의인의 자아상'에 집착했고, 그것이 현실의 유연성
을 허락하지 않았습니다. 결국 그는 도덕적 일관성을 유지하는 대신,
생존의 본능을 억압한 것입니다. 한신의 마음을 가장 강하게 지배한
것은 '은혜를 저버리지 않는다'라는 신념이었습니다. 그는 유방의 냉
혹함보다도 '내가 군주의 은혜를 잊을 수 없다'라는 자기 내부의 도
덕률에 묶여 있었습니다.

장락궁에서의 마지막 순간, 한신은 두려움 대신 평온 속에서 죽
음을 받아들이며 자신의 신념을 끝까지 지켰습니다. 그의 삶은 권력

의 비극을 넘어 이상을 버리지 못한 인간의 존엄한 고집으로 완결된 이야기였습니다.

사마천은 《사기》 속 〈회음후열전〉에서 한신에 대한 안타까움을 다음과 같이 표현하고 있습니다.

"그렇게 힘쓰지 않고 천하가 이미 안정된 뒤에야 반역을 꾀하다가 종족이 멸망하는 지경에 이르렀으니, 또한 안타깝지 않은가!"

「不務出此, 而天下已集, 乃謀畔逆, 夷滅宗族, 不亦宜乎!」

「불무출차, 이천하이집, 내모반역, 이멸종족, 불역의호!」

사마천은 한신을 단순히 '반역자'로 치부하기보다, 천하를 얻을 재능을 가졌으나 자신을 지키는 정치적 지혜는 부족했던 '비운의 영웅'으로 평가하며 깊은 연민을 드러냅니다.

22

공로와 질투의 역학

영포와 팽월, 의심이 확신으로 바뀌는 파멸의 과정

기원전 196년. 장안은 기묘한 정적에 휩싸여 있었습니다. 초한 전쟁의 거대한 흙먼지가 가라앉은 지 10여 년, 유방은 황제의 자리에 올랐으나 그의 침소에는 여전히 찬 바람이 불었습니다. 천하를 얻은 기쁨은 잠시였고, 그 자리를 채운 것은 한때 생사를 함께했던 동지들에 대한 지독한 불신이었습니다.

황궁의 정전에서 바라보는 제국은 거대한 장기판과 같았습니다. 유방에게 공신들이란 나라를 세운 기둥인 동시에, 언제든 제 지붕을 덮칠 수 있는 위협적인 칼날이었습니다. '공의 분배'라는 달콤한 약속은 어느덧 '숙청의 명분'으로 변질되어 있었습니다. 장락궁의 종실에서 천하무적 한신의 목이 떨어진 그날, 제국을 지탱하던 신뢰의 둑은 이미 회복할 수 없이 무너져 내리고 있었습니다.

이제 그 살벌한 시선은 다음 희생양을 향합니다. 제나라의 들판을 누비던 팽월과 구강의 맹장 영포. 그들은 자신들이 사냥개를 삶는 솥 앞에 서 있다는 사실을 꿈에도 모른 채, 각자의 영지에서 몰려오는 먹구름을 응시하고 있었습니다.

권력이라는 거대한 괴물은 이제 배고픈 짐승처럼 제후들을 집어삼킵니다. 공포가 충성을 대신하고, 침묵이 간언을 가로막던 그 비정한 기원전 196년의 기록. 영웅들이 사냥개로 전락하여 끓는 물 속으로 사라져 가던 그 잔혹한 정치의 장막 속 이야기를 시작합니다.

팽월은 자신이 끊임없이 전공을 세웠음을 자부했고, 영포는 한때 항우의 부장이었던 과거 때문에 제대로 인정받지 못하는 현실에 불만을 품었습니다. 노관 또한 자신이 공을 세웠음에도 유방의 신임이 줄어드는 것을 느끼며 불안해했습니다. 그들은 모두 한나라의 깃발 아래 서 있었지만, 그 마음속에는 이미 승리 이후의 자리를 계산하는 그림자가 드리워져 있었습니다.

이 시점에서 전장은 더 이상 칼과 창의 문제가 아니었습니다. 공로와 질투, 인정과 불신이 얽히며 보이지 않는 내전이 시작된 것입니다.

사람들은 "누가 항우를 무찔렀냐가 아니라"가 아니라, "누가 그 공을 차지할 것인가"를 묻기 시작했습니다.

군주에게 어려운 싸움은 승리의 과정이 아니라, 그 이후의 분배입니다. 유방의 진영에는 이제 천하를 얻기 위한 싸움보다 천하를 나누기 위한 진흙탕 심리전이 펼쳐지고 있었습니다.

창읍(昌邑)의 시골 사내 팽월은 젊은 날, 거야택(巨野澤)의 넓은 연못가에서 물고기를 잡으며 살았습니다. 그는 본래 농부도, 장수도 아니었습니다. 때로는 굶주림을 달래기 위해 도둑질을 했지만, 사람을 해치지는 않았습니다.

그의 말은 언제나 느리고 신중했습니다. 그러던 어느 날, 세상이 요동쳤습니다. 진승과 항량이 봉기했다는 소식이 들려오자 젊은이 하나가 찾아와 말했습니다.

"지금 온 천하가 반란의 불길에 휩싸였습니다. 진나라의 법은 무너지고, 새 제왕이 나오려 합니다. 당신도 나서야지요."

팽월은 잠시 연못 위로 시선을 던졌습니다. 물결이 햇빛을 받아 눈부셨습니다. 그는 천천히 대답했습니다.

"용 두 마리가 싸우고 있다. 어느 놈이 살아남을지 보자꾸나."

그는 기다렸고, 그 기다림은 곧 판단의 무기가 되었습니다.

세월이 흘러 진의 세력이 약해지자, 거야택 주위의 젊은이들이 다시 찾아왔습니다.

"이제 때가 왔습니다! 우리와 함께 군을 일으켜 주십시오!"

팽월은 한참 동안 눈을 감고 있다가 고개를 끄덕였습니다.

"좋다. 내일 해가 뜰 때 모이자. 약속을 어기는 자는 목숨을 잃을 것이다."

다음 날 새벽, 안개가 연못 위를 덮고 있었습니다. 그러나 약속 시간에 모여야 할 이들 100명 중 10여 명이 늦었습니다. 가장 늦은 자는 해가 중천에 떠올라서야 나타났습니다. 팽월은 웃지도 않았습니다.

"나는 늙었다. 너희가 억지로 세운 자다. 그러나 약속은 군의 뼈다. 한 사람만이라도 목을 베어, 군의 기강을 세우겠다."

젊은이들이 놀라며 말렸지만, 그는 그대로 명했습니다. 피가 제단을 적셨고, 연못 위의 새들이 날아올랐습니다. 그날 이후, 그를 가벼이 여기는 자는 아무도 없었습니다. 결국, 팽월은 무리를 얻었습니다.

거야택의 진흙을 밟고 일어난 100명의 무리는 순식간에 수만 명의 대군으로 불어났고, 그는 위나라의 땅을 휩쓸며 스스로의 세력을 구축했습니다.

초한 전쟁이 본격화되자, 팽월은 독자적인 길을 걸었습니다. 그는 항우의 강력한 기병대와 정면으로 맞붙지 않았습니다. 대신 항우가 유방을 치러 서쪽으로 가면, 팽월은 유령처럼 나타나 항우의 보급로인 양국(梁國)과 수양(睢陽)을 불태웠습니다.

항우가 분노하여 되돌아오면 그는 다시 거야택의 깊은 늪 속으로 사라졌습니다. 항우는 팽월 때문에 동분서주하며 힘을 낭비했고, 초나라 군대는 늘 굶주려야 했습니다.

기원전 205년, 유방이 팽성전투에서 참패하고 위기에 처했을 때, 팽월은 결단을 내립니다. 그는 자신이 공략한 외황(外黃) 등 20여 개의 성을 유방에게 바치며 정식으로 합류했습니다. 유방은 팽월을 위나라의 상국으로 임명하며 전폭적인 신뢰를 보냈습니다.

"그대가 동쪽에서 항우의 발목을 잡아준다면, 내 관중의 병사를 이끌고 반드시 천하를 얻으리라."

이후 팽월은 유방의 '별동대'가 되어 항우의 심장부를 끊임없이 난도질했습니다. 항우가 유방을 몰아붙일 때마다 팽월이 뒤에서 성을 빼앗으니, 항우는 유방을 죽일 기회를 잡고서도 늘 팽월을 막으러 발길을 돌려야만 했습니다.

팽월은 위나라 땅의 성들을 하나하나 함락시키며 항우의 퇴로를 차단했습니다. 특히 성양 인근에서 초나라 군대의 보급 부대를 습격하여 수만 석의 군량을 불태웠습니다.

팽월이 초나라의 보급로인 외황을 점령하고 양나라 땅을 휩쓸자, 격분한 항우가 직접 대군을 몰고 폭풍처럼 밀어닥쳤습니다. 팽월은 항우의 무력과 정면으로 맞붙는 대신, 특기인 유격 전술을 펼치며 거야택의 늪지대로 신속히 몸을 숨겼습니다. 텅 빈 성에 입성한 항우의 눈은 분노로 이글거렸습니다.

"나를 배반하고 팽월에게 성문을 열어준 자들을 단 한 명도 살려두지 마라!"

항우는 15세 이상의 외황 남성들을 모두 성 밖으로 끌어내 구덩이에 파묻으려 했습니다. 절체절명의 순간, 성 안의 13세 한 소년이 항우의 앞을 가로막았습니다. 그 소년은 팽월의 가신이었던 외황 현령 서생(徐生)의 아들이었습니다.

"대왕의 천하를 버리려 하십니까?"

소년은 패왕의 서슬 퍼런 칼날 앞에서도 당당하게 입을 열었습니다.

"대왕께서 오시자 팽월은 두려워 도망쳤습니다. 외황의 백성들은 팽월의 강압에 못 이겨 잠시 항복했을 뿐, 마음속으로는 대왕을 기다려왔습니다. 그런데 이제 대왕께서 오셔서 백성들을 모두 죽이려 하신다면, 앞으로 남은 양나라 땅의 수많은 성이 누구를 믿고 항복하겠습니까? 그들은 '항복해도 죽는다'라고 생각하며 죽기 살기로 저항할 것이니, 대왕께서는 결코 천하를 얻지 못하실 것입니다."

항우는 어린 소년의 말에 뒤통수를 맞은 듯 멍해졌습니다. 소년의 말은 지극히 타당했고, 자신의 잔혹함이 오히려 적들을 결집시키고 있다는 사실을 뼈아프게 찔렀습니다. 결국 항우는 명령을 거두고 외황의 백성들을 사면했습니다.

이 소식은 양나라 전체로 퍼졌습니다. 하지만 백성들은 항우의 자비가 아니라, 그 자비를 끌어낸 소년과 그 뒤에 있는 팽월의 영향력에 감탄했습니다. 팽월은 이 일화를 통해 자신이 잠시 자리를 비워도 백성들이 항우에게 진심으로 굴복하지 않도록 만드는 심리적 쐐기를 박는 데 성공합니다.

초한 전쟁의 막바지, 유방과 항우가 홍구를 경계로 휴전을 논의할 때도 팽월은 멈추지 않았습니다. 그는 양나라 땅 10여 개의 성을 다시 함락시키고 10만 곡이 넘는 군량을 확보해 유방에게 보냈습니다.

이 보급품 덕분에 유방의 군대는 배불리 먹으며 추격을 계속할 수 있었던 반면, 항우의 군대는 굶주림과 추위에 지쳐갔습니다. 사마천은 '항우가 해하에서 패배한 결정적인 원인 중 하나는 팽월이 양나라 땅을 장악해 보급을 끊었기 때문이다'라고 평했습니다.

드디어 기원전 202년, 해하에서 최후의 결전이 벌어지기 직전이었습니다. 유방은 팽월에게 전령을 보내 합류를 요청했지만, 팽월은 자신의 지위가 확실하지 않자 움직이지 않았습니다.

그때 장량이 진언했습니다.

"팽월과 한신이 합쳐져야 천하를 얻을 수 있습니다."

유방은 즉시 사자를 보냈습니다. 사자는 팽월에게 장량의 편지를 전했습니다.

"왕께서 초를 멸하려 하기에 팽월에게 수양 북쪽의 땅을 내리시어 양왕(梁王)으로 봉하고, 제나라 한신에게는 바다까지의 땅을 내리시니 즉시 출정하시오."

팽월은 편지를 읽고 묵묵히 칼을 찼습니다.

"천하가 바뀔 때는, 말보다 믿음이 먼저다."

그는 즉시 군을 이끌고 해하로 달려가 한신과 항우를 협공합니다. 마침내 항우는 포위되어 오강에서 자결하였고, 초나라의 깃발은 불길 속에 사라졌습니다. 거야택의 사내가 천하의 한 구석을 다스리는 왕이 되는 순간이었습니다.

그 이후 세월이 지나고, 유방은 한제국의 주인이 되었습니다. 그러나 전공이 큰 이들은 모두 불안에 떠는 존재로 전락합니다.

고조 10년, 진희가 대(代)에서 반란을 일으키자 유방은 친히 북으로 출정했습니다. 그는 양왕 팽월에게 병사를 요청했습니다. 팽월은 병을 핑계로 사람을 보냈습니다.

"양왕 팽월이 직접 가지 못해 송구하오나, 장수 호첩을 대신 보내겠다고 합니다."

"병이 깊어 말에 오를 수 없다니, 그가 정녕 나를 속이려 드는구나!"

유방은 탁자를 내리치며 분노했습니다. 팽월은 본래 누구의 밑에서도 구속받지 않던 거야택의 우두머리였습니다. 그가 보여준 미묘한 태도는 이제 게으름이 아니라, 황제에 대한 도전이자 '반역의 징조'로 해석되었습니다.

유방의 머릿속에는 팽월이 항우의 보급로를 끊으며 보여주었던 그 신출귀몰한 유격술이 떠올랐습니다. '저 칼날이 나를 향한다면…'하는 의심은 독처럼 온몸으로 퍼져나갔습니다.

그날 밤, 등불 아래 마주 앉은 여태후의 눈빛은 유방보다 더 서늘했습니다. 그녀는 의심으로 흔들리는 유방의 마음에 쐐기를 박았습니다.

"폐하, 장사란 언제든 변할 수 있는 법입니다. 팽월은 사나운 매와 같아서, 배가 부르면 날아가고 배가 고프면 사람을 뭅니다. 지금 그를 치지 않으면 훗날 제국의 가장 큰 근심거리가 될 것입니다. 뿌리를 남겨두지 마십시오."

여태후의 조언은 명령이 되어 떨어졌습니다. 팽월이 반격을 준비할 틈도 없이, 유방은 사신을 보내 기습적으로 그를 체포했습니다. 어제의 동지였던 자들이 팽월의 손목에 쇠사슬을 채웠습니다. 기원전 196년 가을, 양왕의 칭호를 박탈당한 팽월은 죄인의 신분으로 역마에 올랐습니다. 서쪽 촉(蜀) 땅으로 가는 유배 길, 그는 덜컹거리는 수레 안에서 창밖의 누런 들판을 바라보았습니다.

"내가 거야택의 안개 속을 벗어나지 않았더라면, 오늘의 이 치욕을 겪지 않았을 것인가."

한때 항우를 공포에 떨게 했던 유격전의 귀재는 이제 비루한 죄수가 되어 먼지 자욱한 길 위에 있었습니다. 그가 정(鄭) 땅에 이르렀을 때, 마침 여태후의 행렬이 맞은편에서 오고 있었습니다. 팽월은 수레에서 내려 무릎을 꿇었습니다.

"저는 죄가 없습니다. 창읍 고향에서 생을 마치게 해주십시오."

여태후는 부드럽게 웃었습니다.

"그대의 충심을 알겠소. 함께 낙양으로 돌아갑시다."

그 미소는 따뜻했지만, 눈빛은 차가웠습니다. 그녀는 유방에게 속삭였습니다.

"용이 날 때는 용의 무늬를 보고, 짐승이 사나울 때는 이빨을 봅니다."

낙양에 도착하자 여태후는 비밀리에 조서를 올렸습니다.

"팽월이 다시 반역을 도모하고 있습니다."

유방은 한동안 말이 없었습니다.

"그가 그럴 리가 없는데…."

그러나 곧 덤덤히 말합니다.

"법은 군주의 정을 묻지 않습니다."

그해 겨울, 팽월은 팔팔 끓는 뜨거운 물에 던져졌습니다. 한때 천리를 다스린 사내가 뜨거운 증기 속에서 사라졌습니다.

그의 뼈는 부서졌고, 이름은 사라졌고, 그리고 사람들은 다음과 같이 속삭였습니다.

"거야택의 늙은 물고기가, 결국 뜨거운 물 속으로 돌아갔다."

사마천의 《사기》 속 〈위표팽월열전〉의 기록을 분석해 보면, 팽월이 토사구팽(兎死狗烹, 토끼를 다 잡으면 사냥개를 삶는다)을 당한 원인은 단순히 '운이 없어서'가 아니라 군사적 위협, 정치적 미숙함, 그리고 유방 부부의 냉혹한 계산이 맞물린 결과였습니다.

유방에게 팽월은 항우를 꺾게 해준 일등 공신이었지만, 평화의 시기에는 가장 두려운 잠재적 적이었습니다. 팽월은 유방의 휘하에서 성장한 장수가 아니라, 거야택의 도적 떼를 이끌고 스스로 일어난 자수성가형 인물입니다. 그의 부대는 유방의 통제권 밖에 있는 '팽월 개인의 사병' 성격이 강했습니다. 더불어 항우의 보급로를 끊고 신출귀몰하게 움직였던 팽월의 전술을 유방은 옆에서 지켜보았습니다. 유방은 '만약 팽월이 나에게 등을 돌린다면, 누가 저 유령 같은 군대를 막을 것인가?'라는 실존적 공포를 느꼈습니다.

또한, 한신과 마찬가지로 팽월은 '천하가 황제의 것'이라는 새로운 질서를 완벽히 이해하지 못했습니다. 해하 전투에서의 유방이 항우를 치기 위해 소집령을 내렸을 때, 팽월은 땅을 약속받기 전까지 움직이지 않았습니다. 진희의 반란 때 유방이 직접 출병하며 지원을 요청했으나, 팽월은 병을 핑계로 가지 않고 장수만 보냈습니다. 황제는 이를 상황을 지켜보다 승자에게 붙으려는 '기회주의적 태도'로 해석했습니다. '군신 관계'를 '동업자 관계'로 착각한 것이 그의 치명적인 실수였습니다.

여태후는 팽월이 실제로 반란을 꾀했다는 증거를 제시하지 않습니다. 대신 '조작된 명분'이 어떻게 그를 옭아맸는지 보여줍니다.

팽월이 자신을 꾸짖자 원한을 품고 도망친 태복이 "팽월이 반란을 모의한다"라고 거짓 고발했습니다. 유방은 사실 여부를 확인하기보다 이 고발을 기다렸다는 듯이 사신을 급파해 팽월을 기습 체포했습니다. 이는 죄가 있어서 죽인 것이 아니라, 죽여야 하기에 죄를 씌운 것임을 시사합니다. 결국 팽월은 유방이 원하는 '순종적인 신하'가 되기에는 너무나 거대하고 자유로운 '거야택의 외로운 늑대'였던 것입니다.

영포의 경우는 더욱 복잡했습니다. 그의 반란은 처음에는 총애하던 첩에 대한 질투와 의심에서 시작되었습니다. 그 개인적인 질투가 분노로 변하고, 그 분노가 정치적 오해와 결합하면서 반란으로 확대되었습니다.

육(六, 지금의 안휘성 일대) 출신의 사내 영포는 성은 영씨이며, 진나라 시절에는 평범한 백성이었습니다. 젊은 시절 어떤 관상가가 그에게 "형벌을 받은 뒤 왕이 될 상이다"라고 말하자, 그 말을 마음속에 오래 간직하였습니다. 장년이 되어 법을 위반했을 때 얼굴에 먹물로 문신을 새기는 경형(黥刑)을 받게 되었는데, 영포는 오히려 크게 웃으며 말했습니다.

"이것이 바로 예언이었구나. 나는 이제 왕이 될 운명이다."

사람들은 그를 경포(黥布)라는 별명으로 부르며 조롱하였으나, 영포의 웃음에는 이미 두려움을 모르는 사내의 기운이 서려 있었습니다. 그는 여산(麗山)으로 유배되어 수십만 명의 죄수 사이에서 호걸들과 어울렸고, 곧 그 무리를 이끌고 도망쳐 강남 일대를 떠돌며 도적의 두목이 되었습니다.

진승이 봉기하자 그는 파군과 합류하여 진나라에 반기를 들고 병사를 모았습니다. 영포는 항우를 따라 초의 장수가 되어 거록전투에 참전합니다. 항우가 신안(新安)에 이르렀을 때, 그는 이미 천하의 패권을 눈앞에 둔 장수였습니다. 그는 군을 정비하자마자 영포를 비롯한 정예를 밤중에 출동시켜 장한의 군대를 기습했고, 그 여세로 진나라 병졸 20여만 명을 구덩이에 생매장했습니다. 이때부터 영포는 항우 군에서 언제나 선봉을 맡는 '창끝의 장수'가 되었습니다.

함곡관에 이르러 진군이 길을 막고 서자, 항우는 다시 영포를 불러 "샛길로 돌아 진군을 깨뜨리라"라고 명했습니다. 영포는 명령을 받고 곧장 산길을 넘어 진군의 배후를 찔렀고, 마침내 초군은 함양에 진입합니다. 이 군공들로 인해 항우가 제후를 봉할 때 영포는 구강왕(九江王)으로 책봉되었고, 도읍은 육에 자리 잡았습니다.

기원전 206년 4월, 함양을 불태운 항우의 위세는 하늘을 찔렀습니다. 그는 천하를 나누어 제후들을 각자의 땅으로 보냈으나, 그의 마음에는 가시처럼 걸린 존재가 있었습니다. 바로 자신이 옹립했던 초나라의 명목상 군주, 의제였습니다.

"의제는 이제 쓸모없는 껍데기일 뿐이다. 그를 장사(長沙)로 보내고, 가는 길에 조용히 치워라."

항우의 은밀한 암명을 받은 자는 도마의 전사, 구강왕 영포였습니다. 그는 항우의 가장 신뢰받는 맹장이자, 가장 궂은일을 도맡아 하던 그림자였습니다.

그해 8월, 영포는 침현의 차가운 강가에서 주군의 명을 완수했습니다. 의제의 피가 강물을 적실 때, 영포는 알지 못했습니다. 그 피가 결국 자신의 이마에 새겨진 문신보다 더 지우기 힘든 '대역죄인'의 낙인이 될 것임을.

한나라 2년, 천하는 다시 요동쳤습니다. 제나라의 전영이 항우에게 반기를 들자, 분노한 패왕은 전국의 제후들에게 병력을 소집하라는 명을 내렸습니다. 당연히 첫 번째 호출은 구강왕 영포였습니다. 하지만 영포의 반응은 예전 같지 않았습니다. 구강의 왕궁, 어두운 방 안에 앉아 있던 영포의 눈빛은 서늘하게 가라앉아 있었습니다.

"패왕께 전하라. 내 몸에 병이 깊어 도저히 말에 오를 수 없다고."

그것은 명백한 거부였습니다. 영포는 직접 움직이는 대신, 장수 한 명에게 고작 수천 명의 병사만을 붙여 항우의 진영으로 보냈습니다.

의제를 죽일 때만 해도 생사를 같이할 것 같았던 두 사람의 사이에는 이제 결코 건널 수 없는 '불신의 강'이 흐르고 있었습니다.

"내가 너를 왕에 봉했건만 감히 이럴 수 있단 말인가."

수차례 사자를 보내 꾸짖고 불러들였지만 영포는 더 깊은 두려움에 빠져 더 이상 초군으로 돌아가려 하지 않았습니다. 항우에게 갔다가는 자신이 의제에게 했던 일을 그대로 당할 것이라 확신했기 때문입니다.

결국 항우와의 갈등과 유방의 회유책으로 그는 한나라에 귀의합니다. 그리고 해하전투에 참여하여 항우의 몰락을 지켜보았습니다. 그 후 유방은 영포를 불러 회남왕으로 봉하였습니다. 이로써 그는 한 때 죄인이었다가 제후로 거듭난 인물이 되었습니다. 그러나 영포는 결코 마음의 불안을 지우지 못하였습니다. 그의 얼굴에는 여전히 검은 먹물 자국이 남아 있었고, 사람들은 수군거렸습니다.

"그것은 왕의 상징이 아니라 죄 지은 자의 낙인이다."

그의 웃음은 사라졌고, 그 마음에는 자신을 불신하는 세상의 시선이 서서히 쌓여가고 있었습니다.

한나라 11년, 기원전 196년. 양왕 팽월이 삶아지고 소금에 절여졌고, 그 살점은 항아리에 담겨 제후들에게 본보기로 하사되었습니다. 그 항아리가 회남에 도착했을 때, 영포는 사냥 중이었습니다.

나중에 영포가 항아리 뚜껑을 여는 순간, 소금물 위로 떠 오른 붉은 살점이 비릿한 냄새를 풍기며 반짝였습니다. 그는 한동안 침묵하다가 낮은 목소리로 말했습니다.

"다음은 나일지도 모르겠구나."

그날 밤, 그는 은밀히 명령을 내렸습니다.

"병력을 모아라. 이름을 숨기되, 대비를 게을리하지 말라."

이 명령은 곧 그의 불안이 실제가 되어가는 증거가 되었습니다. 그의 두려움이 준비로 변했고, 준비는 곧 의심의 표적이 되었습니다.

영포에게는 총애하는 첩이 한 명 있었습니다. 그녀는 총명하고

초한지 인생 공부

미모가 뛰어나 회남 사람들의 부러움을 샀습니다. 그녀가 병이 들자 영포는 명의를 불러 치료하게 하였는데, 그 의사의 집이 공교롭게도 중대부 비혁(賁赫)의 집과 마주하고 있었습니다.

비혁은 한때 영포의 부하였으나 지금은 멀어진 인물이었습니다. 그는 선물을 들고 첩을 찾아가 술을 나누며 웃음을 보였습니다. 그 일은 곧 영포의 귀에 들어갔습니다.

"그자를 어디서 알게 되었느냐?"

"그저 문을 마주한 이웃일 뿐입니다."

"거짓을 말하느냐?!"

영포의 눈빛이 번개처럼 번뜩였습니다. 그의 사랑은 의심으로 변하였고, 의심은 질투로 불타올랐습니다. 그는 분노하여 명령하였습니다.

"비혁을 체포하라. 그자의 목을 내 앞에 바치라."

비혁은 죽음을 두려워해 한밤중에 달아나 장안으로 향하였습니다. 그는 조정에 상소를 올려 말하였습니다.

"회남왕 영포가 반란을 꾀하고 있습니다."

조정은 술렁였고, 유방은 상국 소하에게 물었습니다.

소하는 신중히 대답했습니다.

"영포는 충성스러운 사람입니다. 혹 무고일지도 모르니 먼저 조사하게 하소서."

그러나 이미 불신의 불씨는 퍼졌습니다. 이 소식을 들은 영포는 분노와 공포에 휩싸였습니다.

"비혁이 내 목숨을 팔았구나. 왕이 나를 의심하니 내가 먼저 움직일 수밖에 없도다."

그는 병사들을 모아 외쳤습니다.

"우리는 반역자가 아니라 생존자다. 왕이 우리를 죽이기 전에 우리가 먼저 싸울 뿐이다!"

그의 목소리는 담대했으나, 마음은 불안으로 흔들렸습니다. 질투에서 비롯된 감정이 의심과 공포를 낳고, 그 공포가 마침내 반란으로 이어졌습니다.

한나라 조정은 즉시 토벌군을 보냈습니다. 초기에는 영포의 군이 승리를 거두었으나 곧 패세로 기울었습니다. 그는 패주하여 파양 근처 숲속으로 몸을 숨겼습니다.

그는 처남인 오구(吳駒)를 믿고 함께 월나라로 도망치기 위해 한 농가로 숨어들었습니다. 그러나 오구의 배신으로 그곳에서 살해당합니다. 그의 얼굴의 검은 문신이 달빛에 반짝이며 피로 물들었습니다. 그는 형벌을 받은 뒤 왕이 되었고, 왕에서 다시 죄인으로 돌아간 인물로 역사에 남았습니다.

영포의 토사구팽은 한신이나 팽월과는 또 다른 독특한 양상을 띱니다. 그는 단순히 숙청된 것이 아니라, 공포에 질려 스스로 반란의 길을 선택하게끔 몰린 측면이 강합니다.

영포를 반란으로 이끈 가장 직접적인 심리적 원인은 동료들의 비참한 최후였습니다. 한신이 죽고, 뒤이어 팽월이 죽임을 당한 것입니다. 영포는 한신이나 팽월에 비해 훨씬 공격적인 무장이었습니다. 그는 숙청당할 바에야 차라리 전쟁을 택했습니다.

초한지 인생 공부

영포는 항우 밑에서 전공을 세운 인물로, 정면 돌파와 단기 결전에 능했습니다. 그는 유방의 군대를 보며 "황제는 늙고 병들었으며, 한신과 팽월도 죽었으니 이제 나를 막을 자는 없다"라고 오판했습니다. 그는 유방이 자신을 잡으러 오기 전에 먼저 제후국들을 공격하여 세력을 키우려 했습니다. 하지만 이는 유방에게 강력한 토벌 명분만 주었을 뿐입니다.

그리고 영포는 태생적으로 유방과 깊은 신뢰 관계를 맺기 어려운 과거를 가지고 있었습니다. 그는 항우의 명을 받아 초나라의 황제였던 의제를 시해했습니다. 유방은 이를 명분 삼아 항우를 쳤지만, 속으로는 '자기 군주를 죽인 자는 언제든 나도 죽일 수 있다'라는 불신을 품고 있었습니다.

영포는 범죄자 출신으로, 늘 변방의 이방인 같은 존재였습니다. 유방의 핵심 측근에 끼지 못했던 그는 권력의 분배 과정에서 항상 제거 대상 1순위가 될 수밖에 없었습니다.

팽월과 영포의 이야기는 단순한 권력 투쟁의 기록이 아닙니다. 그들의 몰락은 인간의 감정이 통제되지 못할 때 어떤 파국을 낳는가를 보여주는 비극적 심리전입니다.

두 사람 모두 처음에는 유방의 천하를 세운 공신이었으나, 결국 자기 감정의 불씨를 제어하지 못하고 스스로를 무너뜨렸습니다. 한편, 유방과 여태후에게도 그들만의 불안이 있었습니다.

절대 권력을 쥔 자는 언제나 가장 가까운 자가 가장 위험하다는 두려움 속에 살게 됩니다.

유방과 여태후는 제국의 질서를 세우는 과정에서 점점 공신들을 잠재적 위협으로 보기 시작했습니다. 이것이 바로 '불신의 심리학'입니다. 공을 세운 자는 자신이 정당한 보상을 받아야 한다고 믿고, 왕은 그 공신이 오히려 자신을 위협할지도 모른다고 두려워합니다.

공이 큰 신하는 언제든 왕의 자리를 위협할 수 있다는 의심, 그리고 권력의 균형을 지키려는 냉정한 계산이 겹쳐질 때, 유능한 신하들은 '토사구팽'의 운명을 피하지 못합니다.

결국, 팽월과 영포의 비극은 신하의 감정과 군주의 불신이 정면으로 충돌하여 낳은 결과였습니다. 감정을 다스리지 못한 자는 신하든 군주든 공통적으로 파멸을 맞이합니다.

사마천은 《사기》 속 〈위표팽월열전〉과 〈경포열전〉에서 두 사람을 다음과 같이 평가합니다.

팽월은 비록 본래 비천하였으나, 이미 천 리 땅을 휩쓸고 왕을 칭하며 승리를 거두어 그 명성이 매일같이 들려왔다. 하지만 반역의 마음을 품었다가 실패에 이르러서도, 죽지 않고 사로잡혀 포로가 되었으며 끝내 형벌을 받아 죽임을 당했으니 어찌 된 일인가? 보통 이상의 재능을 가진 자라도 그런 행동을 수치로 여기거늘, 하물며 왕의 자리에 있던 자랴!

彭越雖故賤, 然已席卷千里, 南面稱孤, 喋血乘勝日有聞矣。懷畔逆之意, 及敗, 不死而虜囚, 身被刑戮, 何哉? 中材已上且羞其行, 況王者乎!

팽월수고천, 연이석권천리, 남면칭고, 첩혈승승일유문. 회반역지의, 급패, 불사이로수, 신피형륙, 하재? 중재이상차수기행, 황왕자호!

사마천은 팽월을 향해 한때 천하를 호령하던 왕이 왜 실패의 순간에 영웅답게 죽지 못하고 치졸하게 목숨을 구걸했느냐고 서늘한 질문을 던진 것입니다.

영포의 공로가 제후들 중 으뜸이었기에 이로써 왕이 될 수 있었으나, 또한 그 자신도 대대로 큰 화를 당하는 것을 면하지 못했다. 화가 일어난 것은 아끼던 애첩에게서 비롯되었고, 시기하고 질투하는 마음이 근심을 만들어내어 결국 나라를 멸망시키고 말았다!

功冠諸侯, 用此得王, 亦不免於身為世大僇。禍之興自愛姬殖, 妬媚生患, 竟以滅國!

공관제후, 용차득왕, 역불면어신위세대륙. 화지흥자애희식, 투매생환, 경이멸국!

사마천은 이들을 평가하며 신분의 한계를 극복한 '영웅적 면모'와 권력욕에 눈이 멀어 맞이한 '비극'을 대조시켰습니다. 이 두 인물의 이야기는 앞서 설명한 조참과 주발의 '자신을 지우는 기술'과는 정반대의 길을 걸어 비극으로 끝난 사례라 할 수 있습니다.

이로써 기원전 196년 한나라 개국공신들이자, 3대 명장이었던 한신, 팽월, 영포가 모두 토사구팽의 비극적 최후를 맞이합니다.

23

천하를 얻고도 웃지 못한 사내,
유방의 심리

승자의 허무 그리고 고독의 심연

기원전 195년 겨울, 장안의 미앙궁(未央宮)은 유난히 시린 바람을 머금고 있었습니다. 천하를 얻은 지 어느덧 십여 년, 한고조 유방의 머리칼은 서리 맞은 풀처럼 하얗게 셌고, 그가 머무는 정전에는 예전 같은 호탕한 웃음 대신 뼛속까지 파고드는 적막만이 감돌았습니다.

불과 몇 달 사이, 제국의 지평선을 호령하던 세 개의 큰 별이 떨어졌습니다. 장락궁 종실에서 울부짖으며 사라진 한신, 젓갈이 되어 제후들에게 배달된 팽월, 그리고 공포에 질려 창을 들었다가 번양의 진흙탕 속에서 비참한 최후를 맞이한 영포까지. 한때 유방과 함께 대지를 붉게 물들였던 '사냥개'들은 이제 모두 끓는 가마솥 속으로 사라졌습니다.

이러한 피의 숙청 끝에 유방이 내린 결단이 바로 '백마의 맹세(白馬之盟, 백마지맹)'였습니다. 그는 공신들과 함께 흰 말을 잡아 그 피를 나누어 마시며, "유씨 성을 가진 자가 아니면 왕이 될 수 없고, 공이 없는 자가 제후가 될 수 없다"라는 철칙을 세웠습니다. 이는 제국이 더 이상 공신들과 나누어 갖는 공유물이 아니라, 오직 유씨 일가만이 소유하는 지배 체제임을 선포한 결정적인 사건이었습니다.

그러나 내부를 다스린 대가로 치른 고립의 무게는 상당했습니다. 영포의 반란을 직접 진압하던 중 가슴에 화살 상처를 입은 유방은 병세가 깊어지자 의외의 태도를 보였습니다. 여태후가 데려온 명의의 치료를 거부하며 일갈했습니다.

"평민의 몸으로 천하를 얻은 것은 하늘의 명인데, 어찌 의사에게 목숨을 맡기겠느냐."

이는 자신을 지켜줄 모든 전우를 제 손으로 죽인 독재자가 마지막 순간에 마주한 처절한 고독이자, 인간의 힘이 아닌 오직 '천명'에만 의지하려는 비장한 자의식의 표출이었습니다.

제국 내부가 숙청으로 진통을 겪는 사이, 외부 정세는 더욱 위태로워졌습니다. 북방에서는 묵돌선우가 이끄는 흉노가 유례없는 강성함을 과시하며 제국의 북쪽 국경을 압박했고, 남방에서는 진나라 장수 출신 조타가 남월(南越)을 세워 독자 노선을 걷기 시작합니다.

침상에 누운 황제는 상처 입은 노구를 뒤척이며, 자신이 세운 제국이 얼마나 비정한 기초 위에 서 있는지를 뼈저리게 느끼고 있었습니다. 영웅들의 시대가 끝나고, 오직 한 명의 통치자만이 남은 황량한 제국의 황혼이 시작되고 있었습니다.

"나는 천하를 얻었지만, 사람의 마음은 잃었구나."

전장에서 함께 싸웠던 병사들의 얼굴이 떠올랐습니다. 진창의 진흙 속에서 칼을 부여잡고 함께 웃던 장수들, 언덕 아래 누워 다시는 일어나지 못한 이름 모를 병졸들, 그리고 그들을 향해 "함께 천하를 나누자"라고 외쳤던 자신의 목소리까지.

이제 그 말은 아무 의미가 없었습니다. 천하는 하나가 되었고, 그 하나는 오직 자신에게 속해 있었습니다. 연회가 끝난 뒤, 궁궐의 마당에는 술 냄새와 피비린내가 함께 남아 있었습니다.

유방은 홀로 정전으로 걸어가며 벽에 걸린 검을 바라보았습니다. 그 검은 오래전 항우를 대적할 때 사용하던 '제왕의 검'이었습니다. 그러나 검끝에 비친 자신의 얼굴은 승자의 것이 아니었습니다. 피로 얼룩진 손, 굳게 다문 입술, 그리고 눈빛 속의 공허. 그는 그제야 깨달았습니다.

"항우는 전장에서 죽었으나, 나는 아직도 전장 위에 서 있구나."

천하를 얻는 일은 그토록 간절했지만, 막상 얻고 나니 마음속의 허전함이 그 무엇보다도 컸습니다. 권력을 손에 쥐었지만, 마음은 그 어디에도 닿지 않았습니다.

그는 스스로에게 속삭였습니다.

"이제 모든 것이 내 것이 되었건만, 어째서 이리 고요한가."

그날 밤, 유방은 천하의 주인이었으나 누구보다도 외로운 인간이었습니다. 그의 눈앞에는 황금빛 왕좌가 있었지만, 그 아래는 끝없는 그림자였습니다. 승리의 함성이 사라진 자리에 남은 것은 단 한 사람의 고독한 숨소리뿐이었습니다.

유방은 왕좌에 앉아 오래된 전우들의 이름을 되뇌었습니다.

"나는 모략으로 천 리를 내다본 장량만큼 현명하지 못했고, 백성을 다스리고 곡식을 끊이지 않게 한 소하처럼 꼼꼼하지도 못했으며, 백만 대군을 이끌어 전장을 휩쓴 한신처럼 용맹하지도 못했다."

그는 스스로를 영웅이라 믿지 않았습니다. 다만 사람을 알아보는 눈 하나로 천하를 거머쥐었을 뿐입니다. 그가 이긴 것은 검이 아니라 사람의 마음이었고, 그가 움직인 것은 전장이 아니라 인간의 욕망과 두려움이었습니다.

이제 그의 곁에는 장량도, 소하도, 한신도 없었습니다. 남은 것은 오직 고독뿐이었습니다.

그는 승리의 대가가 무엇인지 너무 늦게 깨달았습니다. 항우는 패배 속에서 명예를 지켰고, 자신은 승리 속에서 마음을 잃었습니다. 패자는 전장에서 죽었으나, 승자는 고독 속에서 죽는다는 말이 그에게는 저주처럼 느껴졌습니다. 유방은 천하를 얻었지만, 인간으로서의 평안을 잃었습니다. 그는 제국의 창건자였으나, 동시에 그 제국의 불안을 만든 첫 번째 인간이기도 했습니다.

권력을 쥘수록 의심은 짙어지고, 의심이 깊어질수록 사람들은 멀어졌습니다. 그의 승리는 체제의 완성이었고, 그의 외로움은 인간의 본질이었습니다.

그는 천하를 다스리는 황제로 살았으나, 결국 마지막 순간에는 한 인간으로서 조용히 무너지고 있었습니다. 그의 인생은 권력의 역사이면서도, 동시에 한 인간이 권력 속에서 어떻게 성장하면서 어떻게 상처받고 변해가는가를 보여주는 거대한 심리극이었습니다.

그러면 스스로 장량, 소하, 한신보다 능력은 한 수 아래임을 인정했었고, 항우보다 출신 성분과 힘에서 밀렸던 패현의 건달 출신인 유방이 천하를 제패할 수 있었던 요인은 과연 무엇일까요?

유방의 성공과 치세를 설명할 때 청나라말 유명한 사상가인 이종오(李宗吾)의 후흑학(厚黑学)이 종종 인용됩니다. 그의 핵심 주장은 단순했습니다. "성공하는 사람은 얼굴이 두껍고, 마음이 검어야 한다(面厚心黑, 면후심흑)" 여기서 '얼굴이 두껍다'는 것은 체면이나 부끄러움에 얽매이지 않고 행동할 수 있는 담대함을 뜻하며, '마음이 검다'라는 것은 도덕이나 감정에 흔들리지 않고 냉정하게 목표를 향해 계산할 수 있는 강한 내면을 의미합니다.

이 사상은 흔히 오해되듯 비도덕적인 처세술을 옹호하는 것이 아닙니다. 오히려 권력과 성공의 냉혹한 본질을 통찰한 철학에 가깝습니다. 즉, 외부의 공격에도 흔들리지 않는 강인함과 목적을 위해 마음의 어둠까지 다룰 줄 아는 현실적 지혜를 강조한 것입니다.

그의 논지는 "도덕적 허영만으로는 세상을 움직일 수 없으므로 진정한 승자는 감정보다 냉정으로, 체면보다 실리를 택한다"였습니다. 이 후흑학의 시선으로 유방을 바라보면, 그는 이 사상의 전형적인 실천자라 할만합니다. 유방은 천하를 얻은 제왕이었지만, 출발은 미천했습니다. 그는 패현의 일개 건달 출신으로, 명문가의 혈통도, 학문적 명망도 없었습니다. 그러나 바로 그 점이 그를 '후(厚)'의 인간으로 만들었습니다.

그는 체면이나 자존심보다 목표를 앞세웠고, 비웃음을 두려워하지 않았습니다. 유방에게 중요한 것은 "지금 내가 어디에 있느냐"가 아니라 "어떻게 후일을 도모할 것인가"였습니다. 그는 패공으로 봉기한 이후 수많은 전쟁과 정치적 거래를 거치며, 공신들의 불만을 조율하고 때로는 그들을 희생시키며 권력의 기반을 다져나갔습니다.

그의 냉정함은 '흑(黑)'의 영역에 속합니다. 유방은 "공신이 많고 권력이 나뉘면 반드시 나라가 어지러워진다(功臣多而權不分, 必亂, 공신 다이권불분, 필란)"라고 말하며, 한신과 팽월 같은 공신들을 차례로 숙청했습니다. 그 결정들은 잔혹했지만, 제국의 구조를 안정시키는 현실적 조치이기도 했습니다. 그는 감정적 유대보다 정치적 질서를 택했고, 의리보다 통제와 균형을 우선시했습니다. 이 점에서 유방은 후흑학의 '심흑'을 가장 정확히 실천한 인물이었습니다.

다음은 그의 후흑학의 진면모를 보여주는 사례입니다.

광무산(廣武山)을 사이에 두고 초나라와 한나라가 팽팽하게 맞선 지 벌써 수개월. 보급로가 끊겨 초조해진 항우는 최후의 수단을 동원했습니다. 그는 높은 도살대 위에 팽성전투에서 생포한 유방의 아버지인 태공을 묶어 세우고, 그 아래에는 커다란 솥을 걸어 물을 끓였습니다.

"유방! 당장 항복하지 않으면 네 아비를 삶아 죽이겠다!"

항우의 고함이 계곡을 울렸지만, 성벽 위 유방의 표정은 차가웠습니다. 긴장한 부하들이 유방의 눈치를 살필 때, 유방은 태연하게 입을 열었습니다.

"항우, 너와 나는 일찍이 초나라 회왕 앞에서 형제의 의리를 맺지 않았느냐? 그러니 나의 아버지는 곧 너의 아버지이기도 하다. 만약 네가 정히 너의 아버지를 삶아 죽이겠다면…"

유방은 비릿한 미소를 지으며 덧붙였습니다.

"그 국물 한 사발을 나에게도 좀 나눠주려무나."

자신의 아버지를 인질로 삼아 협박하는 항우를 유방은 대범함으로 응수합니다. 이에 항우는 결국 태공을 죽이지 못하고 나중에 한나라로 돌려보냅니다.

또한 팽성전투에서 패해 도망칠 때, 유방은 항우의 추격군이 바짝 붙자 수레의 무게를 줄이기 위해 아들과 딸을 발로 차서 수레 밖으로 밀어냈습니다. 마부 하후영이 다시 태우면 또 밀어내기를 세 번이나 했습니다.

유방의 이러한 행동들은 현대적인 관점에서는 사이코패스로 보일 수 있습니다. 하지만 천하라는 거대한 판을 차지하는 자는 도덕적 완벽주의자가 아니라, 현실의 비정함을 견디고 이용할 줄 아는 후흑의 대가여야 함을 설명하는 사례이기도 합니다.

항우는 신화적인 무력과 천재적인 군사 식견을 가진 인물이었습니다. 그는 '자신의 힘이 곧 나라의 힘'이라 믿었으며, 스스로가 완벽해야 한다고 믿는 강박적 사고에 갇혀 있었습니다. 반면 유방은 스스로의 불완전함을 인정하는 데서 리더십을 시작했습니다. 그는 자신이 전략에서는 장량에 못 미치고, 행정에서는 소하를 당해낼 수 없으며, 전장에서는 한신을 따를 수 없음을 부끄러워하지 않았습니다.

이러한 유방의 '불완전함을 인정하는 자아'는 역설적으로 강력한 흡인력이 되었습니다. 항우가 자신의 재능으로 신하들을 압도하며 그들을 도구로 썼다면, 유방은 자신의 부족함을 내보여 인재들이 마음껏 뛰어놀 수 있는 '확장된 자아'의 공간을 마련해 주었습니다. 결국 항우는 자존으로 인해 고립되어 패망했고, 유방은 결핍을 고리로 인재들과 연합하여 승리했습니다.

유방의 진정한 힘은 재능의 총합이 아니라 통제감이 확고한 인물만이 보여줄 수 있는 심리적 여유에서 나왔습니다. 그는 한신이 천리 밖에서 전세를 뒤집는 공을 세울 때, 그 능력이 자신을 위협할지 두려워서 경계하기는 했지만, 겉으로는 제국을 위한 자산으로 인내하며 기다렸습니다. 이는 단순한 아량이 아니라, 타인의 능력을 자신의 일부로 받아들이는 고도의 '사회적 지능'이었습니다.

그는 권력을 휘두르는 대신 '신뢰의 위임'을 통해 제국을 설계했습니다. 장량이 계책을 내면 귀를 기울였고, 소하가 보급을 책임지면 전적으로 신뢰했습니다. 스스로 권력의 끝에 서기보다 남의 재능이 빛나도록 자리를 내어주는 심리적 성숙함이야말로 유방이 가진 최고의 기술이었습니다.

심리적 측면에서 유방은 정서적 안정성이 매우 높은 리더였습니다. 그는 팽성에서 참패하고 도망가는 길에 자식을 수레에서 밀어낼 만큼 절박한 위기 속에서도, 혹은 천하를 다 얻은 승리의 순간에도 감정의 과잉에 빠지지 않았습니다. 그는 상대의 감정 흐름을 읽어내어 때로는 장수를 달래고, 때로는 적의 자존심을 역이용하며 자신을 '함께 싸우는 리더'로 자리매김했습니다.

반면, 항우는 감정의 기복이 심했습니다. 범증이라는 보물을 얻고도 의심 때문에 내쳤고, 아버지를 삶겠다는 협박이 유방에게 통하지 않자 당황했습니다. 외적으로는 천하를 뒤흔들 만큼 강했으나, 내적으로는 자신의 권력과 불안을 붙잡아둘 그릇이 되지 못했던 것입니다.

유방은 천하라는 땅을 얻은 것이 아니라, 사람의 마음이라는 보이지 않는 구조를 얻었습니다. 그는 "부족하고 못난 자가 천하를 얻었다"라는 역사의 역설을 통해, 진정한 리더십은 완벽한 개인이 되는 것이 아니라 타인의 힘을 끌어내어 하나의 유기체를 만드는 것임을 증명했습니다.

유방은 스스로의 권력을 확장하려 애쓰지 않았기에 오히려 천하라는 거대한 확장을 이룰 수 있었습니다. 그의 성공은 재능의 승리가 아니라, 자신을 낮추어 만물을 담아내는 '그릇의 미학'이 거둔 승리였습니다.

사마천은《사기》에서 이 불완전한 건달 출신의 리더 유방의 성공

요인을 다음과 같이 분석합니다.

> 그는 어질고 사람을 사랑했다. 베풀기를 좋아했다. 마음이 활달하고
> 탁 트여 있었다. 항상 대범한 도량(그릇)을 가지고 있었다.
>
> 高祖為人, 隆準而龍顏, 美須髯… 仁而愛人, 喜施, 意豁如也。常有大度。
>
> 고조위인, 용준이용안, 미수염… 인이애인, 희시, 의활여야. 상유대도.

사마천은 유방을 단순히 전쟁에서 이긴 승리자가 아니라, 특히
그가 가진 '대도(大度, 큰 도량)'와 '의활(意豁, 활달한 마음)'을 그의 천하
제패의 성공 비결로 꼽았습니다.

24

질투가 권력이 될 때, 여태후

상처받은 권력의 잔혹한 인간극장

기원전 197~195년, 유방은 흉노와의 전쟁에서 입은 상처가 악화되어 만성 병환에 시달렸습니다. 그가 점차 정사를 돌보지 못하자, 정실부인인 여태후(呂后, 여후)가 궁정 운영의 실권을 장악했습니다. 여태후는 황제의 병세를 빌미로 인사권과 궁궐 내 경호권을 자신에게 집중시켰습니다. 궁중에는 유방의 후궁 세력, 특히 척부인과 여씨 일족 간의 심리전과 암투가 극심했습니다.

병상에 누운 유방은 '내가 죽은 뒤 나라가 평안할까'를 자주 중얼거렸고, 주변 신하들, 특히 소하, 주발, 진평에게 후계를 부탁했습니다. 한 제국의 초기 안정화 과정에서 가장 큰 과제는 공신과 제후 왕들의 정리였습니다. 유방은 말년에 이를 위해 과감한 숙청과 재편을 단행합니다.

그 결과 한나라의 제후 체제는 겉보기에는 안정되었지만, 사실상 각 지방의 왕과 장수들이 두려움과 불만 속에 움츠러든 상태였습니다. 중앙은 강력했지만, 신뢰의 기반은 붕괴되었습니다. 유방이 남긴 이 체제는 '강한 중심, 약한 주변'이라는 특징을 가지며, 후일 제후 왕들의 반란의 씨앗이 되었습니다.

유방은 흉노의 묵돌선우에게 백등산 전투에서 크게 패한 뒤, 흉노와의 화친 정책을 채택했습니다. 공주를 흉노에 시집 보내고, 매년 비단과 식량을 조공하는 조건으로 전쟁을 중단했습니다. 내부에서는 "패왕이 되어 흉노에게 머리를 숙였다"라는 비난이 있었지만, 유방은 더 이상 장기전을 감당할 병력도, 재정도 없었습니다. 이 평화 조약은 한 제국의 첫 '현실 외교'로 평가되지만, 당시 황제의 심리에는 깊은 패배감과 무력감이 자리했습니다.

유방은 죽음을 앞두고도 태자 문제로 큰 갈등을 겪었습니다. 유방이 천하를 통일하고 한 제국을 세웠을 때, 후궁들 사이의 경쟁은 단순한 여인들의 싸움이 아닌, 왕위 계승의 생사를 가르는 냉혹한 정치 싸움이었습니다. 황후 여씨는 유방과 함께 고난을 헤쳐오며 정실의 자리를 지키고 있었지만, 세월이 흘러 유방의 마음에서는 이미 멀어져 있었습니다. 그녀의 얼굴에는 황후로서의 위엄 대신, 차가운 권태와 불안만이 감돌았습니다.

반면, 궁궐에는 젊고 아름다운 척부인이 유방의 눈과 마음을 동시에 사로잡고 있었습니다. 척부인은 유방의 무릎에 기대어 아름다운 춤을 추거나 감미로운 노래를 바치며, 유방을 잠시나마 패업의 고단함에서 벗어나게 해주는 유일한 존재였습니다. 그 때문에 유방은 척부인에게서 낳은 아들 여의를 유독 아끼고 총애했습니다. 여의는 척부인의 젊고 활기찬 기운을 닮은 듯했습니다.

어느 날, 유방은 신하들을 모아 놓고 노골적으로 태자 교체를 시사했습니다.

"짐이 보기에, 태자는 성품이 너무나 부드럽고 유약하다. 저 아이가 이 강대한 제국을 이끌 수 있을지 심히 걱정된다."

유방은 여의의 머리를 쓰다듬으며 단호하게 말했습니다.

"하지만 여의는 영특하고 과감하니, 어린 시절의 나를 닮았도다. 이 아이야말로 내 뒤를 이을 자격이 있다!"

이 말은 곧바로 여태후의 귀에 비수처럼 꽂혔습니다. 여태후는 감정을 드러내지 않았지만, 그녀의 눈빛은 차가워졌습니다. 그녀가 피와 고난으로 지켜온 아들의 자리가, 젊은 척부인과 총애받는 아들에 의해 위협받고 있었던 것입니다.

여의는 조왕으로 봉해졌고, 유방은 태자를 폐위시키고 여의를 새로운 태자로 세우려는 시도를 여러 차례 강행했습니다.

궁궐 내부는 살얼음판을 걷는 듯한 긴장감에 휩싸였습니다. 대신들은 유방에게 '적장자 계승 원칙'을 들어 극구 반대했습니다. 특히 유방의 책사였던 장량은 유방의 고집을 꺾기 위해 아뢰었습니다.

"폐하, 사람은 바꿀 수 있어도 천명은 바꿀 수 없습니다. 태자가 정해진 뒤 그를 바꾸면, 천하의 근본이 흔들립니다."

유방은 대답하지 못했습니다. 그의 마음속에서는 애정과 정치가 엉켜 있었습니다. 척부인의 여의를 위한 눈물 어린 부탁이 귓가를 떠나지 않았습니다. 그러나 장량의 말에는 천하의 무게가 실려 있었습니다.

초한지 인생 공부

며칠 뒤, 여태후의 간절한 부탁으로 장량은 마지막 계책을 씁니다. 그는 여태후의 오빠 여택(呂澤)으로 하여금 산속에 은거하던 네 명의 현자, 사선(四皓, 동원공(東園公), 기리계(綺里季), 하황공(夏黃公), 녹리선생(角里先生)을 일컬음)을 불러내도록 했습니다. 그들은 세속의 권세를 거부하고 청렴으로 이름난 인물들이었습니다. 장량은 그들을 태자의 곁으로 모시며 말했습니다.

"이분들이야말로 천하가 존경하는 현자들이오. 태자께서 그들을 스승으로 모신다면, 폐하의 마음은 다시 안정될 것이오."

며칠 후, 사선이 궁에 들어섰습니다. 흰 수염을 길게 늘어뜨린 네 노인은 산의 기운을 그대로 품은 듯 조용히 궁궐 마당에 섰습니다. 그들의 등장에 조정의 신하들은 모두 고개를 숙였고, 유방조차 미묘한 감정에 휩싸였습니다. 그는 잠시 침묵하다가, 고개를 끄덕이며 말했습니다.

"이 사선들이 태자를 보필한다면… 내 걱정이 덜하겠구나."

그날 이후, 태자 혜제(유영)의 자리는 다시 굳어졌습니다. 그렇게 대신들의 강력한 반대와 장량의 충언 덕분에 태자는 자리를 지킬 수 있었습니다. 그러나 태자가 폐위될 뻔했던 여러 사건은 여태후의 마음에 깊고 지울 수 없는 상처와 함께 걷잡을 수 없는 분노를 새겨 넣었습니다.

여태후는 비로소 알았습니다. 자신의 생존과 아들의 왕위는 더 이상 유방의 '사랑'이 아닌, 오직 '권력'으로만 지킬 수 있다는 것을.

그녀의 차가운 눈빛은 척부인과 그녀의 아들 여의에게 향했습니다.

그녀는 누구보다 빨리 상황을 읽었습니다. 황제의 마음이 이미 완전히 돌아섰다는 것을 알았습니다. 그녀는 이후 조용히 궁 안의 권력 기반을 강화했습니다. 이미 여씨 일족은 고위 관직과 궁중 경호대를 장악하고 있었습니다. 그녀는 자신의 측근들을 이용해 척부인의 처소에 사람을 심고, 황실 경호대를 장악하며, 차가운 미소로 마지막 날을 기다렸습니다.

그녀는 태자의 자리가 위협받던 그날부터 결심했습니다.

"그 여인과 그 아들을 반드시 내 손으로 지워 버리리라."

기원전 195년 마침내 유방이 세상을 떠나자, 천하의 자리는 어린 혜제에게 넘어갔지만 실질적인 권력은 황후 여태후의 손에 들어왔습니다. 그러나 그 손은 온기보다는 냉기를 품고 있었습니다. 남편의 숨결이 사라진 자리에 남은 것은 사랑의 그늘이 아니라, 불안이라는 이름의 공허였습니다.

그녀의 기억 속에는 여전히 유방의 웃음과 그 웃음 너머로 비치는 척부인의 그림자가 스쳐 갔습니다. 한때 황제의 마음을 가로챘던 그 여인, 그리고 그 여인이 낳은 아들 여의는 여태후에게 단순한 후궁과 서자가 아니었습니다.

사랑이 사라진 자리에는 공허만 남았습니다. 대신, 공허는 통제와 질투로 변했습니다. 황후의 이름으로, 어머니의 이름으로, 그녀는 감정의 파동을 권력의 질서로 바꾸려 했습니다. 유방이 남긴 제국은 이제 그녀의 손끝에서 다시 짜이고 있었으며, 궁정의 바람조차 그녀의 의중을 떠나 움직이지 않았습니다.

여태후는 궁전의 회랑을 천천히 걸으며 조용히 말했다고 전해집니다.

"사랑이 나를 약하게 했다면, 이제 권력이 나를 강하게 할 것이다."

이 한마디가 그녀의 시대를 열었습니다. 사랑의 끝에서 태어난 권력, 그것이 여태후 통치의 시작이었습니다.

그렇게 궁의 문이 닫히던 날, 차가운 바람이 장안의 회랑을 훑고 지나갔습니다. 척부인은 이미 머리를 깎이고 죄인의 복장을 한 채, 궁궐의 외진 방에 감금되어 있었습니다. 척부인은 여전히 단정히 앉아 있었지만, 그 눈동자에는 불길한 예감이 떠돌았습니다. 유방이 남긴 사랑의 흔적은, 이제 여태후의 분노를 증명하는 증거가 되어버렸습니다. 그녀는 유방의 사랑만을 믿었기에, 이 비참한 운명에 절규할 뿐이었습니다.

그때, 여태후가 차가운 미소를 머금은 채 복도의 끝에 나타났습니다. 그녀의 뒤에는 섬뜩한 형구(刑具)를 든 시종들이 따르고 있었습니다.

"척부인."

여태후의 목소리는 조용했으나, 강철처럼 냉랭했습니다.

"그대는 한때 황제의 사랑을 받았지요. 하지만 이제 황제는 없습니다. 그러니 그 사랑도 이 세상에 남아 있을 이유가 없겠지요."

척부인은 공포에 질려 전율했습니다.

여태후는 눈 하나 깜짝하지 않았습니다. 그녀에게 복수는 단순히 척부인의 죽음이 아니었습니다. 그것은 유방의 사랑을 받았던 흔적을 온몸에서 제거하는 의식이었습니다.

"네가 사랑했던 감각들을 하나하나 없애주마."

여태후의 명령이 떨어지자, 시종들은 척부인의 사지를 묶고 잔혹한 형벌을 시작했습니다. 척부인의 팔과 다리가 차례로 잘려 나갔습니다. 그녀의 비명은 궁궐의 차가운 벽에 부딪혀 메아리쳤습니다.

다음은 시각이었습니다. 날카로운 도구로 그녀의 눈이 뽑혔습니다. 주변은 붉게 물들었으나, 여태후는 여전히 냉정한 표정이었습니다.

"아름다운 것을 보고, 사랑하는 사람을 보았던 눈, 이제 쓸모없다."

그리고 불에 달군 쇠 막대기가 그녀의 귀에 들이밀어졌습니다. 살 타는 냄새와 함께 청각마저 멀게 되었습니다. 모든 감각이 하나씩 지워지며, 척부인은 움직이지 못하는 살덩이가 되어갔습니다.

마지막으로, 여태후는 쓰러져 움직이지 못하는 척부인의 몸에 억지로 음식물을 쑤셔 넣도록 명령했습니다. 음식이 목구멍으로 넘어갈 때마다, 여태후는 척부인을 내려다보며 끔찍한 조롱을 내뱉었습니다.

"이곳이 바로 네가 살 곳이다. 이제 너는 더 이상 사람이 아니니, 짐승처럼 살거라."

그러고는 이 끔찍한 형체를 측간(변소)에 던져 넣으며 차갑게 선언했습니다.

"저것을 '인간 돼지'라 부르도록 해라!"

그렇게 척부인을 망가뜨림으로써 여태후의 분노는 비로소 만족되었지만, 그 잔혹함은 한나라 역사상 가장 어두운 오점으로 남았습니다.

중국 역사 기록상 가장 충격적이고 엽기적인 복수장면을 사마천의《사기》속 〈여태후본기〉에서는 다음과 같이 기록하고 있습니다.

여태후는 마침내 척부인의 손과 발을 자르고, 눈을 뽑아버리고, 귀를 지지고, 벙어리 약을 먹여 변소 안에 살게 하였으며, 그 이름을 '인간 돼지'라 하였다.

太后遂斷戚夫人手足, 去眼, 煇耳, 飲瘖藥, 使居廁中, 命曰 「人彘」。

태후수단척부인수족, 거안, 훈이, 음암약, 사거측중, 명왈 「인체」。

얼마 후 여태후는 척부인의 아들 조왕, 여의마저 장안으로 불러 독살합니다.

그날 밤, 장안의 궁정은 유난히 조용했습니다. 여태후는 홀로 침전으로 돌아와 거울 앞에 앉았습니다. 거울 속의 그녀는 황후였으나, 그 눈빛은 이미 평범한 여인이 아니었습니다.

그녀는 손가락 끝으로 거울을 쓸며 중얼거렸습니다.

"이제 그 어떤 여인도 나를 대신할 수 없을 것이오."

이 형벌은 단순한 복수가 아니었습니다. 그것은 유방의 사랑을 독점하지 못한 여인의 절규이자, 제국의 여주인이 된 자의 존재 선언 이었습니다. 여태후는 척부인을 죽이지 않았습니다. 그녀를 살아 있는 상징, 즉 자신의 통제력과 복수의 형체로 남겼습니다.

여태후의 내면은 이미 '버림받은 애착체계'로 붕괴하고 있었습니다. 사랑의 상실은 종종 보복적 통제로 이어집니다. 그녀는 유방을 되찾을 수 없다는 사실을 인정하는 대신, 유방의 흔적을 지워버림으로써 상실을 통제하려 했습니다.

또한 심리학의 관점에서 보자면, 그녀의 잔혹함은 단지 잔인함이 아니라 권력 상실의 공포를 회복하려는 행위였습니다. 권력자는 지배의 중심에서 밀려날 때 극심한 불안을 느끼며, 그 불안을 타인 통제로 보상하려 합니다. 여태후는 유방을 다시 가질 수 없었지만, 유방의 세상을 통제함으로써 그 결핍을 채워가고 있었습니다.

궁정의 하인들은 밤마다 여태후의 침전 근처에서 이상한 울음소리를 들었다고 전해집니다.

"돼지처럼 운다 하였으나, 그 울음이 사람의 소리인지, 여인의 꿈 속에서 새어 나온 한숨인지 알 수 없었다."

그 울음은 아마도 척부인의 것이었을 것이나, 어쩌면 여태후 자신의 내면이 낸 소리였는지도 모릅니다. 그날 이후로 여태후는 감정을 보여주지 않았습니다. 그녀는 완전히 차가워졌고, 궁정의 질서는 다시 세워졌습니다.

이후의 행보는 더욱더 치밀한 정치적 재편이었습니다. 그녀는 자신의 일족인 여록(呂祿)과 여산(呂産)을 각각 상장군과 상국의 자리에 앉혔습니다. 그 이름들이 차례로 조정의 명단에 올라갈 때마다, 대신들의 얼굴은 점점 굳어갔습니다. 개국공신인 조참도, 주발도, 진평도 감히 목소리를 내지 못했습니다. 이제 황실의 모든 길은 여씨의 이름을 통과해야만 열렸기 때문입니다.

여태후는 직접 큰소리를 내지 않았습니다. 그녀는 늘 조용했습니다. 그러나 그 침묵은 무엇보다 강력한 명령이었습니다. 조정의 한 대신이 어느 날 이런 말을 남겼다고 전해집니다.

"그녀의 말보다, 그녀의 침묵이 더 무섭다."

그녀의 질투는 이제 개인의 감정이 아니라 제국의 원리로 변했습니다. 그것은 사적인 감정의 폭발이 아니라, 권력의 구조 속에서 통제의 제도로 굳어졌습니다. 감정이 체계로 변한 순간, 여태후는 비로소 '무너뜨릴 수 없는 존재'가 되어가고 있었습니다.

조정의 어느 날 아침, 차가운 새벽바람이 회랑을 스쳤습니다. 그녀는 아무 말 없이 봉서를 내려놓았고, 그 종이 위에는 한 사람씩 이름이 붉은 잉크로 지워져 있었습니다. 그 이름들은 숙청 대상자였습니다. 이에 대신들은 숨소리조차 내지 못했습니다. 그 순간, 여태후는 더 이상 그저 황후가 아니었습니다. 그녀는 한 제국의 '시스템'이었습니다.

그녀가 권력을 쥘 수 있었던 이유는 불안을 질서로 바꾸는 능력

때문이었습니다. 질투의 감정만이 남아 있었다면 그녀는 파멸했을 것이나, 그것을 정치로 변환했기에 그녀는 군주로 남았습니다.

혜제는 본래 마음이 유순하고 따뜻한 인물이었습니다. 그러나 그의 인생은 제국의 권력 다툼 속에서 너무 일찍 무너졌습니다. 여태후가 궁정의 주인이 된 후, 혜제는 점차 어머니의 차가운 권력을 바라보며 공포와 연민 사이에서 흔들렸습니다. 그는 어린 시절부터 어머니를 존경했지만, 유방 사후 궁정에서의 어머니는 더 이상 그가 알던 여인이 아니었습니다.

며칠 뒤, 여태후는 아들인 혜제를 불러 말했습니다.

"가서 '인간 돼지'를 구경하거라."

처음에 혜제는 그것이 무엇인지 알지 못했습니다. 그러나 어둡고 습한 곳에서 신음하는 형체를 한참 동안 바라보던 혜제는 그것이 한때 아버지 유방이 그토록 사랑했던, 그리고 자신에게도 다정했던 척부인임을 알았습니다. 혜제는 온몸을 떨며 크게 통곡했습니다.

혜제는 그 길로 병석에 누워 1년이 넘도록 일어나지 못했습니다. 그는 병상에 찾아온 여태후에게 울부짖으며 이렇게 말했습니다.

"이것은 사람이 할 짓이 아닙니다. 나는 태후의 아들로서 차마 다시는 천하를 다스릴 면목이 없습니다."

이 사건 이후 혜제의 영혼은 완전히 부서졌습니다. 그는 어머니의 잔혹함에 대한 항의이자 스스로를 향한 자책으로 정사를 완전히

초한지 인생 공부

손에서 놓아버렸습니다. 혜제는 매일같이 술에 취해 살았으며, 여색을 가까이하며 자신의 몸을 망가뜨렸습니다.

여태후는 아들의 병이 깊어 갈수록 점점 말이 없어졌습니다. 겉으로는 의연했지만, 내면의 균열은 점점 커졌습니다. 그녀는 아들을 지키려 했지만, 동시에 아들을 통제하려 했습니다. 사랑이 통제로 바뀐 순간, 모자 관계의 정서적 연결은 완전히 끊어졌습니다.

어머니와 자식의 관계는 상호 공감과 정서적 교류로 유지됩니다. 그러나 여태후는 자신의 불안을 아들에게 전이시켰고, 아들의 감정을 받아들이기보다는 억누르려 했습니다. 여태후는 자신의 상실 불안을 통제하는 방식으로 아들에게 투사했고, 그 결과 혜제는 어머니의 고통을 대신 짊어진 존재가 되었습니다.

궁정의 한 신하가 기록하기를, 혜제는 병상에서 이렇게 중얼거렸다고 합니다.

"내 어머니는 제국을 다스리지만, 내 마음은 더 이상 그 품에 있지 않다."

결국 혜제는 청년의 나이임에도 불구하고, 마음의 병을 이기지 못한 채 즉위 7년 만에 쓸쓸히 세상을 떠났습니다.

여태후가 마지막으로 혜제의 방에 들렀을 때, 그녀는 아들의 식은 손을 붙잡고 아무 말도 하지 못했습니다. 그녀의 통제가 완벽해질수록, 그녀는 사랑을 잃었습니다. 그녀는 제국을 손에 넣었지만, 어머니로서의 자신을 잃었습니다. 그것이 그녀가 만든 권력의 가장 큰 대가였습니다.

여태후의 심리변화는 애정 상실, 정체성 위기, 불안의 외부화, 타인 통제력, 권력 강화의 연쇄로 설명될 수 있습니다. 유방 사후, '사랑받는 아내'라는 자기 정체성은 근거를 잃었고, 황제의 모후로서의 지위만 남았습니다. 이 공백은 즉시 정체성 위기로 전환되었고, 위기는 불안의 형태로 표면화되었습니다.

여태후의 냉정함은 바로 이 대체 메커니즘의 전형이었습니다. 그녀는 감정을 지운 것이 아니라, 넘쳐흐르는 상실감과 질투를 통제의 형식으로 굳혀 스스로를 지탱하려고 했습니다. 다시 말해, '그녀의 냉정은 감정의 부재가 아니라, 감정의 과잉이 굳어버린 결과'였습니다.

한나라의 2대 황제 혜제의 장례식장에서 어머니 여태후는 곡을 소리 내어 하고 있었으나, 이상하게도 눈에서는 눈물이 단 한 방울도 흐르지 않았습니다.

조문객들 모두가 의아해하며 고개를 숙이고 있을 때, 시중으로 있던 장량의 15세 아들 장벽강이 승상 진평에게 다가가 속삭였습니다.

"승상, 태후께선 아들을 잃으셨는데 왜 울지 않으시는지 아십니까?"

진평이 반문했습니다.

"어째서인가?"

"태후께선 지금 당신들을 두려워하고 계십니다. 혜제는 장성한 아들도 없이 떠났고, 대신들은 모두 고조(유방)와 함께 전쟁터를 누비던 노련한 장수들입니다. 태후는 권력을 지키기 위해 당신들을 어떻게 처리할지 고민하느라 눈물이 나오지 않는 것입니다."

장벽강은 이어 대책을 제시했습니다.

"지금 당장 여태후의 조카인 여태와 여산 등을 군대를 지휘하는 요직에 앉히고, 여씨 일가에게 권력을 나누어 주겠다고 청하십시오. 그러면 태후는 안심하고 그제야 진심으로 울 것입니다. 대신들의 목숨 또한 안전해질 것입니다."

진평이 그 말대로 하자, 여태후는 크게 기뻐하며 그제야 비로소 소리 높여 통곡했습니다.

어린 소년의 지혜가 피바람을 몰고 올 뻔한 권력의 긴장감을 일시적으로나마 해소시킨 순간이었고, 이 일은 여씨 일가가 본격적으로 실권을 잡는 계기가 됩니다.

혜제가 서거하자 여태후는 유방이 생전에 세웠던 '유씨가 아니면 왕이 될 수 없다'라는 백마의 맹세를 깨고 여씨 천하를 열기 위해 여대(呂台), 여산(呂産), 여록(呂祿) 등 조카들을 왕으로 봉하고 조정의 핵심 군권을 맡겼으며, 이에 유씨 종실과 공신들은 반발했으나 여태후의 서슬 퍼런 위세에 눌려 이의를 제기하지 못했습니다.

그리고 혜제의 뒤를 이어 어린 소제(少帝)가 한나라 3대 황제가 되었습니다.

어린 황제 소제는 궁궐의 깊은 그림자 속에서 자라났습니다. 그는 자신이 혜제의 정비인 효혜황후의 아들이라 믿어 의심치 않았습니다. 하지만 궁녀들의 조심스러운 속삭임은 담장을 넘어 소년 황제의 귀에 닿았습니다.

"사실 황후께서는 아이를 낳지 못하셨다고 합니다. 태후께서 후 궁의 아이를 빼앗아 황후의 자식이라 속이고, 그 친어머니는 입을 막 으려 죽여 버리셨다고 합니다."

그 순간 소제의 세상은 무너져 내렸습니다. 어머니라고 믿었던 황후는 가짜였고, 친어머니는 할머니인 여태후의 손에 목숨을 잃었 다는 잔혹한 진실을 마주했기 때문입니다. 소제의 눈동자에는 어린 아이의 순진함 대신 서늘한 복수심이 서렸습니다. 그는 주먹을 꽉 쥐 며 혼잣말을 했습니다.

"황후가 어찌 나를 낳았겠습니까? 내 어머니는 죽임을 당했습니 다. 내가 어른이 되면 반드시 그 원수를 갚고야 말겠습니다."

어린 황제의 이 서슬 퍼런 다짐은 곧바로 여태후의 귀에 들어갔 습니다. 하지만 그녀는 눈 하나 깜빡이지 않았습니다. 그녀에게 권력 을 위협하는 존재는 설령 손자라 할지라도 예외가 될 수 없었기 때 문입니다.

"황제가 정신이 나갔습니다. 이대로 두면 천하에 화가 미칠 것입 니다."

여태후의 명령 한마디에 소제는 화광궁 깊은 곳에 갇혔습니다. 문은 굳게 잠겼고 외부와의 소통은 완전히 단절되었습니다. 그녀는 조정 대신들에게 다음과 같이 선포했습니다.

"황제가 병이 깊어 정신이 혼미하고 제정신이 아니니, 더 이상 종 묘사직을 받들 수 없습니다."

대신들은 여태후의 서슬 퍼런 기세에 눌려 고개를 숙인 채 "태후의 뜻대로 하십시오"라며 엎드렸습니다. 결국 소제는 황제의 자리에서 쫓겨났고, 얼마 지나지 않아 차디찬 궁궐 지하에서 아무도 모르게 숨을 거두었습니다. 여태후는 눈물 한 방울 흘리지 않고 다시 새로운 황제를 세우며, 유씨의 나라 위에 여씨의 성벽을 더욱 높이 쌓아 올렸습니다.

　　또한, 유방의 아들들을 탄압하기 시작했습니다. 조유왕 유우(劉友)는 여씨 집안을 멀리했다는 이유로 장안으로 불러들여 굶겨 죽였으며, 조공왕 유회(劉恢)는 여태후가 강제 혼인시킨 여씨 부인이 자신의 사랑하는 측실을 독살하자 슬픔을 이기지 못하고 자결하는 비극이 이어졌습니다.

　　기원전 180년 여태후는 제사를 마치고 돌아오던 길에 푸른 개 같은 형체가 겨드랑이를 치고 지나가는 기괴한 일을 겪었는데, 무당은 이를 그녀가 죽인 조왕 여의의 원혼이라 점쳤고, 결국 그 부상이 악화되자 여태후는 조카 여록과 여산에게 군권을 맡기며 자신이 죽은 후 대신들의 반란을 경계해 절대로 장례식에 오지 말고 군대를 지키라는 유언을 남긴 채 세상을 떠났습니다.

　　사마천은 《사기》 속 〈여태후본기〉에서 여태후를 다음과 같이 평가합니다.

　　여태후가 여성 군주로서 정치를 결정함에 있어, 궐 밖을 나가지 않고도 천하가 평온했다.

高后女主制政, 不出房闥, 而天下晏然。

고후여주제정, 불출방달, 이천하안연.

사마천은 여태후가 권력을 잡기 위해 가혹하고 잔인한 수단을 썼으나, 국가 운영 면에서는 백성들을 편안하게 하고 형벌을 줄인 유능한 통치자였다는 양면성을 동시에 기록하여, 사적인 과오와 공적인 업적을 엄격히 구분하여 평가하고 있습니다.

실제로 여태후 시대 초한 전쟁과 초기 반란 진압으로 피폐해진 민생을 위해 가혹한 부역과 세금을 줄였고 황로사상(黃老思想, 다스리지 않음으로써 다스린다는 도가적 정치 철학)을 바탕으로, 조정은 조용히 유지되고 백성은 생업에 전념하게 했다고 역사는 기록하고 있습니다.

기원전 180년 여태후가 세상을 떠나자, 그녀가 15년간 구축했던 여씨 일족의 권력 체계는 순식간에 붕괴합니다.

그녀의 사후, 조정은 공포와 혼란 속에 휩싸였고, 여록과 여산을 중심으로 한 여씨 가문은 여전히 군권을 장악하고 있었지만, 여씨 일가는 언젠가 주살될 수 있다는 불안에 싸여 있었습니다. 이때 마침 제나라 왕 유양과 장안에 있던 주허후 유장(유방의 손자) 등으로 이루어진 유씨 종실이 군대를 일으켜 장안으로 진격하고 있다는 소식이 들려왔고, 여씨 일가는 이에 당황하여 자신들이 먼저 군대를 일으키기 위해 정변을 꾀합니다.

조정의 중신이었던 승상 진평과 태위 주발은 군권을 되찾기 위해 여록과 친분이 깊었던 역기(酈寄)를 이용합니다. 역기는 여록을 찾아 가 "황제와 대신들이 당신을 의심하고 있으니, 장군의 인장을 반납하 고 봉국으로 돌아가면 의심을 풀 수 있다"라고 설득합니다. 이에 속 아 넘어간 여록은 북군의 지휘권을 넘겨주고 물러납니다.

그때 오랜 세월 침묵 속에서 균형을 유지하던 두 원로, 진평과 주 발은 조용히 움직이기 시작합니다. 그들은 서로 눈빛만으로 결의를 나누었습니다.

"이제 제국은 다시 주인의 손으로 돌아가야 하오."

태위 주발은 북군을 장악하고 여씨 세력을 포위했으며, 군권의 상징인 부절을 들고 북군의 영내로 들어섰습니다. 여씨 일족의 기세 에 눌려 있던 장병들 앞에 선 주발은 단호한 목소리로 외쳤습니다.

"지금 여씨 일족이 권력을 휘두르며 한나라 유씨의 천하를 위태 롭게 하고 있다! 이제 나는 천하를 바로잡으려 한다."

그는 장병들의 충성심을 확인하기 위해 극적인 명령을 내립니다. 이 장면을 사마천은 《사기》 속 〈강후주발세가〉에서 다음과 같이 기 록하고 있습니다.

"여씨(呂氏)를 위하려는 자는 오른쪽 어깨를 드러내고, 유씨(劉氏)를 위 하려는 자는 왼쪽 어깨를 드러내라!"

「爲呂氏右袒, 爲劉氏左袒。」

「위여씨우단, 위유씨좌단」

이 말이 떨어지기 무섭게, 군영 안의 모든 장병이 일제히 왼쪽 소매를 벗어 던지며 왼쪽 어깨를 드러냈습니다. 군심(軍心)이 이미 여씨를 떠나 유씨에게 향해 있음을 확인한 순간이었습니다.

그 사이, 여산은 미앙궁으로 들어가 정변을 일으키려 했으나 주발이 보낸 주허후의 공격을 받아 주살됩니다. 이어 주발은 여록을 체포하고, 장안 내에 있는 모든 여씨 남녀노소의 지위 고하를 막론하고 잡아들여 처형했습니다. 이로써 여태후 사후 불과 몇 주 만에 막강했던 여씨 가문은 멸문지화를 당하며 완전히 몰락합니다.

이후 대신들은 여씨 세력과 연고가 없는 인물을 찾다가, 고조 유방의 아들 중 가장 어질고 외척 세력이 약했던 대나라 왕 유항(문제)을 황제로 옹립하며 한나라의 전성기인 문제 통치의 태평성대, '문경지치(文景之治)'의 발판을 마련합니다.

사마천은 《사기》 속 〈태사공자서〉에서 이 상황을 다음과 같이 묘사합니다.

(여씨들은) 권세를 휘두르며, 안으로는 대신들을 위협하고 밖으로는 제후들을 주살하려 했다. 그 결과 제후와 대신들이 함께 그들을 주살하였다. 그것은 곧 하늘의 뜻이다.

太史公曰: …呂産, 呂祿案以諸侯居長安, 內威大臣而外誅諸侯。諸侯, 大臣共誅之, 則其天意也, 非其命, 其孰能如此乎?

태사공왈: …여산, 여록안이제후거장안, 내위대신이외주제후. 제후, 대신공주지, 즉

요약하자면, 사마천은 여씨 일가의 멸망을 '본분을 잊고 무리하게 권력을 탐한 자들이 마주하게 된 혹독한 대가'로 평가하고 있습니다.

기원전 209년, 진시황의 서슬 퍼런 폭정 아래에서 "왕후장상의 씨가 따로 있느냐"라며 일어났던 뜨거운 함성은 기원전 179년, 비정했던 여태후의 시대가 가고 어진 황제 문제가 등극하며 비로소 고요한 평화를 찾았습니다.

항우 項羽   한신 韓信   유방 劉邦

	항우 項羽	한신 韓信	유방 劉邦
1 상징적 인간상	오만한 영웅	상처받은 천재	영리한 생존자
2 삶의 테마	명예의 불꽃 ↓ 고독한 몰락	수모의 기억 ↓ 신념의 죽음	평범한 건달 ↓ 제국 창업
3 핵심 심리	오만, 자존, 명예 중심 자아	인내, 충성, 의리, 자존 중심의 이상적 자아	유연성 중심의 생존적 자아
4 행동 원리	"내가 직접 증명해야 한다" 라는 영웅주의	"의(義)를 저버리지 않는다" 라는 자기 규범	"살아남아야 이긴다" 라는 실용주의
5 강점	압도적 카리스마, 결단력, 전장의 지휘 능력	전략·전술 천재, 인내력, 복수심을 자기강화로 전환	인재 활용, 포용력, 상황 판단, 유연한 심리

6 약점	감정 우선·고착성, 참모의 조언 거부	이상·자존 집착, 현실 정치 미숙	도덕성 결핍, 심리적 조작 성향
7 심리 구조	**명예형** 자아의 확장을 행동으로 증명하려 함	**이상형** 내면 규범과 현실의 갈등	**생존형** 감정보다 결과를 우선
8 위기 상황 반응	정면 돌파·극단적 결단	고독 속 자기결정, 하지만 결정적 순간에 망설임	후퇴·협상·이간책 등 다층적 대응
9 참모와의 관계	강압적·불신 기반	심리적 거리 좁히기 어려움, 고립	의중을 숨기고 인재에게 권한을 맡김
10 권력관	권력 = 명예의 증명	권력 = 의리의 실현	권력 = 생존과 안정의 수단
11 몰락 원인	자존의 과잉 ↓ 심리적 유연성 결여	이상·자존의 고착 ↓ 권력 심리 이해 부족	만년의 의심병 ↓ 통제 욕구 상승
12 심리학적 모델	자기애적 고착	이상화된 자아의 강박	상황 적응

초한지의 거울

세 남자의 심리전에서 배우는 인생의 법칙

기원전 209년 진승·오광의 난으로 타오른 불길이 기원전 179년 여태후 사후 여씨 일족의 몰락과 함께 평온의 시대로 잦아들기까지, 30년 남짓한 초한시대는 단순한 권력 쟁탈의 역사가 아니었습니다. 그것은 인간의 가장 밑바닥 욕망부터 숭고한 결단까지, 세 인물의 뚜렷한 심리가 충돌하고 교차하며 운명을 갈라놓은 거대한 인간 실험실이었습니다.

우리는 이 장엄한 드라마 속에서 세 명의 거인과 다양한 인간군상을 만났습니다.

항우는 신화적인 무력과 자존감의 화신이었습니다. 그는 '자신의 힘이 곧 세상의 법칙'이라 믿는 오만함과 결정적인 순간에 감정적 취약성 사이에서 방황했습니다. 그는 외적으로는 가장 강했으나, 자신의 완벽함에 갇혀 타인을 수용하지 못했던 고립된 영웅이었습니다.

한신은 냉철한 전략적 천재였으나, 결정적인 순간 '심리적 지체'를 겪었습니다. 그는 전장에서는 한 치의 오차도 없었지만, 정치라는 진흙탕 앞에서는 결단하지 못하고 망설였습니다. 주군을 배신하지 못하는 도덕적 결벽과 권력에 대한 미련 사이에서 머뭇거리던 그의 불확실성은 결국 자신을 비극의 종착지로 이끌었습니다.

반면, 유방은 '지혜로운 불완전함'의 소유자였습니다. 그는 도덕이나 체면보다 실리와 생존을 우선시하는 '후흑'의 대가였으며, 자신의 결핍을 타인의 재능으로 채울 줄 아는 심리적 성숙함을 지녔습니다. 그는 타인을 두려워하기보다 자신의 확장된 자아로 받아들였고, 그 신뢰의 위임이 결국 거대한 제국을 세우는 그릇이 되었습니다.

우리의 인생 역시 이 거대한 심리 실험장의 연장선 위에 있습니다. 때로 우리는 한신처럼 명확한 답을 앞에 두고도 우유부단하게 결단을 미루며 기회를 놓치곤 합니다. 때로는 항우처럼 자신의 능력과 성과에 취해 오만함에 빠져 주변의 진심 어린 충고를 외면하기도 합니다. 혹은 사회라는 냉혹한 전쟁터에서 유방처럼 권모술수에 능하고 유연하게 대처하는 경쟁자를 만나 좌절하고 분노하기도 할 것입니다.

이 심리 실험장의 풍경은 여기서 끝이 아닙니다. 우리는 자신을 지우고 낮춤으로써 오히려 거대한 존재감을 증명해 낸 이들을 보았습니다. 소하는 황제의 의심을 사지 않기 위해 스스로 오명을 뒤집어썼고, 장량은 공을 세운 뒤 홀연히 권력의 중심을 떠났습니다. 조참과 주발 역시 자신을 내세우기보다 조직의 질서 뒤에 숨는 고도의 자기 제어술을 보여주었습니다. 그들은 '가진 것을 내려놓는 용기'가 때로는 '취하려는 욕망'보다 강하다는 것을 몸소 증명해 낸 생존의 고수들이었습니다.

반면, 자신의 공로에 취해 권력의 질투를 간과했던 영포와 팽월의 최후는 처참했습니다. 그들은 전장에서의 승리가 영원한 방패가 될 것이라 믿었으나, 평화의 시대에 비대해진 공신들의 욕망은 군주에게는 그저 반란의 씨앗으로 비칠 뿐이었습니다. 결국 '토사구팽'이라는 비정한 칼날 앞에 그들이 쌓아 올린 무공은 파멸의 근거가 되었습니다.

초한지의 영웅들에게서 읽어내야 할 진실은 화려한 승전보가 아닙니다. 그들의 이야기는 승리의 기록이기 이전에, 인간의 가장 취약하고 흔들리는 내면을 비추는 '운명의 거울'입니다.

초한지는 오늘을 사는 우리에게 묻습니다.

당신은 지금 항우처럼 모든 것을 불사르며 타오르고 있습니까?

초한지 인생 공부

아니면 유방처럼 스스로를 낮추어 세상을 담아내고 있습니까?

당신이 지금 한신처럼 망설이고 있다면 그것은 신중함입니까, 아니면 두려움입니까?

우리는 이 책의 시작점에서 초나라와 한나라가 격돌하던 장기판을 마주했습니다. 누군가는 차(車)와 포(包)처럼 압도적인 힘으로 밀어붙이려 하고, 누군가는 졸(卒)과 병(兵)처럼 한 걸음씩 묵묵히 전진하며 기회를 엿봅니다. 하지만 분명한 것은, 판 위를 수놓는 화려한 수법보다 중요한 것은 그 판을 끝까지 책임지고 이끌어가는 '사람의 마음'이라는 사실입니다.

초한지 30년의 역사는 기록 속에 멈췄지만, '당신'이라는 주인공이 써 내려갈 '인생 초한지'는 매일 아침 장기판의 돌들이 제자리로 돌아오듯 다시 시작됩니다. 때로는 예상치 못한 외통수에 절망할 수도, 때로는 단 하나의 묘수로 전세를 역전시킬 수도 있을 것입니다. 그러나 역사는 결국 가장 강한 돌을 가진 자가 아니라, 판이 끝날 때까지 자신을 다스리며 묵묵히 이어간 자의 이름을 마지막에 기록합니다.

- 《사기(史記)》, 사마천(司馬遷)
  - 〈진시황본기(秦始皇本紀)〉
  - 〈항우본기(項羽本紀)〉
  - 〈고조본기(高祖本紀)〉
  - 〈여태후본기(呂太后本紀)〉
  - 〈효문본기(孝文本紀)〉
  - 〈여불위열전(呂不韋列傳)〉
  - 〈장이진여열전(張耳陳餘列傳)〉
  - 〈위표팽월열전(魏豹彭越列傳)〉
  - 〈경포열전(黥布列傳)〉
  - 〈회음후열전(淮陰侯列傳)〉
  - 〈한신노관열전(韓信盧綰列傳)〉
  - 〈전담열전(田儋列傳)〉
  - 〈번역등관열전(樊酈滕灌列傳)〉
  - 〈장승상열전(張丞相列傳)〉
  - 〈역생육가열전(酈生陸賈列傳)〉
  - 〈계포난포열전(季布欒布列傳)〉
  - 〈진섭세가(陳涉世家)〉
  - 〈소상국세가(蕭相國世家)〉
  - 〈조상국세가(曹相國世家)〉
  - 〈유후세가(留侯世家)〉
  - 〈진승상세가(陳丞相世家)〉
  - 〈강후주발세가(絳侯周勃世家)〉
  - 〈외척세가(外戚世家)〉
  - 〈형연세가(荊燕世家)〉
  - 〈제도혜왕세가(齊悼惠王世家)〉
  - 〈태사공자서(太史公自序)〉
- 《한서(漢書)》, 반고(班固) 등
- 《전한기(前漢紀)》, 순열(荀悅)
- 《사기집해(史記集解)》, 배인(裴駰)
- 《사기색은(史記索隱)》, 사마정(司馬貞)
- 《사기정의(史記正義)》, 장수절(張守節)
- 《초한춘추(楚漢春秋)》, 육가(陸賈)
- 《회남자(淮南子)》, 유안(劉安)
- 《신서(新序)》, 유향(劉向)
- 《자치통감(資治通鑑)》, 사마광(司馬光)
- 《통지(通志)》, 정초(鄭樵)
- 《서한연의(楚漢演義)》, 견위(甄偉)
- 《초망(楚亡)》, 리카이위안 저자(글)·김영문 번역, 글항아리, 2021
- 《후흑학》, 신동준 저자(글), 위즈덤하우스, 2011
- 《초한지후흑학》, 신동준 저자(글), 을유문화사, 2014

오만과 냉정 사이, 천하를 가른 심리전

초한지 인생 공부

초판 1쇄 발행 2026년 5월 4일

원저 | **사마천**
지음 | **김태현**
편집기획 총괄 | **호혜정**
편집 | **민윤재**
기획 | **심유정 김민아**
디자인 | **이선영**
교정교열 | **김민정 김수하**
마케팅 | **이지영 김경민**
펴낸곳 | **파스칼(PASCAL)**
주소 | **서울시 용산구 원효로 162 세원빌딩 606호**
이메일 | ritec1@naver.com
ISBN | 979-11-86151-83-9 (03150)

파스칼(PASCAL)은 리텍콘텐츠 출판사의 철학/인문 브랜드입니다.

상상력과 참신한 열정이 담긴 원고를 보내주세요. 책으로 만들어 드립니다.
원고투고: ritec1@naver.com